政协委员
读书笔记

守护人类
健康美好未来

朱永新◎编

中国文史出版社

图书在版编目（CIP）数据

守护人类健康美好未来/朱永新编 . -- 北京：中
国文史出版社，2021.7
ISBN 978-7-5205-3235-8

Ⅰ.①守… Ⅱ.①朱… Ⅲ.①读书活动－文集 Ⅳ.
① G252.17-53

中国版本图书馆 CIP 数据核字（2021）第 206272 号

出 品 人：彭远国　段　敏
责任编辑：戴小璇

出版发行：中国文史出版社
社　　　址：北京市海淀区西八里庄 69 号院　邮编：100142
电　　　话：010-81136606　81136602　81136603（发行部）
传　　　真：010-81136655
印　　　装：廊坊市海涛印刷有限公司
经　　　销：全国新华书店
开　　　本：1/16
印　　　张：22.75
字　　　数：303 千字
版　　　次：2022 年 9 月北京第 1 版
印　　　次：2022 年 9 月第 1 次印刷
定　　　价：68.00 元

前　言

◎朱永新

　　部署开展"政协委员读书活动"并做出制度性安排，是十三届全国政协的又一项创新之举，对于全面促进政协各项工作、进一步加强政协委员队伍建设、进而带动社会形成全民阅读的良好氛围有着非常重要的意义。开展委员读书活动，是贯彻落实习近平总书记关于加强和改进人民政协工作的重要思想的实际行动，是政协委员增强履职本领、提高建言质量的内在要求，是加强思想政治引领、更好凝聚共识的有效途径。政协委员应该是最喜欢读书的群体，最有条件读书的群体，最能够把书读好的群体，读书对于提高资政建言的质量，提高政协整体战斗力，用历史的辩证的眼光看待当前的问题具有重要意义。

　　防控疫情读书会作为委员读书活动的"试水之作"，是在汪洋主席的直接关心和亲自推动下成立的。2020年2月18日，在"民主党派中央脱贫攻坚民主监督座谈会"后，汪洋主席嘱我在移动履职平台上建立读书交流群。随后，在全国政协办公厅和文化文史和学习委员会相关同志们的帮助下，"防控疫情读书群"于2月20日晚8点正式上线。

　　读书的书目，根据"结合当前疫情，关注公共卫生政策"的主题，我咨询了王一方教授等专家的意见，选择了《逼近的瘟疫》和《病毒来袭》这两本书，重在通过阅读了解病毒产生、传播的机理和危害，历史上抗击病毒的方法措施，以正确认识人与自然的关系，增强抗击疫情信心。

　　2020年3月23日，读书群举办线下交流会，汪洋主席出席活动并发表重要讲话。十一位委员代表和三位特邀专家学者紧扣统筹推进疫情防控和经济社会发展主题，通过领读、分享、互动等方式深入交流。紧接着，应委员们的强烈要求，原定3月31日晚上8点闭群的"防控疫情读书群"又延长至4月23日，这一阶段选择共读了《生命的法则》和《人类的终极问题》两本书，旨在让大家更好地认识自然规律，增强风险防控意识和能力，为提升国家治理水平资政建言、凝聚共识。

　　2020年4月23日是第25个"世界读书日"。这一天，"全国政协委员读书活动"启动仪式在全国政协礼堂拉开帷幕，移动履职平台"全国政协书院"正式揭幕，这也意味着历时两个多月的"防控疫情读书群"完成了使命。在此期间，广大委员积极响应，发言踊跃，讨论热烈。截至4月22日，在线发言3700余人次，覆盖全部34个界别，发言内容70余万字，其中各位导读委员精心准备的导读发言就有近20万字。

　　这些发言，既有委员们读书的心得体会，也有他们对于疫情防控的建议性思考；既饱含委员们的思想智慧，也体现了他们为国为民的高尚情怀。据统计，仅针对疫情防控工作就提出了300多条建议，包括加强公共卫生法治保障，构建系统完备、科学规范、运行有效的疫情防控法律体系；完善重大疫情防控体制机制，健全国家公共卫生应急管理体系；加强各部门协同配合，更好发挥人工智能、大数据等新技术在流行病防治中的作用；加强科学人文教育，提升全民综合素养等，真正做到了读书学习与履职建言的良好结合，取得了很好的效果。

　　我们特将这些内容梳理整合，编辑成书，以飨读者。

目　录
c o n t e n t s

辑二 **读书分享** / 315

辑一

导读与读书笔记

《病毒来袭》

作者：[美]内森·沃尔夫（Nathan Wolfe）著

沈捷 译

出版社：浙江人民出版社

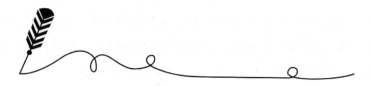

导读人：

吕忠梅　陈贵云　杨静华　魏玉山　米　荣　杨小波　张妹芝

王伟明　张云勇　戚建国　郭媛媛　晓　敏　张连起

导读1：我们寄居在病毒的星球

◎吕忠梅[*]

《病毒来袭》作为一部疾病社会史著作，主题鲜明，内容丰富，思考深刻，语言生动。本书的知识结构涉及从自然科学到社会科学的多个专业领域，是典型的跨学科研究成果，体现了人类进入风险社会时代科学研究自然科学之间、人文社会科学之间以及自然科学与人文科学之间的"学科融合"或者"学科汇聚"特征，是在对传统学术研究秉持的人与自然"主客二分"观和还原、机械的方法论进行反思的基础上，按照人与自然"和谐共生"和系统、整体的方法论对"病毒"这个研究对象所进行的全面观察。阅读这样的著作，可能多重受益：既可以丰富知识，也可以开阔视野，还可以借鉴方法。对于研究者，更是如何"把论文写在大地上"的良好范本。

第一章作为开篇，虽然文字不多，但有两个非常重要的作用：

一是阐明作者的价值观或基本立场；二是为全书奠定概念基础。

一、人类"寄居"在病毒的星球

作者的价值观在《我们寄居在病毒的星球》这个章名中得到了鲜明体现。作者使用"寄居"一词来突出当代人生活的环境是从后代人那里借来的，也是从病毒那里借来的生态理念，表明以人与自然和谐共生的世界观来看待"我们"与"病毒"、"我们"与"地球"的关系。因为有了这个理念，才可能"从病毒的角度看世界"并有兴趣去了解"病毒的传播策略"；也才可能为后面章节中充分展示病毒对人类的"过"与"功"，为人类怎样采取应对措施以及采取什么样的应对措施提供

---

*第十三届全国政协常委，社会和法制委员会驻会副主任，农工党中央常委，中国法学会副会长。

方向指引。

作者以对自然的敬畏之心告诉我们，虽然人们意识到行星和恒星的存在已经有几千年了，但直到几百年前显微镜发明之后，我们才知道地球上有无处不在的、看不见的生命存在。内森·沃尔夫博士提醒："认为地球上再也不存在未知生命形式的观点是狂妄自大的。那些未被发现的生物最有可能来自肉眼看不见的世界。"

二、从病毒的角度看世界

作者在斯坦福大学讲授了一门"病毒的生活方式"的研讨课，让学生学会从病毒的角度看世界。课上设想自己有一副能看到所有微生物的眼镜，那么展现在眼前的将是一个新的、动感十足的世界。"地板上熙熙攘攘，墙壁上喧嚣热闹。细小的微生物布满了所有物体的表面，包括你的咖啡杯、搁在你膝上的书和你自己的膝盖。……这些最微小的微生物已经渗透到地球的每一根纤维里。它们无处不在，难以避开，感染着构成我们生活世界的每一种细菌、植物、真菌和动物，是微生物世界里最重要的成员。它们就是病毒。"

病毒具有一些值得介绍的特性：病毒自身缺乏生长或繁殖机制，必须依靠所感染的细胞存活；病毒是已知的最小的微生物，假如把一具人体比作一座体育场，那么一个典型的细菌就是场上的一颗足球，而一个典型的病毒就只是足球上的一块六角形花纹；病毒也是种类最多的生命形式，如果编撰一部生物多样性百科全书，那么绝大部分内容会介绍肉眼不可见的生物，被我们熟悉且一般认为是全部生物的真菌、植物和动物只用薄薄几卷就可以介绍完，人类在动物卷里最多占一个显眼注脚，仅此而已；病毒的绝对数量之大令人印象深刻，每毫升海水里可以找到 2.5 亿个病毒颗粒；而最让人意外的，病毒和地球生态系统任何一个主要组成部分一样，在维持全球生态平衡方面扮演着关键的角色。

三、病毒的传播策略

正是因为病毒有着独特的品质和维持全球生态平衡的关键角色功能，其必然要以某种方式生存并不断"传宗接代"。如同人有生存方式一样，病毒也有自己的"传播策略"。"从病毒和其他微生物的角度来看，人体就是一个栖息地。如同森林为鸟儿和松鼠提供栖息地一样，人体为这些微生物提供了赖以存活的小环境。要想在这些环境中存活下来，就要面临各种各样的挑战。"人体免疫系统会向病毒施加压力，采取各种策略阻止病毒进入人体，或者在入侵人体后抓住、杀死它们。

病毒一直面临选择，如果向外传播，就有被人体免疫系统捕获的风险；如果保持潜伏休眠自我保护，又会失去繁殖后代的机会。所以病毒会慎重地选择传播的时机，当它们在人体内捕捉到严重的压力，例如发热，或其他线索，例如天气，就容易引起活动性感染。病毒也会有预谋地变换宿主，帮助自身扩散。例如让我们咳嗽打喷嚏，借此经由我们的呼吸向外传播；让我们腹泻，借此通过地方水源传播；让我们皮肤生疮，经由人与人皮肤接触而传播。

人类值得庆幸的是，大部分感染人类的微生物是相对无害的，但有些有着惊人的致病力，甚至以致命的形式出现。真正的致命性疾病，必须在致死率和传播率之间取得平衡，不同病毒会以不同的方式来制造灾难。有些让宿主长时间存活，以使其可能传染给多个受害者，比如 HPV 病毒；有些会迅速干掉宿主并向外扩散，比如天花和霍乱。

病毒是一种极小的微生物，生物的极简程度也令人惊叹，但它们不仅能改变宿主的肉体，还会影响宿主的行为，体现了它们适应所处世界的巨大能力。其中最重要的，是它们产生新基因的能力，病毒是已知生物体中突变率最高的。新的病毒又拥有了新的结构，偶尔可以帮它们存活下来并向外传播。

四、小结

病毒无处不在，寄生、微小、多样、巨量，又是促进物种多样化的"反垄断能手"，它们不仅是破坏者，也是施恩者。

虽然不是所有的病毒都致病致死，但对于病毒自己来说，它无时无刻不在做着生死的博弈与抉择，谨慎地选择时机，改变宿主的身体和行为，甚至重组和突变。这一切，都是为了在注定寄宿的一生中搏一条出路。

"疾病以超乎想象的方式影响了人类社会的方方面面，病原微生物以难以置信的方式干预了人类文明的进程。"病毒是人类最熟悉的陌生人，我们必须虚心地去认识另一个肉眼不可见的，属于微生物的博大的世界，从而最终找到预防它引起下一场人类灾难的方法。

本章金句

1. 人类在动物卷里最多占一个注脚，一个显眼的注脚，仅此而已。

2. 和地球生态系统任何一个主要组成部分一样，病毒在维持全球生态平衡方面扮演着关键角色。

3. 病毒和其他微生物对传播时机的慎重选择与其他生物体没有差别。

4. 病毒拥有一个用于变身的"百宝箱"，最基本的变身是简单突变。

5. 中学老师告诉我们，生物体要么是有性繁殖，要么是无性繁殖。但病毒和其他微生物交换信息基因的方式，使我们对早期的教科书提出了疑问。

委员读书笔记

 **戚建国**

《病毒来袭》是一本很有价值的科普读物。沃尔夫博士作为病毒学家，用普通读者易于读懂的语言，为我们揭开了病毒的面纱。读后至少明白如下道理：一是从某种意义讲，病毒是对人类随意侵犯大自然的一种惩罚；二是面对无处不在，且变幻莫测的病毒，必须建立"早期警报系统"；三是依靠不懈科学探索，才能握有战胜病毒的武器，但每当人类有了战胜病毒的药品后，必须准备应对更加强大的病毒；四是人类拯救自己的最好方法是在尊崇大自然的同时，提高自身免疫力；五是保持良好的卫生习惯，是能够预防病毒入侵的。

学了第一章的导读，又重温了该章的内容。我的体会是：一是只有科学认识人类自己，才能把握人的社会特性，懂得人在社会大环境中如何科学生存，怎样健康生存；二是科学认识病毒，把握病毒的自然特性，懂得病毒从何处来，能够干什么；三是科学认识人与病毒的关系，把握两者之间的辩证关系，懂得怎样预防病毒，如何消除病毒对人类的影响，进而去战胜病毒。在科学理性面前，人类的前景总是光明的。

郭媛媛

正在读《病毒来袭》，首先的感受是：

地球历经亿万年演化、进化，人类本与形形色色、千差万别的各种生命共生共存、息息相关，但人类为了自己的生存、繁衍，站在食物链的顶端，肆意杀戮、剥夺其他生物的生存权利，扰乱、破坏地球的生态体系。当大自然无法净化、生物多样性无法延续、资源支持无法修复，人类必然要承担自己行为的后果。

第一章让我们认识到：

1. 和技术昌明同时，病毒来袭，也一并让我们对自己是谁、在哪、能做什么等有了全新的反思。

2. 病毒以自己独特的生命存在和传播方式，提醒人类视野的局促、自恃的狂妄、作为的有限。

3. 学着用生物文明而不只是人类文明去看待我们生存的世界。在接受和病毒长期共生、共处现实的同时，为了自身存续，还得学着凝视病毒，与之对抗！

叶大波

浏览了病毒学博士内森·沃尔夫著《病毒来袭》这本书，感觉颇受启发。该书从物种进化论角度论述人类与病毒之间的关系，介绍了800万年前黑猩猩就广泛接触存在于大自然当中的各种微生物，而科学家们一直在积极研究探索人类中不明病毒的来源，特别是潜伏在动物身上且有可能传到人类中的新病毒。该书追寻当年SARS超级传播者的行踪，提出果子狸从蝙蝠身上染到SARS病毒的可能性。作者指出，我们生活在一个互联大世界里，无论哪个角落，交通网络及医疗技术都可能让侵入人体内的动物病毒找到落脚点并进行扩散，而且当今这种概率大为增加了。该书提出，只要有人类存在，病毒风暴也将永远存在。作者亦指出媒体对公共卫生事件发挥的重要影响，还称自己与人多次握手后总是尽快洗手，并尽量不用手碰自己的鼻子、嘴巴，提倡行鞠躬礼以取代握手礼。这是本科普读物，既有不少专业知识，内容也不枯燥，译文很流畅，值得一读。

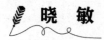

晓 敏

病毒来袭之时阅读《病毒来袭》一书，增长了知识，提高了认知，深化了思考，受益匪浅。沃尔夫博士引领我们回眸病毒的历史，了解科学家探究人类与微生物关系的发展历程，使我们知道在布满病毒的星球上，随着人类的进化，病毒与人类的联系更加紧密，而人口增长、畜牧业发展、城市化进程、交通枢纽建设、医疗技术进步等人类历史上引以为荣的巨大成就将人和动物联系在一起，催生出一个互联世界，也为病毒侵害人类创造了便利条件，把人类带入了流行病时代。仅21世纪先后暴发SARS、MERS和这次COVID-19三次冠状病毒突袭传播，就说明"只要有人类存在，病毒末日就永远不会来临，如同地球自然风暴永远存在，病毒风暴也将永远存在"。然而科学家们在流行病防控领域的不懈努力和可喜成果，让我们对抵抗流行病的未来充满信心。

启示与思考：一、突如其来的疫情祸国殃民，其严重危害再次警示国人必须牢固树立人与自然和谐共生的观念，真正做到敬畏自然、爱护自然，让万物和谐共生。过去人类常以大自然的"主宰者"自居，为所欲为，如今世界上无论哪一个国家和地区都可能遭到大自然的"报复"，都会遇到病毒和环境问题的严重挑战。必须建立起更加文明的人与自然的关系，使人类因自己的贪婪造成危害的悲剧不再重演。二、了解病毒，监控病毒，时时保持警觉，是作者在书中反复的忠告。面对人类的最大敌人，在全社会加大普及科学知识，唤醒大众参与抗击病毒风暴，共建全民健康长城至关重要。希望人们对病毒从无知到有知，在思想意识、文化观念、行为习惯方面有新认识新改变新提高，全社会学会对病毒做好防范和准备；希望重视全民风险素养普及，了解疫情、了解风险，听从指挥，积极配合，增强自身对人类社会的责任感；希望学习书中介绍微生物学家预防传染病的方法，学习预防流行病人们可以做出的行为改变，提高卫生素养。

习近平总书记指出，"中华民族历史上经历过很多磨难，但从来没有被压垮过，而是愈挫愈勇，不断在磨难中成长，从磨难中奋起"。我们坚信有党中央的坚强领导，有中国特色社会主义制度的巨大优势，有伟大的中华民族精神，有全体中国人民团结奋斗、众志成城，一定能够战胜这次病毒来袭！

蒙晓灵

读了《病毒来袭》，有以下初步的体会：

一是新冠病毒传播充分说明，人类始终是一个物种，处于地球上的生物链之中，生物链最核心的是依靠基因的控制，任何生物只要掌握了基因密码，就无往而不胜，站在制高点。我们任何时候都要对大自然怀有敬畏之心！正如书中所说，病毒对人类宿主的适应能力是匪夷所思的，它能高频率地发生基因突变，甚至能与另一种病毒进行基因重组。这才是最可怕的看不见的敌人。

二是书中说到，人类首次发现病毒以来的100多年，在了解病毒方面已经取得很大进展，但还有很多艰难任务亟待完成。如果我们表现出色，就可以采用大量当代先进技术进行流行病预测工作——就像气象学家预报飓风行进路线一样，并且最好能在第一时间加以预防。这是现代公共卫生事业的终极目标。这是否给我们以启示，把病毒等同于自然灾害来预防控制，如果人类能实现应用现代科学技术预测病毒，我们是否就能像防台风等自然灾害一样，有效地应对病毒了。作为一个人口大国，我们是否应该在了解病毒、研究病毒方面加大投入，加大攻关的力度！

朱永新

第一章的确颠覆了我们许多人的"常识"。1. 人类认识世界往往是由远及近，由大到小的。天文学发育最早，人类对离自己最远的太阳、月亮反而最早观察研究，但是对于病毒这些小小的，我们身边的东西却知之甚少。2. 人类应该承认自己认识的局限，"地球上再也不存在未知生命形式的观点，是狂妄自大的"，未被发现的生物还非常之多，而且它们最有可能来自肉眼看不见的世界。3. 病毒也不完全一定是坏的。"病毒在维持全球生态平衡方面扮演着关键的角色"。

🖋 张云勇

第一章给我最大的启发就是平衡，保持一个动态的，能自适应的平衡非常重要。病毒和人类你中有我，我中有你，彼此尽量和谐相处。这也许就是以后人类演进的一种常态。

🖋 陈冯富珍

作为长期从事公共卫生工作者，新冠肺炎病毒是我所经历过最"狡猾"的病毒！在"致死率和传播率之间取得平衡"的有埃博拉病毒，致死率非常高、传播率非常低。有流感病毒，致死率很低、传播率很高。但新冠病毒是"双高"，致死率与传播率都远超流感，在危害人类生命安全与身体健康方面，这病毒的杀伤力是前所未见！

这场抗疫战争成功得来不易，让世人看清楚我国政治制度优势。

导读2：狩猎，加速病毒的跨种群传播

◎陈贵云[*]

一、本章主要观点

1.病毒的传播是由一个种群的动物猎杀另外一个种群的动物，并直接食用导致的。

其依据：（1）作者亲眼观察到黑猩猩捕食其他种群的动物。作者所带领的团队在非洲乌干达丛林观察黑猩猩猎杀红疣猴并分享食用的过程，通过分析集体猎杀行为和集体分食猎物的过程得出黑猩猩的行为具有团队性、策略性和灵活性，是一种有组织的行为，猎杀其他种群动物的行为是它们生活的一部分。

（2）艾滋病病毒源于黑猩猩捕食。因为黑猩猩猎食猴子，使两类猴子身上携带的病毒都进入黑猩猩体内，并合并产生了艾滋病毒。这两种猴子是红顶白眉猴和大白鼻长尾猴，它们的一个共同点，是它们都自然感染上了猴免疫缺陷病毒（simian immunodeficiency virus, SIV）。每种猴子各自拥有这一病毒的特殊变异体，这可能是它和它的祖先们携带了几百万年的病毒。也许黑猩猩在狩猎中感染了白眉猴病毒和大白鼻长尾猴病毒，两种病毒在黑猩猩身上各自生存了一段时间，在最后关头发生了基因重组而产生了艾滋病病毒（HIV），这一病毒既不是长尾猴病毒，也不是白眉猴病毒。

（3）人类艾滋病病毒是从猎杀黑猩猩被感染的。虽然艾滋病病毒何时通过何种方式过渡到人类身上是不清楚的，猜测是19世纪末至20

---

　　*第十三届全国政协委员，民进中央第十三届常委，西南大学教授、博士生导师。

世纪初。但有证据证明，黑猩猩身上的病毒存在的时间远远早于人类，这说明，人类猎杀黑猩猩感染上 HIV。

2. 人类、黑猩猩、波诺波黑猩猩的共同祖先已有猎杀行为。

在猿类进化出人类的过程中，人类的远亲，猩猩、大猩猩和长臂猿是杂食动物，鲜有迹象表明它们会吃肉，它们偶尔会食用腐肉，但非常少见。人类、黑猩猩、波诺波黑猩猩的共同特点是会吃肉，而且懂得猎杀。因此，这样的行为可能始于人类、黑猩猩、波诺波黑猩猩在猩猩谱系中的共同祖先。人类已经存在 500 万～700 万年，因此，人类、黑猩猩、波诺波黑猩猩的共同祖先可能在 800 万年前就开始捕食森林里面的所有动物。通过牙齿化石可以看出，人类在 200 万年前已经大量吃肉。因此，人类、黑猩猩、波诺波黑猩猩的猎杀行为源自共同祖先。

3. 食物链层级越高，所积累的有毒物质浓度就越高。

猎杀行为在每个食物链层级都出现的情况下，不同种群的有毒物质随着食物链层级往上传递、逐渐积累，因此食物链层级越高，体内所积累的有毒物质越多。

4. 猎杀行为是病毒传播的高速公路——结论性观点。

由于病毒存在动物体内，猎杀行为使得一个种群携带的病毒过渡到另一个种群中，有猎杀行为就会有病毒跨种群传播的可能。

5. 动物体内存在微生物库，猎杀行为影响种群及其后代的微生物库。

二、本章的有趣知识

1. 人类也被称为第三种黑猩猩。见 Jared Diamond 著《第三种黑猩猩——人类的进化及未来》

2. 奥卡姆剃刀定律，又称"奥康的剃刀"，它是由 14 世纪英格兰的逻辑学家、圣方济各会修士奥卡姆的威廉（William of Occam，约 1285 年至 1349 年）提出。这个原理称为"如无必要，勿增实体"，即

"简单有效原理"，"切勿浪费较多东西去做用较少的东西同样可以做好的事情。"

3.黑猩猩和波诺波黑猩猩是两个不同种类。波诺波黑猩猩曾被认为是小型黑猩猩，但现在科学家承认它是完全独立的一个物种，不过与黑猩猩颇有渊源。波诺波黑猩猩只居住在中非刚果河南岸，而黑猩猩只居住在北岸。虽然波诺波黑猩猩和黑猩猩看上去很像，但在被刚果河分隔两地之后，它们走上了不同的进化之路，行为和生理机能出现了相当显著的差异。科学家推测，黑猩猩谱系和波诺波黑猩猩谱系大约在一两百万年前分道扬镳。

4.人类是在距今 500 万～700 万年间从猩猩谱系中分离出来的。

5.人类免疫缺陷病毒 HIV 的故事始于中非的两种猴子，即红顶白眉猴和大白鼻长尾猴。这两种猴子的一个共同点，是它们都自然感染上猴免疫缺陷病毒（simian immunodeficiency virus，SIV）。每种猴子各自拥有这一病毒的特殊变异体，这可能是它和它的祖先们携带了几百万年的病毒。它们的另一个共同点，是都被黑猩猩视为美食。

6.上述 SIV 病毒是"逆转录病毒"。逆转录病毒在 RNA 上存录遗传信息，在能够将自己插入宿主的 DNA 之前，将其转录成 DNA。之后逆转录病毒按生命周期运行，创造自己的子代病毒。

7.黑猩猩存在猎杀人类，主要是猎杀小孩的行为。

三、建议

1.从本书作者的论证，病毒的传播和艾滋病病毒的形成都是因为动物的猎杀和生吃其他种群的动物造成的，因此人类为了远离病毒，要倡导健康生活方式，禁止捕捉、猎杀、食用野生动物。

2.即使人类食用驯化饲养动物的肉类，在饲养、屠宰、加工的过程中也是必须阻断病毒传播的。

本章金句

1. 人类某些弥足珍贵的特征实际上不是独一无二的，而是人类和其他动物共有的。

2. 食物链层级越高，所积累的有毒物质浓度就越高。

3. 微生物跟有毒物质一样，有适应不同层级食物链的潜能，这一过程被称为生物放大作用。

4. 像汞在鱼体内积累一样，动物体内积累着微生物，这一过程被称为微生物的放大作用。

5. 人类免疫缺陷的故事始于中非的两种猴子，即红顶白眉猴和大白鼻长尾猴。

6. 人类免疫缺陷病毒的历史，可追溯到一个相对简单的生态互动：中非的黑猩猩捕食猴子。在 800 万年前我们猿类祖先开始从事狩猎活动时，故事就拉开帷幕了。

7. 猎杀：病毒传播的高速公路。

8. 猎杀行为的出现对共同祖先和其后代的微生物库的影响，持续了数百万年。

委员读书笔记

 **戚建国**

　　读书活动其目的在于应用，政协人的读书在于掌握参政议政的知识和本领。随着第二章的导读，使我们加深了解了病毒的传播，集中指向狩猎行为。该章有一句话应成为牢牢记住的警言："狩猎这种脏乱血腥的行为，为感染源在物种间传播提供了所有条件。"我的理解，一要反思人类的生产方式，这种脏乱血腥的行动，应该坚决予以制止；二是反思人类的生活方式，津津有味品尝野生动物的行为，实质上是为病毒传播提供了"所有条件"，面对这个残酷的实证，人类该警醒了；三是反思我们正在推进的精准扶贫工作，应该更加注重通过扶贫，进一步改善贫困地区的生产生活方式，把促使狩猎的生产者列入扶贫转产对象，同时在扶贫中要推动人们生活方式的改变，让人们彻底摈弃食用野生动物的传统习惯。让我们在伟大的扶贫行动中，迎接新风尚的到来。

 **郭媛媛**

　　第二章阅读感受：

　　1. 人类之所以能站在食物链最顶端，不仅在智力加持的社会力量，还在以智慧而非仅是生物本能选择口腹之欲。特别在明晰潜在危险时，能警示以至制定规则维护、保护族群的生存和延续安全。

　　2. 保护野生动物，禁止滥杀、滥食野生动物，维护生态平衡，其实是人类文明在科学认知自然规律后的一种避祸策略：与致病性病毒减少可能导致流行病的接触。

3.禁止捕猎、滥杀、滥食野生动物,是社会文明的体现也是选择。对于公民来说,要有相关素养的培育、素质的教育,以养自律;要有舆论环境的制约、社会法律的惩戒,使有他律。需要建立、健全相对应的体系、机制。

🖋 蒋作君

关于第二章,我的理解其核心要义是善待野生动物,从医学上说就是预防新发传染病。自 20 世纪 70 年代以来,除少数年份外,大概每年都出现新发传染病。屈指数数,有艾滋病、肾综合征出血热、O139 霍乱、O157:H7 肠炎、疯牛病、埃博拉出血热、莱姆病、克雅氏病、SARS、MERS、禽流感、登革热、寨卡、西尼罗、尼帕……总计 40 多种传染病,多半与野生动物或动物有关。

导读3：微生物净化使人类更脆弱

◎杨静华[*]

　　在上一章节，我们知道了：病毒传播的一个重要渠道，是由一个种群的动物猎杀另一个种群的动物并直接食用。那么，人类远离猎杀和食用熟食就安全了吗？

　　在本章中，作者从人类进化和物种分类传播原则，告诉我们：生物多样性对人类健康乃至生存的重要影响。

一、本章主要观点

　　（一）微生物净化是一把双刃剑：在减少感染源的同时，也使人类更脆弱。

　　1.生活方式的改变，是人类微生物库存减少的重要原因。一是生存环境的变化。人类祖先从以森林为生存地向热带大草原迁移，转变为有能力在草原生活并利用草原的动物，从而进入生物多样性减少的地区，导致其微生物库存的减少。二是饮食方式的变化。大部分依附动物的微生物都不能在蒸煮的温度下存活。当蒸煮食物成为人类标准生活方式时，再次减少了人类所接触的新型微生物的数量，限制了其微生物的多样性。

　　2.种群规模的变化，是微生物传播概率增减的重要因素。微生物大体可分为两种：急性传染的和慢性传染的。每一种微生物在规模小的宿主种群里都会有所折损。尤其是急性传染源（如麻疹、脊髓灰质炎和天花），感染时间短，要么导致宿主死亡，要么宿主产生了免疫

---

　　[*] 第十三届全国政协委员，广西壮族自治区十三届人大常委会副主任、民进十四届中央常委、民进十一届广西区委主委。

力。因此，急性传染的微生物，需要相对大的宿主种群规模。当宿主种群规模逐渐变小，这个微生物也将寿终正寝。慢性感染源（如人类免疫缺陷病毒和丙肝病毒）虽然不会在宿主体内形成免疫力，它更容易在小规模宿主种群中存活，有时还陪伴宿主一生，但在严重的种群瓶颈时期，慢性感染源也会面临很高的灭绝率。因此，小规模人口所携带的微生物感染源的多样性降低，可能导致在人类祖先身上存活了几百万年的感染源消失了。如今，总量超过 60 亿的人类，足迹遍及地球的每一个角落。扩大的人口规模，为一些导致人类疾病的微生物感染源提供了条件。

3. 微生物的多样性，能为人类微生物库和人类健康做贡献。虽然目前仍旧对形成微生物多样性的生态因素知之甚少，但可以肯定的是，热带雨林系统供养的动物、植物和真菌，其生物多样性高于陆地上其他生态系统。反之，微生物库多年来的单调，对于许多人类抵御传染疾病的先天生存机制而言，选择压力小了，一些保护性的疾病防御策略就丧失了。

（二）人类主要疾病的源头，几乎都来自人类自身所在群落。

1. 近亲物种的分类传播原则。近亲动物物种会有相似的免疫系统、生理机能、细胞类型和行为，使他们易受同样的感染源群落的侵害。两个物种的亲缘关系越近，一种微生物在两者之间成功流动的可能性就越大。人类和黑猩猩的基因相似性几乎一样。容易追踪到动物源头的人类疾病，几乎全部来自温血脊椎动物，主要来自人类自身所在群落，即哺乳动物。其中包括灵长类动物、蝙蝠和啮齿类动物。以灵长类动物为例，它们虽然只占到脊椎动物物种的 0.5%，但人类近 20% 的主要传染性疾病都是由其传播的。数字令人印象深刻：猿类是 0.2，其他非人类的灵长类动物是 0.017，非灵长类的哺乳动物是 0.003，非脊椎动物的数值接近零。

2. 人类的表亲——猿类，是人类感染源的大仓库。（1）猿类表亲继续生活在雨林，继续猎杀和生食并在体内积累新的微生物。在人类谱系里已经消失的微生物，却依然保留在它们身上。（2）人类疟原虫的多样性和猿类疟原虫的多样性相比黯然失色。（3）人类恶性疟原虫实际上起源于野生猿类。这种猿类寄生虫，就是借由蚊子的叮咬，将野生猿类的恶性疟原虫迁移到了人类身上。这种灾难性的传染病，每年都要夺去 200 万人的生命。而疟原虫不是唯一一个从猿类跃到人类身上的微生物。

二、阅读本章的体会、思考与建议

（一）遏制生物多样性丧失，拯救地球生态链。有研究表明，人类生产生活方式显著改变了地球 75% 的表面，大约四分之一的动植物物种受到威胁。国际社会高度关注生物多样性损失严重和生态系统崩溃可能引发的系统性全球危机。中国为保护环境付出了巨大努力，取得了巨大成就，得到国际社会的肯定。今年 10 月将在云南昆明召开的联合国峰会（即 CBD COP15）的主题是生态文明：共建地球生命共同体，联合国起草的《生物多样性公约》拟在峰会上由各国政府通过。为此，建议：

1. 国家应推动全社会广泛开展少扔废弃物，多存微生物的环保行动。尽管减少废弃物产生已经不是新鲜的话题，但污染仍触目惊心。减少污染和保护生物多样性任重道远。据估算，全球每年至少有 800 万吨的塑料制品被丢弃到海洋中，相当于平均每秒钟就有一卡车的塑料垃圾倒入海中，导致每年约 100 万只海鸟、近 10 万头海洋哺乳动物和无数鱼类死亡。海洋生态环境恶化还会造成极端天气，带来更频繁的暴风雨和干旱灾难。

2. 加快建立健全国家层面的江河流域生态保护补偿机制。2019 年6 月中共中央办公厅、国务院办公厅印发《关于建立以国家公园为主体的自然保护地体系的指导意见》，明确了林木生态保护补偿制度和野生动物伤害保险等制度，对生态系统修复与保护提供了保障。但生态系统是典型的复杂系统，其中森林与江河的关系尤为密切。江河流域的生态保护涉及的区域更宽广。国家层面应注重加快建立健全江河流域"纵向、横向"生态补偿机制，鼓励受益地区与保护生态地区、流域下游与上游的多元化补偿方式。

（二）直面病毒传播，推动治理能力现代化。庚子年这场不期而遇的疫情，让我们更多反思人口规模、城市规划与社区治理的关系：一是超大城市和特大城市中人口大规模流动，使中国防控疫情的压力远超任何国家。二是社区作为社会治理金字塔的底座，是应急管理的主战场、第一线，同时社区也是社会治理薄弱的单元。为此，建议：

1.加大大都市圈城市规划体制、税收体制和土地制度改革力度。目前，我国超大城市和一些特大城市人口集聚和城市管理之间的矛盾造成的"城市病"（雾霾、交通拥堵、房价攀升等），迫切需要通过深化改革，有序推进城市群内城乡管理一体化，减少人口就业频繁流动和降低人口密度，有效治理"城市病"和提高公共卫生防疫能力。

2.将智慧社区公共卫生应急管理体系建设纳入国家"十四五"规划。以"十四五"规划编制为契机，将智慧社区公共卫生应急管理体系建设项目作为推进国家治理现代化的基础性、突破性工程，作为智慧城市、数字中国建设的优先领域，纳入国家新型基础设施建设内容。

委员读书笔记

🖋 张连起

我国共有近 65 万个城乡社区。城乡社区防控是疫情防控的基础环节和前线"战场"。以社区网格化为基础，以智慧社区为手段，完善制度和力量下沉给社区工作者赋能，向基层一线倾斜，让社区工作者从严防控有能力、有保障，及时发现化解居民之间、居民和管理之间的矛盾纠纷，是这次疫情防控提供给未来治理的经验，也是第一手实践总结。

建立敬畏之心可能是这次疫情防控的最深体会。与瘟疫共生共存，才是人类社会发展至今的真实经历。学会与人与自然的和谐共生，也许就是我们从一次次瘟疫中得到的启示。对于此次新冠肺炎疫情的影响，我们每个人都置身其中，每个人都在自我隔离。我们需要深刻反省、有所改变。改变意味着重建。大疫之后，我们应该重建我们的生活，完善国家的治理。

由此及彼，由表及里，由疫而治，由内而外。培根说，读书补天然之不足，经验又补读书之不足。

🖋 凌振国

这次疫情暴发，和往常的学习与实践，让我们深知，没有完备有效的生态文明、环境保护的制度体系作保障，造成人与自然的不和谐，必然会受到自然的惩罚，生态环境领域的重大隐患控制不好就会导致公共卫生安全风险，甚至引发重大公共卫生事件。痛定思痛，今天，

面对疫情危机，我们更应该贯彻落实好习近平总书记最近提出的"打好污染防治攻坚战，推动生态环境质量持续好转"重要指示精神，统筹疫情防控和生态文明建设、生态环境治理，促进人与自然更加和谐，为推进城乡生态环境治理和生态环境质量持续好转而努力。

 **戚建国**

围绕本章主题，思考如何使人类变得更加坚强。一要敬畏自然，保护物种的多样性，使人与自然和谐相处；二要经点风雨，温室里长不出劲松，人类对疾病的抵抗力来自经得起风吹雨打；三要尊重科学，特别是本章提出的"分类传播原则"，对于认识病毒特性，盯住病源宿主，防控传播渠道，是具有指导意义的。

郭媛媛

本章感想是：

1.也需要以"和平共处"原则，尊重生物多样性规律，与形形色色、千差万别的各种生物共生共存。

2.也需要以"人不犯我，我不犯人"原则，不肆意杀戮、剥夺其他生命，以至扰乱、破坏生态圈平衡和地球自然净化。

3.也需要以"人要犯我，我必犯人"原则，当病毒来袭，我们不仅要有足够的智慧和准备应急，要有平台、体系、机制等抗疫方法和措施，还要努力更早预警，在疫情发生以前遏制传染、蔓延。

大道无疆，人的道也应是天之道，应该到达、指向自然最根底、原生、自在处（初）！

蒋作君

谈一点学习体会。"病毒来袭"第三章主要是论述生物多样性的命题。我的理解，没有物种在空间上的多样性，就没有物种在时间上的可持续性。反之，亦然。这是因为生物构成生态链，环环相扣，"相辅相成"，形成生生不息的大自然。物种空间上的多样性和时间上的可持续性互为充要条件。我们对大自然要怀敬和畏，对本章中谈到"人类吃熟食减少了生物多样性"的观点不能苟同。这是因为：一是"熟食"只是有限地减少了某些种类微生物的数量，或许对其种群是一种调节，而非减少微生物的物种。生物的多样性是指生物物种的多样性。二是人类吃"熟食"对人类尤其是人脑的进化起了决定性的作用。这是不可否定的。

王学坤

《病毒来袭》一书警告我们，人类是大自然的一部分，要敬畏自然，遵循自然规律，与自然和谐与共，保护大自然就是保护人类自己。

张占斌

这次新冠病毒的防控，确实给我们有太多的经验教训总结，也到了人与自然要真正和谐相处的时代了，对大自然要有敬重感，也要有畏惧感。我们政协委员里人才荟萃，这方面我们可以、应该、能够发挥更大更多的作用。

导读4：驯养活动对病毒传播的三重影响

◎魏玉山 *

一、本章主要观点

这一章主要讲人、动植物、微生物（病毒）之间的关系，特别是动物在其中的特殊地位。

解读三者的关系有两个视角：一个从人的视角来看，动物可以成为人类的伙伴、役用的工具、晚宴的宾客，或是食物；一个是从微生物（病毒）的角度来看，人、动物都是它们的寄生地，是它们的储主。而家畜则是它们从野生动物跳到人类的桥梁。

一般而言，人类和家畜的微生物库已经融为一体，家畜携带的可能传染给人类的微生物，在驯养活动后大部分已经进入人体，人类能够传染给家畜的微生物也都传染给了对方，没有传染给对方的微生物缺乏广泛传播能力。人类和家畜之间已达到了某种微生物平衡状态。

野生动物所携带微生物（病毒）传染给人类的机会，除了通过家畜这座牢固的桥梁外，人类捕杀、食用野生动物的行为也是一个通道。驯养活动使人类拥有了大规模的固定社区，这样也就使以前昙花一现的微生物能够存活下来。

随着越来越多城镇的出现，以及城镇之间的联系日益密切，彼此接触的人口不断增加，使得微生物（病毒）在人际之间的传播更为容易、更为迅速、更为广泛，并且能够永久寄生下去，因此要彻底地消灭微

＊第十三届全国政协委员，中国新闻出版研究院院长、党委书记。

生物几乎是不可能的。

二、新知识

1. 早在 3 万年前中东人和东亚人就把灰狼驯化成看门狗和役用动物。14000 年前，狗在人类生活和文化中已经扮演着一个十分重要的角色。

2. 切叶蚁在几百万年前就开始从事驯养活动，而人类驯养其他物种仅始于几千年前。

3. 在巴布亚新几内亚，一些少数民族妇女用人奶哺乳她们家的猪，以确保这些价值不菲的动物能活。

4. 储主（reservoir）——供养病毒的动物。

三、思考与建议

1. 对野生动物既要保护，更要从医学的角度加强研究。人类每一次大疫的传播，都是因动物而起，流行病几乎总是由一种动物微生物（病毒）传播到人类身上而引发，从本书可以看到，美国等西方国家对野生动物医学研究投入了长期的、大量的研究，并取得了很多一手资源。从许多委员所推荐的相关图书我们也可以看到，与病毒研究相关的著作多是西方人写作的，反映了西方野生动物医学研究成果。建议我国政府有计划地组织开展野生动物医学研究，到野生动物资源丰富的地区进行微生物资源的采集。

同时管控好人与动物的关系。与野生动物保持适当距离是防止其病毒直接传播到人类的有效办法。不捕杀、不食用、不驯养野生动物是一般人员应该遵守的基本规则。

2. 以这场抗击新冠肺炎疫情战役为例，深入开展人类命运共同体理念的国内外传播。本次全球抗疫，是人类命运共同体理念的一次直观、生动的普及与教育。不仅武汉与湖北不可分割，湖北与中国不可分割，中国与世界也不可分割。疫情已经在全球近百个国家暴发与蔓延，

病毒的侵袭没有人种、民族、地域、国界的限制，也没有男女、老幼、职位选择。对于病毒而言每个人都可能是储主。不管你愿不愿意、答不答应，生活在同一个地球的人类，不可避免地已经成为命运共同体了。在大疫面前，人与人之间，社区与社区之间，城市与城市之间，国家与国家之间都应该合作，而且必须合作才能快速战胜疫情。

3. 加强医药卫生方面的科普宣传。人类寄居在病毒的星球，人类躲不开病毒，也无法躲开。对人来说大多数病毒无害，少数有益。我们不要试图去消灭所有的病毒，也不可能消灭所有病毒，和病毒共生长、共存亡，带菌生活是我们的生活方式。少数病毒有害，虽然是少数，有时候却害了大多数人。管控有害病毒才是重点。

本章金句

1. 现在我们所说的很多人类特征，都是在驯养动物的能力奠定了基础后形成的。

2. 人口规模的扩大、人类群落的定居和家畜数量的增长，形成特有的混合因素，在人类和微生物关系转变中扮演了核心角色。

3. 对我们很多人来说，如果一天没有至少接触3种家畜和10种种植的水果蔬菜，那就是不寻常的一天。

4. 微生物能够双向流动。要真正消灭一种人类病原体，我们必须知道它是否也有人类之外的储主。

5. 家畜在人类和野生动物之间架起一座牢固的桥梁，增加了野生动物所携带微生物传染给人的机会。

委员读书笔记

戚建国

随着玉山委员的导读，我们防控疫情的领域打开了一个新的视角，不仅要关注野生动物，还要关注驯养动物。一是从驯养动物所处的位置来看，恰恰位于野生动物和人的连接处，从某种意义上讲，驯养动物充当了二传手的角色；二是从驯养动物和人的关系来看，其几乎是毫无障碍与人朝夕相处；三是从驯养动物近年发生的疫情来看，无论是禽流感，还是口蹄疫、猪瘟、马流感等，这都充分表明，要高度关注驯养动物的疫情防控。

蒋作君

家养动物将疾病传播给人，医学上早有应对，诞生了"人兽共患病"学科。家养动物传播给人的疾病是传染病。控制传染病是第一次卫生革命的任务。时至现代，控制"慢病""三高"（高血压、高血糖、高血脂）的第二次卫生革命的任务更重。现在不但人有"三高"，连家养动物也有"三高"了。这应该说是人"传播"给家养动物的。这也成了"人兽共患病"。第一次卫生革命重点是改变环境，第二次卫生革命重点是改变人类自己。

班禅额尔德尼·确吉杰布

阅读之后感慨良多！首先在我脑子里蹦出的两个词就是"渺小"和"伟大"，只有我们辩证统一地看到人类的这两面性，才可能少走

弯路、少吃点苦。我们要知道自己在宇宙银河中的渺小，要知道在大自然面前的渺小；我们也要了解人类创造的灿烂文明，要了解在众多物种当中人类创造的奇迹。地球在宇宙当中仅是一粒小小尘埃，与此同时，人类在这个小小尘埃之中窥探着整个宇宙。知道人生的渺小才不盲目自大，了解生命的伟大可免虚度光阴。同时明白人的"渺小"和"伟大"，可让我们更好地找到人生的价值和生存的意义。

地球生物的基本追求就是生存和繁衍。人类作为高级动物在生存繁衍之外还有着更多的精神追求，然而，现实中仍有许许多多的人挣扎在生死存亡线上，乃至生存成为他们唯一的追求和希冀。若比起那些苦难中的人群，我们已经非常非常幸运了。我想，只有多一些敬畏和感恩，少一些抱怨和嫉妒，才能让飞逝的光阴多一些意义、易损的生命少一些遗憾，这也是我们通往更加幸福、永恒快乐的途径。我们更要珍惜当下，爱人爱己，守望相助，继续努力地活下去并活出意义，为地球家园、现代人类和未来世界贡献一份自己的力量和光明。

 郭媛媛

第四章读书感想：

1. 人类习惯了人化自然、掌控一切的自恃，却忽略了其中的危机四伏。一方面离不开与其他生物直接、间接的多重联系，一方面每种可见、不可见的关系链，一旦打破平衡，都潜藏着可能的灾难。

2. 人类不过是自然之子，必须保有生命应该有的基本谦卑，包括尊重其他生物的生命权，善待"人化"过的驯养动物等。

3. 以平和、自然的生命样态在自然界、社会中存活，按规律行事，不过度索求，完善体系和机制，与生物、环境、世界和颜悦色。

4. 国家社会建设方面：面对国际环境杂音，主动推进人类命运共同体建设的同时，是时候培育大国应有素养和心态了：不卑不亢、从容不迫。

谢双成

在全民抗疫的特殊"场景"里阅读《病毒来袭》，意义、体验、感悟真是非同寻常，似有"风声雨声读书声声声入耳，家事国事天下事事事关心"之意境、之家国情怀。这是一种有组织、有引导的自我学习、群里学习、在线学习，是一种新的学习、交流、互动的方式方法！希望能成为阅读新常态，坚持下去。由此，我又想到了另一个话题：发挥科普在疫情中防控的"应急"作用，发挥科普在人们日常生活中普及科学技术知识、提高科学文明素养的"潜移默化""润物无声"作用。打赢疫情防控的人民战争、总体战、阻击战，需要科普工作者及时向公众提供权威科普知识，解读疫情防控措施，提高自我防护意识和能力，减少感染病毒的风险，避免出现恐慌情绪，用科学与事实击碎讹传、揭穿谣言，使广大群众不仅增强身体的免疫力，也提高心理的免疫力。希望有更多的钟南山院士们发挥权威科学家的作用，就新冠肺炎疫情解疑释惑，稳定人心！希望有更多的高士其们，为人们特别是孩子们写出丰富多彩的科普著作，在他们幼小的心田里埋下科学技术的种子！科普正当时、科普任重而道远！

朱永新

先把书读厚，再把书读薄，是读书的方法，也是读书的艺术。先读厚，就要深入思考，举一反三。再读薄，就要取其精华，把握要义。各位委员的导读，都非常好地体现了这种能力和方法。

多位委员在交流阅读体会时谈到病毒传播与全球化的问题。昨天民进网公众号发表民进中央文化委员会主任、北京大学教授张颐武的文章《抗疫会助长逆全球化吗？》。可以参考。文章提出，最近几天，在中国的疫情受到相对有效控制之后，新冠肺炎疫情似乎已经开始向多国蔓延。疫情有在全球范围传播的风险。这个时候出现了一些"逆全球化"的观点与行为。他认为，全球化是不可逆的。一方面，这种联系的紧密和复杂远远超出人们的想象，用抑制流动的方式来阻隔疫情必然只是一种临时性的、紧急状态的办法，不可能长期化。另一方面，疫情所导致的全球合作和为遏制疫情进行的共同努力，从没像现在这样让世界更为紧密地联结在一起。无论是应对疫情的医学或流行病学决策，还是政治选择，都会由一个国家影响到整个世界。谁也不可能置身事外，最终大家都在一条船上。未来人们所需要的，可能是一种更安全、更有保障的全球化。我们可以看到基于信息技术（如5G）带来的互联网社会的连接需求，基于人工智能技术的生产、流动链条，都在这次疫情的深刻影响下被人们所感知到，也都会形成一些新的全球性增长点。从疫情走出之后的世界，依然是一个不可隔断的世界。

导读5：**什么是流行病**

◎米　荣[*]

一、本章主要观点

1.什么是流行病

"我们将一种正在传播的微生物定为流行病，与其致命性无关。流行病只是病毒传播能力的标记。"世界卫生组织将流行病分为六个级别，从只传染少数人的一级病毒到发生世界范围疫情的六级流行病。

狂犬病毒只能由动物传播到人，一旦发病，死亡率几乎100%，但其不发生人际传播，因而不是流行病。（致病力强，但无人到人传染）

2009年世卫组织把H1N1定为流行病，因为病毒在冬季时扩散到全球，每个区域都有感染者。（传染性高，病毒传播能力强）

但识别疾病是从临床表现开始的，感染后没有即时表现的病毒可能会被忽略。比如HIV进入人体短时间内不会有临床表现。检测新的流行病的传统方法依赖临床症状，而悄悄扩散的病毒可能逃过人类的监测。在警报拉响之前已经扩散到不可收拾的地步。

2.流行病是如何诞生的

采用病毒的五级分类系统，研究寄生于动物的感染源是如何在全球范围内的人群中传播开的。多数人类疾病的源头可能都来自动物。一级分类里的微生物多样性最为丰富，家畜可以作为桥梁让野生动物

＊第十三届全国政协委员，首都儿科研究所附属儿童医院新生儿内科副主任。

的微生物迁移到人群中。有些动物的微生物库存比其他动物要丰富，比如果蝠，是储主物种，它保持高水准的微生物多样性。

作者通过观察与动物密切接触的人类，监测动物所携带的微生物是否突破物种屏障感染到人。发现短尾猴携带的单疱病毒 B 发生了动物到人的传播，并导致疱疹性脑炎的致命性感染。但这种感染未再发生人际传播。属于 2 级病毒。

有些微生物在发生动物到人类的跨物种传播后，又发生了人到人的传播，比如埃博拉病毒导致了刚果列博的疫情，当时感染 400 人，死亡率 60%，之后又发现了扎伊尔埃博拉病毒，为埃博拉病毒的变异体，其可能宿主是蝙蝠。第一个感染埃博拉的可能是捕获或者宰杀野生果蝠的人。埃博拉出血热可四处传播，但传播有限。借体液血液传播，这种传播的局限性使持续传播变得不太可能。埃博拉出血热起病急，病情重，易于识别，可以迅速确诊，从而及时隔离，遏制病毒传播。

3. 非洲偏远地区的疫情

1996—1997 年刚果出现了猴天花疫情，猴天花病毒与天花病毒同属一类，是正痘病毒属。偶尔出现的人类病例来自感染猴子的接触，因此会出现猴天花这样的误称。但其终极动物储主是松鼠或者啮齿类动物，当时猴天花疫情造成 500 多人感染。

2005 年以来，科学家对猴天花进行主动监测。发现猴天花是人类中的疾病，全年都有发病，且病例数越来越多。少数为猴传人，但更多是人传人，说明该病毒完全转向新的宿主物种。

猴天花是否成为四级感染源有待于观察。因为微生物的变异频繁发生，是否能跃向更高层级，需要密切监测。

4. 第一个真正的流行病

成为人类专有微生物，只有少数微生物成功了。这些微生物是现代疾病控制的重心。了解寄生于人类的病原是否存在自然储主非常重要。而确定某种微生物为人类专有微生物也很困难，因为对野生动物中寄生微生物的了解尚处于起步阶段。

目前认为天花首次出现于驯养革命时期，啮齿类动物可能是自然宿主，骆驼可能是中间宿主。天花开始在旧大陆流行，而距今 500 年前，人类全球旅行开始，从此美洲出现天花病例，天花病毒跨越大陆的传播使天花成为第一个流行病。

人类征服世界的步伐加快，人和动物密切接触，交通发展，促进新病毒的产生，也催生了一个容易被流行病侵害的世界。

二、历史上的流行病

世界卫生组织（WHO）对于流行病的定义和分类，英文中流行病（epidemic），指一般性流行病，较之严重的有国际关注的突发公共卫生事件（PHEIC），及大流行病（pandemic），是指全球蔓延性。WHO 针对动物疫源性疫情制定了六级疫情定义：一级是尚未出现动物源病毒感染人类的报告，即人类感染风险低；二级是指确认动物源病毒可感染人类；三级是出现一个社区内小规模人群被感染病例；四级是指确认病毒人传人程度已构成社区级疫情，并在多个社区内暴发；五级是指病毒在世卫组织定义下同一全球区域中的至少两个国家造成持续社区疫情暴发，病毒传播人群变大，但传播仍具有局限性；最严重六级属于大流行病阶段，是指在第五级基础上，病毒已经在 WHO 划分下的另一个全球区域内的至少一个国家造成持续的社区级疫情暴发。

大流行最常用于指流感的流行程度。现指一种新疾病在世界范围内的传播。作为全球的卫生机构，WHO 往往是第一个宣布大流行病的机构。

历史上曾出现的"瘟疫"如天花、鼠疫、1918 年大流感等等，是全球性流行病，不仅流行范围广，而且死亡人数多，有些流行病病原学的明确经历了几个世纪甚至千年。

以 1918—1919 年大流感为例，其感染人数达 5 亿，当时全球人口

17 亿，死亡人数可能 5000 万左右，当时没有确定的诊断测试，之后进行的检测显示当时大流感病原为 H1N1 型病毒感染。

距今最近的一次 WHO 宣布全球性大流行病（pandemic）是 2009 年甲型 H1N1 流感暴发，是时任 WHO 总干事陈冯富珍于 2009 年 6 月 11 日宣布的。而在此之前 2009 年 4 月 25 日 WHO 宣布美国和墨西哥甲型 H1N1 流感疫情为"国际关注的突发公共卫生事件（PHEIC）"。从 PHEIC 到 pandemic 历时一个半月期间，H1N1 流感在 74 个国家报告了近 3 万确诊病例。2010 年 8 月 10 日 WHO 宣布甲型流感大流行结束，持续 1 年多的疫情造成 1.85 万人死亡，出现疫情的国家和地区达到 214 个。

三、本次的新冠肺炎（COVID-19）大流行，中国应对策略

WHO 于 2019 年 1 月 30 日宣布新冠肺炎疫情为"国际关注的突发公共卫生事件（PHEIC）"，2020 年 3 月 11 日 WHO 总干事谭德赛在日内瓦例行记者会上说，"新冠肺炎疫情从特征上可称为大流行"。这一天，114 个国家和地区确诊病例超过 11.8 万例。他说，"我们以前从未见过冠状病毒引发的大流行，我们以前也从未见过得到控制的大流行"。

2019 年新冠肺炎疫情是人类新发的传染性疾病，从 12 月底武汉出现不明原因肺炎引起医生警觉到呼吸道分泌物送检进行检测，开始科研攻关，到实验室成功分离病毒，全基因组序列获得，到检测试剂盒的研制开发及用于临床检测，再到武汉封城，疫情阻击战的全国部署动员开展，全国一级响应，四早（早发现、早报告、早隔离、早治疗），四集中（集中患者、集中专家、集中资源、集中救治）策略的落实，使得疫情的蔓延得到有效的遏制，病人的救治得到了有力的保障。提高了治愈率，降低了病死率。

作为新的传染性疾病，人类对它的认识在不断地提高，至今不到 3

个月时间新冠肺炎／新冠感染的诊疗方案已更新到第七版，围绕新冠肺炎的流行病学调查及诊断、治疗、预防药物、病原学溯源等科研攻关也有更多进展，疫情被有效遏制。我国采取的应对策略：

1. 信息公开透明：我国把病毒分离结果、全基因组序列，及时向 WHO 公开。

2. 及时、科学应对：临床可疑病例的敏锐发现，及时的科研攻关，短时间内成功进行病毒分离，全基因组序列获得，检测试剂盒的开发，诊疗方案的七版更新，早期即开展药物研发，五条路径进行新冠肺炎病毒的疫苗研发，双盲对照进行临床新药治疗科研攻关，中西医结合治疗的临床开展。

3. 武汉封城、全国一级响应，武汉保卫战，疫情阻击战部署实施，全社会动员。

4. 效果：新冠肺炎的流行趋势在中国得到了强有力的遏制。目前全国多地新发病例为 0，武汉新发病例达到个位数，危重病人数不断下降，救治效果不断提高。

目前，中国境外的国家疫情还在蔓延，我国积极分享抗疫经验，防控策略及救治方法、科研成果，对外援助防护物资，及外派专家协助共同对抗疫情。同时严防境外输入。但互联互通的世界联通的不仅是航线，还有医疗救助、经济、贸易、文化，彼此的关切和共同的家园。一场突如其来的疫情让人类命运共同体有了更深的诠释。

四、小结、建议

1.地球上的微生物库非常丰富，它占据了生物物种的绝大部分，对其多数我们尚未知。

2.目前已知的感染人类的冠状病毒有 7 种，4 种已成为常见的感染人类的病毒，21 世纪近 20 年人类世界暴发了 3 次冠状病毒感染，2003 年的非典（重症急性呼吸窘迫综合征，SARS），中东呼吸综合征（MERS），及本次的新冠肺炎，它们都是冠状病毒感染引起的呼吸系统疾病，具有传染性，通过呼吸道飞沫及接触传播。冠状病毒在自然界中广泛存在，主要感染脊椎动物，其宿主种类广泛，因而需要继续密切监测与人类密切接触的动物疫源性冠状病毒，跨物种传播及其流行性。

3. 加强公共卫生体系的建设，补足医疗资源的短板，增加科研基金的投入，主动开展病原监测，及时敏锐发现可疑流行病病人，用科技手段寻找病源，并做好一切准备，包括病例的临床识别、病原学检测、流行病学调查、检测试剂研制、疫苗开发、治疗药物研发。

4. 在面对新的人类致病微生物侵袭时，由于人类具有相同的真核细胞结构及受体，因此均具有易感性，从生物学意义上人类拥有命运共同体，守望相助，共克时艰。

本章金句

1. 虽然人类占领了每一块大陆，人口数量达到 70 亿，我们其实只代表了地球上生物多样性中极小的一块。

2. 世界上偏僻的村落可能存在新型病毒和疫情，只因为交通不便而不为外界所知，所以我们需要密切关注这类地方。

3. 能够感染人类的微生物总是多于已经感染人类的微生物。

4. 如今只有少数人居住在农村或者靠近农村的地方，极少数人仍旧以野生动植物为生，过着狩猎—采集者的生活。我们生活在被建筑和街道填得满满当当的世界。主宰这个世界的生命形式基本是我们自己。

委员读书笔记

米　荣

　　我是临床医生，流行病是医学中的专门学科。从这个角度讲，我也不算内行，我只是管中窥豹，谈一点自己的心得体会，欢迎各位委员批评指正。作为临床医生，我们看到的是一个个病人，从众多的病人中识别出"不一样"的病例，进一步观察及完善实验室检测，明确原因，是临床开启流行病识别的第一步。因此就需要了解不同疾病的表现，才具有这种识别能力。这是临床医学与流行病学连接的交叉点。

　　这是我们已经了解的感染人类的冠状病毒种类，自然界还分布着丰富的我们未知的微生物包括病毒、细菌、真菌、古菌、支原体等，就冠状病毒来说，动物宿主中还有很多，目前可能还是一级病毒。但需要密切监测其跨物种传播可能。

张连起

　　目前已知的感染人类的冠状病毒有 7 种，4 种已成为常见的感染人类的病毒。此次新冠肺炎疫情不会是最后一次，但这次感染范围之大、影响之广，比历史上的某些革命、战争剧烈得多。这也为巩固和完善我国的治理体系和治理能力提供了反思、总结和实践的契机。

戚建国

　　感谢米荣委员的导读，进一步了解了什么是病毒，如何科学分类界定病毒，病毒从何处来，怎样应对。结合重温第五章谈点学习体会：

一是依靠传统方法，在警报拉响之前已经扩散到不可收拾的地步。这就要求预防点到前伸，从临床病状为主向病毒源头拓展，尽可能争取防控的时间。二是用科学手段寻找病源并做好一切准备，这就要求防控流行病要从应急应对为主向预先主动应对拓展。面对重大疫情必须全力应对，这是对人民负责；面对平时预防工作也应放在战略位置，在疫情未发之时做好准备，更是向人民负责。三是病毒没有国界，隔离管控是非常有效的办法，但隔离管控不能阻隔国际合作。防控疫情要从一国防控为主向共同应对拓展。正如导读小结所言：在反对新的人类致病微生物侵袭时，由于人类具有相同的真核细胞结构及受体，因此从生物学意义上人类拥有命运共同体。这次抗击疫情的斗争中，又一次出现逆全球化的现象，这是逆历史潮流而动的，也是逆科学真理而动的，中国向全世界展现了人类命运共同体的形象。这就充分表明，抗击疫情既是挑战也是机遇，实践将告诉那些逆全球化者，人类需要守望相助共克时艰。

蒋作君

用现代医学理念说，传染病是流行病，但流行病绝不仅仅是传染病。本章将"传播的微生物定为流行病"，未能与时俱进。此外，书中提到"狂犬病不是流行病，不发生人际传播"，对此书中应说清楚，否则易致误读。狂犬病之所以说"不发生人际传播"，并不是狂犬病毒没有人际传播的能力，而是一般"人不会咬人"。临床上狂犬病人是要隔离的，因其唾液中含有狂犬病毒，若被其咬了，也会传人感染的。

陈冯富珍

谢谢米荣的专业导读，同意临床医生与公共卫生医生必须跨领域无缝合作，共同防控疫情，保障人民生命安全和身体健康。这是我国抗疫成功原因之一。

郭媛媛

第五章感想：

1. 术业有专攻：流行病防治是体系繁复、关涉重大、永无止境的事业，结合现代科技进步，在基础设施、研究平台和人才队伍建设等方面，需要常态加强、长期侧重，以便时刻准备。

2. 我们始终处在病毒的环境里，在忧患意识以外，也要在做好应对危机提前建设的同时，培育承受力和承担力。

3. 全球性新冠肺炎疫情发展过程中，既不妄自菲薄，也不自视甚高。用稳定、从容、大国担当姿态，以人类命运共同体意识为出发点，做我们国家能做和要做的，并在国际复杂舆论环境里，保持定力。

导读 6：地球村与流行病时代

◎杨小波[*]

一、本章主要观点

本章标题中的三个关键词，醒目地点出了流行病主题与空间和时间的关系。

地球很大，村很小。地球何以变成村？是从什么意义上做到的？意味着什么？

流行病时代？是对当今世界某种特征的概括吗？论证何以成立？

随着对这些问题的回答，作者在本章得出的重要结论是：人类交通的发展繁荣，创造了一个互联世界，它使微生物流动速度大为增加，将种群集中起来，使以前在低密度种群中难以存活的感染源得以发展。

对以前分散在各处并处于静止状态的感染源而言，互联的地球成了一个巨大的微生物混合器。这场互联革命，从根本上改变了地球上动物和人类所携带微生物的流动方式，将永久改变流行病影响人类的方式，真正把我们带入了流行病时代。

故事从 1998 年科学家们分别在澳大利亚和中美洲发现青蛙大规模相继死亡事件说起。作者循着导致青蛙死亡的罪魁祸首"壶菌"扩散的足迹，揭示出认识一个更大现象的重要线索：

"近几百年以来，人类已构建了一个互联世界。这个世界里，生活在某处的青蛙被运到它们以前从未存在过的地方。这个世界里，人

---

*第十三届全国政协委员，民族和宗教委员会驻会副主任，中国统一战线理论研究会副会长。

类确实能够做到所穿的靴子今天踩在澳大利亚的泥地里，明天就踏进了亚马孙河。这种世界性大流动给像'壶菌'这样的感染源提供了一个大显身手的全球性舞台。"在我们生活的星球上，微生物不再数百年偏居一隅而不与外界接触，如今我们处在一个微生物一体化的星球上。好也罢，坏也罢，它是"同一个世界"。

作者指出："流动性很高的物种，不管是鸟、蝙蝠还是人，对维系微生物生命和传播微生物特别重要。"

但他强调，"互联世界"构建以前，地球上的生命是"大体静态"的。（当然，我理解这种"静态"指的是各物种之间的宏观互动）。尽管椰子树进化出既有浮力又能防水的"漂流种子"，借着洋流旅行扎根到遥远的地方；尽管鸟和蝙蝠有翅膀，而且能力超群的北极燕鸥能够每年从北极繁殖地飞往南极。但是，大多数动物都生活在离出生地很近的地方。鲜有地球生物在其生命周期里定期到几公里之外远游。

在地球上，不管是灵长类动物还是鸟类，没有什么在远行速度上能跟人类相提并论。人类远游的潜能，在地球生命史上是独一无二和前所未有的，但一些后果也随之而来。

即是说，"互联世界"只能由人带来。

为了令人信服地说明这个"互联世界"的由来，作者分别考察了人类水、路、空交通发展历史及给微生物传播带来的相应变化。

首先是水路：

"人类能够满世界旅行，始于对船舶的使用"。

——几百万年前，人类正式开始靠双脚直立行走，但在其生命周期里也难以步行很远。

——遗传学和地理学知识告诉我们，至少5万年前就有人到达澳洲，至少使用了某种形式的航海工具。

——首次澳洲殖民之旅之后，约4万年以来，人类一直乘船开拓新大陆，出行频率越来越高。

——考古发现了：1万年前人类将圆木捆在一起制成在淡水中航行

的木筏；7000 年前人类使用在海上航行的船只。

——2000 多年前，南太平洋的波利尼西亚人在航海探险中，发现了夏威夷并开始定居。

——15 世纪后期，欧洲人到达新大陆时，成千上万艘巨型帆船穿梭于大西洋、印度洋和地中海流域，将人、动物和货物在旧大陆各个国家间来回运送。

——欧洲殖民期间，由船只带到美洲新大陆的天花病毒杀死了住在阿兹特克、玛雅和印加文明区多达 90% 的居民。而天花只是这一时期沿着航海线扩散的众多微生物之一。

其次是陆路：

"交通运输每一次重要发展，都会改变人口间的联系，并同时对新型微生物的传播产生影响"。

——人类正式的道路建设始于五六千年前，开始用石头、圆木、砖块，使人、动物和货物得以流动。

——18 世纪末和 19 世纪，法国和英国修建了第一批近代公路，承载数量庞大的往来车辆。

——公路通到新的区域既带来了积极影响，也招致了负面效应。从全球疾病控制角度看，公路是把双刃剑。

——人类免疫缺陷病毒在 1900 年前后从黑猩猩谱系中分离出来，1959 年在刚果出现艾滋病，1980 年医学界将艾滋病确认为流行病，造成病毒开始迅速传播的"特殊情况"就是"出行的便利"和大型交通基建人员集聚的条件。

再次是航空：

"虽然公路、铁路和航海革命使微生物传播发生了巨变，但一种全新的交通方式将使其传播速度更上一层楼"。

——1903 年 12 月 17 日，美国北卡州莱特兄弟进行了首次持续、有动力、可操纵的飞行。

——50 年后，第一架商用飞机开始在英国和南非之间飞行。

——20 世纪 60 年代，航空旅行时代正式来临。

——目前，全世界有超过 5 万个机场、3000 万公里公路、100 万公里铁轨和几十万艘航行船只。

商业飞行改变了流行病传播的基本方式。飞机以一种即时即送的方式将人口连接起来，使微生物更迅速地传播，使得潜伏期很短的微生物也能有效扩散，这些已得到季节性流感数据的有力支持。

总之，公路、铁路和航空运输为人类、动物以及微生物的迁移提供了新的联系方式和路线。就微生物而言，运输革命就成了连接革命，使微生物的扩散效率实现了飞跃。

二、阅读本章的体会

1. 需要改变对微生物的认知

数千年来，对于我们所存在的宇宙，如果从宇观、宏观、中观、微观去观照，相对于看得见的世界，我们对看不见的世界了解太少了，关注太不够了。相对于对天体运行规律的认识，人类对微生物世界的认识还很粗浅。相对于能给整个人类基因组排序，能建立大规模通信设施，能使全球大部分人用上手机，我们对无处不在、如影随形的流行病和引发流行病的微生物，从国家、社会和个人各方面都应给予更多关注，使对微生物的认识成为全社会科学文明素质的重要组成部分。

2. 需要改变人类的行为模式

历史上的流行病案例和这次仍持续蔓延的新冠肺炎疫情，使我们警醒：微生物确实有能力折磨我们、害死我们、毁坏经济，其威胁人类的程度确实比地球上最可怕的火山喷发、飓风和地震都更严重。人类免疫缺陷病毒扩散 30 年来，感染人数已逾 3300 万，研发疫苗、研制药品、改善人类行为的传统努力，在世界大多数地方都失败了。但从这次中国和国外各国对待新冠疫情采取的不同举措和实际效果看，人

类行为方式仍是当前及今后与动物、微生物相处具有重要意义的方面。

"世界那么大，我想去看看"，是开放世界的需求。但同时，一切符合熵增的，都倾向于容易、舒适、懒散，从这个意义上讲，薛定谔"人活着就是在对抗熵增定律，生命以负熵为生"对我们有着深刻的启示意义。

3.需要构建人类命运共同体

病毒以运动而非静止状态存在着，不断在致死率和传播率之间尝试着新的组合。作为能够在地球每个角落传播的强劲自然力量，还可能形成全新的危害更大的镶嵌体病毒袭击人类。通过这次新冠疫情越来越清楚地看到，在微生物病毒面前，人类是确确实实的命运共同体，无国能独善其身，无人能独善其身。尽管各国有着眼前各自的利益，大疫过后痛定思痛，人类只有联起手来，才能更有效地应对微生物病毒的侵袭。为此，人类彼此需要沟通情况、分享信息、交流经验、共同研究，举全人类之力应对挑战。在这次抗疫斗争中，中国正是这样做的，树立了榜样。今后还应任劳任怨、不辞辛苦做下去，先觉带动后觉，继续一步一个脚印，扎实稳健地迈向人类命运共同体。

导读7：地球村与流行病时代

◎张妹芝[*]

　　本章作者从两栖动物青蛙的一个典型案例说起。1998年，分别在澳大利亚和中美洲从事研究工作的科学家们宣布，他们在科考地所在的森林里发现了大量的死青蛙，这一青蛙大规模相继死亡事件显得特别离奇。

　　种种迹象表明，它们最像是受到了一种感染源的侵害。他们识别出这一青蛙真菌就是壶菌。这种壶菌，既能在海平面上存活，又能在海拔6000米的高地上肆虐。它还是一个杀手，仅在拉美，真菌就让113种特别美丽的五彩蟾蜍里的30种灭绝。虽然科学家们如今详细记载了壶菌的扩散和破坏性，但尚有很多未解的谜团。真菌来自何方，如何传播？这些问题大部分尚未解决。研究显示，至少从20世纪30年代开始，真菌已开始感染非洲青蛙，几十年后传播到其他大陆。这就意味着真菌起源于非洲。但在某个时刻，真菌开始向外蔓延，而且态势迅猛。它如何迅速传播到如此广阔的区域？一种可能性就是青蛙的出口。在南非发现壶菌早期证据的研究人员也注意到，一些被感染的青蛙物种通常用于人类验孕。当实验室技术员将孕妇尿注射到非洲爪蛙身上时，它就会排卵——形成今天普遍使用的怀孕试纸的早期版本！20世纪30年代早期发现了这一人类验孕方法后，数千只验孕青蛙被运输到世界各地，它们也许就携带着壶菌。但这可能不是引发壶菌全球性传播的唯一原因。因为在壶菌的生命周期中，有一个阶段会积极在

---

　　[*]第十三届全国政协委员，河北省人大常委会副主任，省文化和旅游厅厅长，民进河北省委主委。

水里传播，水也是一个可能的传播因素。人类流动当然也是原因之一，我们的鞋子和靴子至少要负一部分责任。

一、本章主要观点

1. 公路、铁路、航海和航空等交通方式的变革，创造了一个全新的互联世界。这给人类带来了便利，却也让以前分散在各处并处于静止状态的病毒有机会快速流动，高度混合。这一事实将永久改变流行病影响人类的方式，把我们真正带入流行病时代。

近几百年以来，人类已构建了一个互联世界。这个世界里，生活在某处的青蛙被运到它们以前从未存在过的地方。这个世界里，人类确实能够做到所穿的靴子今天踩在澳大利亚的泥地里，明天就踏进了亚马孙河。这种世界性大流动给像壶菌这样的感染源提供了一个大显身手的全球性舞台。在我们生活的星球上，微生物不再数百年偏居一隅而不与外界接触。

2. 人类远游的潜能独一无二，交通革命加速了病毒的传播。15 世纪后期，欧洲人到达新大陆时，成千上万艘巨型帆船穿梭于大西洋、印度洋和地中海水域，将人、动物和货物在旧大陆各个国家间来回运送。由船只带到新大陆的天花病毒杀死了住在阿兹特克、玛雅和印加文明区多达 90% 的居民，这是一场惨绝人寰的大屠杀。而天花只是这一时期沿着航海线扩散的众多微生物之一。

公路、铁路和航海革命使微生物传播发生了巨变，航空旅行的即时性，意味着连潜伏期很短的微生物也能有效扩散。总之是过去几个世纪以来，流动在全世界范围内都变得格外便利。我们经历的互联革命，已经从根本上改变了地球上动物和人类所携带微生物的流动方式。它使微生物流动速度大为增加。使得以前在低密度种群中难以存活的感染源得以发展，也扩大了可怕的动物病毒的传播范围。

3. 公众最根深蒂固的误解之一，是认为我们不知道人类免疫缺陷病毒的缘起。其实我们对艾滋病病毒传染源头的了解，可能胜于其他任何主要的人类病毒。正如在第二章所言，导致流行病的人类免疫缺陷病毒来源于一种跳到人类身上的黑猩猩病毒。这一点在科学界已达成共识。有关艾滋病病毒最初如何进入人体的证据逐渐增加，使真相越来越清晰，肯定是人类狩猎和宰杀黑猩猩时，接触到了其血液。

二、感悟

1.这次新冠病毒在世界范围内流行，再次说明地球村使得流行病加快了传播速度与范围。

2.技术革命带来交通等便利势不可当，只能更快，尽管技术革命也给生活带来新的挑战。地球村的形成使人类命运更加紧密地联系在一起。抱怨或指责无济于事，只能共同面对，守望相助，并肩作战，联合起来更加有效地解决问题。

3.技术革命为我们解决问题也提供了有力的支撑。日新月异的医疗技术、中西医结合等大大地缩短了传染病的治疗周期。虽然我们还有更高的期待，但死亡率与1918年等若干次大的流行病相比大大降低。大数据等新技术也为科学防控提供了保障。

4.一种流行病到底是从哪里发源的，其研究是一件非常复杂而缓慢的过程，或许最终也难以有定论。

5.疫情发生后，我国的防控工作充分体现了制度的优越性，使疫情快速得到有效控制，为世界范围内防控也提供了有益的探索。

三、建议

1.总结这次疫情防治的经验教训，与时俱进，加强在新形势下防疫、公共卫生领域相关法律法规的立、改、废、释，加强执法及执法监督，确实使相关法律在每一个环节落实落细。

2.在脱贫攻坚任务完成之后，公共资源依然应该向乡村倾斜。首先在乡村振兴中补齐公共卫生的短板。加强爱国卫生运动的宣传、普及。提倡分餐制。加强县域内垃圾处理场的建设和正常运转。虽然绝大部分县里都建立了垃圾处理场，但是处理方法单一、不及时的问题依然突出。许多县里垃圾处理场不能满足垃圾处理的需求，一些财政困难县由于资金问题导致垃圾处理场不能正常运转。在农村还会发现简单的垃圾填埋，甚至在山里、偏僻处随意倾倒。这些问题不仅导致环境污染，也是引发传染病的隐患。

3.加强防疫知识更便于接受的科普学习、宣传。除了专业的科普读物和公益广告之外，或许更多的公众能够从影视剧等文艺作品中获得直观、生动的防疫科普信息，建议邀请防疫专家作为顾问，鼓励创作与防疫相关的文学、电影、电视剧、歌曲、舞台艺术等文艺作品。不要为赶速度而忽视质量，否则毫无意义或误导公众。争取创作一批经典的、对人类具有警示、科普意义的作品，包括适合儿童的动画片等。各级领导干部要带头学习卫生防疫知识，为科学决策奠定基础。

4.制定更加科学、快速的疫情研判、预警体系。除了个别影响国家安全的疫情需要在一定时间、一定范围控制之外，能够公开的尽早诊断、预警，并指导公众正确的防控方法。不断探索避免若干传染病大规模传播的有效方法，特别是当前发病率比较高、传染性比较强的传染病。

5.保护野生动物，把革除滥食野生动物的陋习落在实处。

本章金句

1.如今我们处在一个微生物一体化的星球上。好也罢，坏也罢，它是同一个世界。

2.交通运输的每一次重要发展，都会改变人口间的联系，并同时对新型微生物的传播产生影响。

3.地球成了新型微生物混合器，这一事实将永久改变流行病影响人类的方式，是它真正把我们带入了流行病时代。

委员读书笔记

 张妹芝

　　《病毒来袭》第六章：地球村与流行病时代，作者进一步阐述了人类远游的潜能独一无二，交通革命加速了病毒的传播。据估算，在欧洲殖民时期，由船只带到新大陆的天花病毒杀死了住在阿兹特克、玛雅和印加文明区多达 90% 的居民。

　　公路、铁路和航海革命使微生物传播发生了巨变，航空旅行的即时性，意味着连潜伏期很短的微生物也能有效扩散。总之是过去几个世纪以来，流动在全世界范围内都变得格外便利。我们经历的互联革命，已经从根本上改变了地球上动物和人类所携带微生物的流动方式。它使微生物流动速度大为增加。使得以前在低密度种群中难以存活的感染源得以发展，也扩大了可怕的动物病毒的传播范围。

　　地球成了新型微生物混合器，这一事实将永久改变流行病影响人类的方式，是它真正把我们带入了流行病时代。

　　感言：技术革命带来交通便利势不可当，只能更快。地球村的形成使人类命运更加紧密地联系在一起。抱怨没有用，只能共同面对，一起更加有效地解决问题。

　　技术革命为我们解决问题也提供了有力的支撑。这次疫情防控不仅是治疗方面快速的技术攻关给我们带来了希望，大数据等也为科学决策提供了保障。

 **刘以勤**

　　主题阅读的意义，是"读者围绕最终目的不是为发出的问题提供

答案，而是追求回答的过程中那种辩证的、客观的特质，这才是主题阅读的最终奥义"。疫情时期主题阅读的意义和价值是什么？是生命、希望和理性！

戚建国

学习导读重温第六章，进一步加深了"双刃剑"的理解。人类社会的每一次进化和技术革命，都推动了社会进步，同时也会付出一定的代价，肩负起更重的责任。交通革命促进互联互通，同时也带来传染源的大范围传播。一是坚持用发展的办法解决问题，唯有发展才能高质量解决问题，但也要高度重视在人与自然和谐相处中发展。二是坚持用技术进步的办法解决问题，这是防治病毒的根本。三是坚持用合作的办法解决问题，病毒是人类的共同敌人，充分利用交通革命和信息革命成果，在国际合作中战胜疫情。

张连起

张妹芝委员的导读，直击病毒流行的内核！地球是微生物的混合器，文明的进程与病毒相伴而生。技术革命带来的交通革命加快了病毒的传播。病毒在欧洲的征服史中起了决定性的作用。具有相当免疫力的入侵民族把病毒传染给没有免疫力的民族。战争的胜利者并不总是那些拥有最优秀的将军和最精良武器的军队，而往往是那些携带可以传染给敌人的最可怕病菌的军队。同时，贫穷也是传染瘟疫的温床，于是打赢脱贫攻坚战就具有了推进人类文明进步的意义。

蒋作君

从传染源看，1918年大流感其病原是甲型流感病毒，而这次是新冠。从传播时间看，都在冬春季，只是那次流感有三波疫情，且持续时间长。从传播途径看，那次流感是以飞沫为主经呼吸道传播，但这次新冠除经呼吸道传播外，还可以经眼结膜和消化道传播。从易感人群看，似人群都易感，但病死人群不同。那次流感以青壮年为主，这次新冠以有基础病的老年人为主。从感染人数和致死率看，那次流感都远远超过这次新冠。这既与病毒的生物学特性有关，也与人体与病毒斗争提高了非特异性免疫力有关，更与防控措施有关。

 **朱永新**

　　把 1918 年的大流感以及此前此后的瘟疫与当下的疫情做对比性研究，尤其是疫情暴发以后政府决策部门、公共卫生部门、新闻媒体、公益机构、社会大众等如何应对进行对比性研究，是我们读书时应该注意的。前事不忘，后事之师。给大家推荐我正在看的一本书《大流感——最致命瘟疫的史诗》。这本书是美国学者约翰·M.巴里所著，对我们全面认识当下的疫情及其应对，还是很有帮助的。

郭媛媛

第六章感想：

　　1. 人与动物其实都是行走的病毒库，不过因免疫、耐受和经过等的不同，携带病毒类型有很多差异。

　　2. 人类活动和活动区域不断扩大和轨迹变化，促进了病毒交流、传播，这使流行病发生的潜在已然倍增，病原复杂性增强。

　　3. 人类一方面需要有默默无闻的守望者、瞭望哨，长期坚守、溯源、探析，尽量前置防疫、提前布防；一方面在建设人类命运共同体同时，重构生物共生、自然平衡的规则；一方面以更宽广的视野，加强种群自己的健康、免疫力建设。

4. 此次疫情过后，在强调生物多样性平衡意识的同时，重提、再建、调整、强化全民卫生健康体系建设，增强人民体质，减少基础病发生，也是一个方向和重点。

霍学喜

疫情蔓延与全球政治、经济、宗教等交织，将导致复杂的全球性战略问题，可能导致全球政治、经济、科技、军事格局重新洗牌！人民政协应该发挥优势、整合平台和资源，重视和加强这方面的战略研究和智库研究。

许荣茂

病毒影响着人类社会的方方面面，而这次疫情也折射出我们对病毒的认识和敬畏还远远不够。历史上，病毒多次以难以置信的方式干预了人类文明的进程，从而改变了历史。如今，互联互通如此便捷，病毒更是不分国界，在疫情阴影下，国与国之间的命运正前所未有地紧密地联系在一起。

本次新型冠状病毒肺炎疫情为我们敲响了警钟。我们必须意识到加强病毒科普教育的紧迫性。同时，应加强国家公共卫生应急体系的建设，充分预估疾病风险，加强疫情防控与治理的国际合作，与各国携手应对公共卫生安全这一人类面临的共同挑战。

陈冯富珍

"现在的疫情是否为前所未有的"？

对这提问我们可以从多方面探索找出答案。这是第一个由新冠病毒引发的世界大流行。在此之前"大流行"是用来形容流感病毒的。

从现有数据看，新冠病毒生物特性包括传播力强、速度快、病死率高。因此，世卫不停地呼吁各国（学习中国经验）做好防疫准备。比较其他时段的"大流行"，这疫情发生在21世纪20年代海陆空交通发达便利，世界人口经商、旅游、求学等往来频繁，也是加速新冠病毒传播主要原因。这个病毒出现至今只有3个月，已经传播到120多个国家！考虑到世界人口超过70亿，全部的人对这新病毒没有抵抗力，人口老龄化叠加慢病基础病等原因，老龄人是超高危人群。加上新媒体的力量，传播真和假信息引起全球群众的恐慌，我们不难总结这个疫情是前所未有的。还有，与其他国家应对疫情的方法做比较，中国政府的政治担当、果断决定、及时采取有力有效的防控举措也是前所未有的。

张连起

新冠肺炎疫情的蔓延态势和防控形势越来越让世人明白，在互联网和全球化时代的前所未有的意义。当前可以说有两种防控模式：流感化，或是非典化。别的不论，我国可以坦然面对自己的不足和短板，更自信面对自己选择的道路。

时间将会证明，非典化的防控模式是釜底抽薪，流感化基本上是添油战术。

张云勇

人口大互联时代，疫情的防控，需要地球上每一个国家联防联控，心往一处想，劲往一处使，人类是一个休戚与共的命运共同体，国际社会必须树立人类命运共同体意识，守望相助，携手应对风险挑战，共建美好地球家园。

半亩方塘一鉴开，天光云影共徘徊。问渠那得清如许，为有源头活水来。

蒋作君

人类面临的形势是，人类进入"地球村"，病原微生物进入"流行病时代"；人类要采取的对策是，人类要进入"携手合作的命运共同体时代"，将病原微生物引起的传染病控制在地球上的几个"村"。

导读8: 医学技术让我们更"亲密"

◎王伟明[*]

综观人类文明,传染病始终跟人类的历史相伴。病原微生物从未停止放置路障的行为,它用独特的表演方式,一心想要搅入人类生活。它时以瘟疫的形象登场,用灾难横扫全球,时以匍匐的姿态藏于昏暗的角落,以无法预知的方式干预着人类社会的进程。《病毒来袭:如何应对下一场流行病的暴发》从物种进化的角度,从整体层面分析人与病毒的关系、病毒的传播、人的生活方式和行为模式的变迁对新发再发传染病的影响。对于一个具有思辨力的现代人而言,能从专业病毒学家笔下了解病毒,在阅读中体会本书作者内森·沃尔夫对病原微生物的解读、对社会的责任感,何其适时,何其幸哉。

今天,为各位导读本书的第7部分:医学技术让我们更"亲密"。

首先,作者讲述了1921年75岁的英国人里尔戴特所做的一次不同寻常的手术,外科医生甫洛诺夫将从黑猩猩身上取下的睾丸切片,移植到里尔戴特的睾丸里,以达到"让生命回春"的目的。

具备一定常识的人都可以看出,这种有意将人类和黑猩猩的微生物世界连接起来的行为具有极端性,对人类威胁极大。甫洛诺夫最终在科学界失宠,但上面的手术却让我们看到了鲜明的示例:医学技术是怎样在不经意间为微生物的迁移架立了新桥,同时让人与人甚至是人类和动物之间发生了关联。

接下来,作者详述了在医学现代化进程中,挽救了无数人性命的

---

*第十三届全国政协委员,民进黑龙江省委副主席,黑龙江省中医药科学院副院长,博士生导师。

注射、输液、免疫接种、器官移植等医疗技术，是怎样成为病原微生物传播路径的，这些技术怎样为人际间的微生物连接和流动提供了多个新桥梁。作者忧心忡忡地写道："近400年来的医学技术革新，输液、移植和注射虽然是维持人类健康的一些最关键的技术手段，但也从根本上造成了流行病的传播和兴起。"这些全新的人际关联形式，让我们彼此的血液、器官和其他人体组织发生关联，但同时也为病毒打开了传播的开关，为那些原本不可能在人际间传播的感染源提供了传播路径；同时使动物传染给人的某种病毒有了另一种扩散方式。如果是免疫系统本就脆弱不堪的人，极端点"好比引狼入室"，器官移植将让"他可能会成为一个供病毒在陌生的新领地探险的培养皿"。

在这一章节，尽管详述了那些医疗技术在流行病史上所扮演的角色，但并不意味着抹杀了其在维持人类健康方面的功劳。作者的目的在于让大众了解这些技术带来的后果，这对于理解为何人类会接二连三遭受流行病之苦、承受病原微生物之害是十分必要的，重点在于引发医务工作者、科研人员的深度思考，并在使用这些技术时，时时刻刻保持和提高警惕。正如作者在本小节最后所强调的："与目前疫苗相关的风险，远远少于它们预防的疾病给我们带来的风险。但是这并非零风险的事情。当我们有意让动物组织与人体组织发生关联，尤其在大规模工业化生产基础上将两者联系在一起时，我们要确保万无一失。"

当今的世界，是人类共同体超链接的世界，传染疾病作为一种系统性风险，可以视为社会进步的副产品。面对未知的流行病，如何应对它不仅依赖于政府和公共卫生机构，也取决于我们自己。每个人都应该变被动为主动，保持正确的心态，正视人类社会发展的必然现象，了解传染病、预防传染病，成为增强公共卫生的卫士。

委员读书笔记

张云勇

　　城市就是微生物的天堂，或者如英国生化学家约翰·凯恩斯所说："人类的墓地。"以往，毁灭性最强的流行病只是在微生物到达城镇后才达到可怕的规模，城镇里人口密集，乡村里产生的小型流行病会马上被扩大。

戚建国

　　永新在导读中提出：城市是微生物的天堂；伟明在导读中介绍了医疗技术在为人类造福的同时也架起了人与微生物连接的桥梁。结合两篇导读，谈谈关于医道的学习体会。中华医道是天人合一之道，强调治本，构成一整套"治未病"和"治已病"的理论和方法，闪烁着数千年的文明之光。崇尚医道，一是上医治国，习总书记指出：生命安全和生物安全领域的重大科技成果是国之重器。抗击疫情事关国家安危，事关人民群众生命。二是大医治本，从病源病理入手，解决根本问题。三是诚医治心，医者仁心，医德为先，做到病人至上，精益求精，不允许出现一丝一毫之失误；病从心起，治病要从心开始，重视心病治疗。

王伟明

　　中医药要发挥未病先防的优势，这次疫情让人们深入理解"正气存内，邪不可干"的古训。

朱永新

辩证思维作为方法论与世界观，对于我们认识人类与自然，人类与病毒，人类与技术，都具有重要的指导意义。

张连起

此次疫情是人与人、人与自然环境系统、城市建成环境系统、病毒系统相互影响的结果。一个良好的人居环境，既要能促进健康的生活方式，提高人类免疫能力，维持人与病毒之间的平衡，也要具有抵抗病毒和疾病的防线（城市治理，特别是社区治理）。

杨小波

第六、第七章堪称"姐妹篇"：

——外在的，人类水、路、空交通发展带来微生物扩散互联；内在的，人类通过注射、输液、免疫接种、器官移植接引微生物"引狼入室"。

——宏观上，人类交通大发展使地球成为微生物巨大"混合器"；微观上，人类引微生物入内使人体成为微生物"培养皿"。

——正面看，人类交通大发展带来文明大进步，现代医学免疫给人类生命安全健康带来空前保障；反面看，交通大发展、微生物大连接带来生成更危险病毒风险，让人类与动物彼此血液、器官和其他人体组织发生关联，会为病毒打开传播的开关，为那些原本不可能在人际间传播的感染源提供了传播路径和扩散可能。

人与病毒的对立统一，相互斗争又共同进化。

今天，我们已不可能倒退回小国寡民、人至老死不相往来的过去。

我们不仅要同地球上所有的人类彼此往来，还要同处在一个星球的微生物保持联系，而且这种往来和联系只会越来越密切。

好也罢，坏也罢，人与微生物是"同一个世界"，福祸相倚、相倚相长、唯有共存。过去虽然两者自始至终、自在地同处一个地球，今后人类恐应当更加自为地将微生物纳入"同一个世界"，知己知彼，知深知透，君为谁？从何处来？往何处去？有何公干？自明人类福从何来，祸止何处。可能需要更多这样的认知。

蒋作君

赞同汪洋主席关于"人类和病毒是对立统一体"的论断。我认为这是科学论断：1. 从宏观上看，人类和病毒同居地球上，与其他种类生物一起组成生态链，既相辅相成，又相反相成。2. 就病毒种类说，有些病毒对人类是有益的，有些病毒是有害的。3. 就一种致病病毒说，致病的时候是有害的，人正常携带的时候对携带者是无害的。将它减毒或灭活制成疫苗对人类是有益的。4. 从微观上看，病毒基因嵌入人类 DNA，有些成了构成人类基因组的成分，有些则可致癌。

郭媛媛

人类城市是今天人类文明更集中的承载，"成了就业、梦想、金钱和魅力的中心，同样也是吸引微生物的地方。"城市同时加快、方便了微生物的积聚、进化、新生，如不能提前做好城市环境体系有效、健康地循环、净化，流行病对人类的侵害是转瞬之间。

人类要从优胜劣汰自然法则中摆脱出来，要用人类文明的进步，自己掌握命运，就要付出更多努力，在理念上，消灭病毒、战胜自然的思路，首先应被共生、平衡的理念取代。

第六、七章感想：

1. 保持距离。人与微生物虽然是你中有我，我中有你的共生关系，但是，起码可以尽量保持与其他携带不同"病毒库"的野生动物保持一定距离，以减少"主动"传染风险。

2. 保持底限。人类其实不能为所欲为，怎么存在，以什么样式存在，既是生物，就有生物起码的底线，除非有一天技术先进到彻底改变我们作为碳基生命的本质，那时再谈不遵循地球生物自然规律的愿景。

3. 保持进步。人类文明必然朝向帮助人类更好生存、繁衍，更好在生物界掌控、超越，这是本能，也是选择，也是规律。以进步换主动，以超前换优势，人与病毒及引发流行病的关系中，亦是如此。

导读9：新一波流行病威胁

◎张云勇[*]

　　《病毒来袭》以系统性全链条的研究方式，用翔实的案例，纵观生物乃至人类历史醍醐灌顶式的描述，向读者展开了一幅微生物及病毒的全景图，具有很强的纵深感。作者内森·沃尔夫将自己研究的亲身体验写成文字，带领读者一起踏上科学探索之旅，不仅逐层揭开医学史上最致命病毒的面纱，而且从病毒与宿主相互作用的角度探索了病毒在人类进化中所扮演的角色，并且提出了很多的方法论，对于防控流行病和个人预防流行病都有较高的指导意义。

　　第八章在书中发挥着承前启后的作用。新一波流行病威胁的存在，既是前篇所述病毒与人类日益亲密之果，也是后文提出要监测与防控流行病之因。

　　长久以来，人类与病毒之间的斗争如两军对垒，在攻守间，不断深入了解。但"新"的病毒如同陌生的敌人，人类很难预测敌人攻城拔寨的时间、地点、武器装备和战略战术，未知的威胁就会进一步放大。

一、生物恐怖袭击与实验室的微生物风险

　　人类阵营中一些有意识的行为事件，成为人类与病毒对峙边界的漏洞，如同病毒使出了"离间计"，给病毒入侵提供了良机。

　　恐怖组织很有可能成为病毒的助攻。病毒具有比化学武器和核武器更容易获得、能够自行传播、起效快等特性，很容易受到恐怖组织

---

　　*第十三届全国政协委员，中国经济社会理事会第五届理事，全国政协信息化专家委员会副组长，最高法信息化专家委员会委员。

的青睐。当前，没有人可以明确说出恐怖组织拥有微生物武器的可能性有多大，但是大多数研究者认为病毒以生物恐怖袭击的方式攻击人类社会只是迟早的问题。

实验室里的病毒增加了流行病风险。因为人类对病毒有深入研究的渴望，致命性微生物才得以在实验室里增殖。这是一把"双刃剑"：一方面活病毒对疫苗和药物的生产有潜在的益处；另一方面会大大增加病毒株意外泄漏的风险，这种被称作"生物学差错"的风险为病毒的逃脱泛滥提供了可能。

病毒研究的个人化带来更多不确定性。就如电脑刚刚兴起时，谁也没想到会有如此多技艺高超的民间黑客一样，在信息技术越来越发达的时代，未来大众可能有多种渠道进行病毒学研究，甚至自己制造或者培养简单的微生物。当研究脱离了严格的安全监管，病毒的逃脱会更加容易。

二、关注新型微生物和日常生活中的微生物威胁

相比生物恐怖袭击与生物学差错风险，自然界中的微生物才是攻击人类的"精锐部队"，它们与人类的都市化、口舌欲"合谋"，乘着东风，长驱直入。

在生物学的某些领域，发现未知生物的时代已经过去，但新病毒的发现尚未接近尾声。作者援引他的合作者马克·乌尔豪斯的研究数据，表明未来 10 年保守估计将平均每年发现 1 ~ 2 种病毒，对于病毒，我们依然知之甚少。

我们的日常生活中充斥着微生物的威胁，到底是什么为新感染源在人类中存活创造了完美的条件，有必要进行梳理：高密度的城市人口，为病毒传播提供了大量潜在宿主；工业化家禽集中饲养，增加了家畜种群供养新型微生物的能力，肉类加工的出现，又让感染源四处跳跃的可能增加；高效的交通网络重叠，大大增加了病毒的传播力和传播速度；免疫缺陷患者的存在，成为新型感染源突破物种限制的敲门砖。

三、基因重组：流行病风暴升级

病毒在攻击人类的过程中"纵横捭阖"，经常施展强强联合的"变形计"，孕育出的新的改良感染源经常令人类措手不及。

病毒的基因变化有多种方式，可以是基因信息的直接变化即基因突变，也可以是交换基因信息即基因重组或基因重配。其中，基因重组的新病毒会对人类造成更严重的后果，由于它们与早先流行的流感病毒有显著不同，人体自然形成的抗体和疫苗无法起作用，人类一旦感染，会在人群中迅速蔓延，像艾滋病病毒、SARS以及流感病毒都产生于基因重组。

病毒之所以能够重组，是因为当两种病毒感染了同一宿主时，它们就有能力交换基因信息，并可能会创造出一个全新的"镶嵌体"感染源。现代社会中，动物作为人类的宠物和食物，其迁移和混居增加了新的感染源进入人群的概率，也增加了不同微生物最终落脚在同一宿主身上交换基因的机会，这些通过基因重组产生的新病毒，遇到合适的宿主就如一把钥匙伸进了匹配的锁，大大增加了对人类的杀伤力。

四、本章小结

人类与病毒的战争从未停止，虽然随着科学的进步和医学家不懈的努力，人类在发现、预防和控制新的感染源方面已经取得巨大的进展，但是生物恐怖袭击，实验室病毒泄漏以及个人培养微生物等人类有意识事件为病毒传播留下巨大隐患，人类的经济开发、狩猎行为、地球村的形成、免疫力低下的易感人群，又为病毒重组突变成传播迅速且致病性强的新病毒提供了温床，这些因素的叠加都让现代人类社会面临越来越多的流行病威胁。战争的形势依然严峻，人类在认识病毒、预测和控制病毒的道路上还有很长的路要走。

五、概念解读

生物学差错：当一种感染源被意外释放出来且广泛传播时，就会发生生物学差错。

超级传播者：超级传播者是指在一场传染性疾病的传播中发挥巨大作用的人（或者动物）。

基因变化：基因变化有多种方式，基因突变提供了一个缓慢而稳定地生成新基因的重要机制；基因重组和基因重配让病毒有能力迅速获得全新的基因身份。

新兴的基因：两个微生物，一个旧的和一个新的，能够暂时在一个宿主体内相互接触，交换基因物质。孕育出的改良感染源有可能向外扩散，并引发一场全新的流行病，完全令人措手不及。实际上引发流行病的是新交换的基因信息，而不是一种新的微生物。

本章金句

1. 恐怖组织拥有微生物武器的可能性极大，低估生物恐怖袭击风险将是一个错误。

2. 未来大众可能有渠道获得详细的生物信息和技术，甚至自己制造或者培养简单的微生物，因此生物恐怖袭击和生物学差错的概率只会增加。

3. 估计到了 2050 年，70% 的世界人口将居住在城市里。当高密度的城市人口、野生动物和家畜种群的微生物、高效的交通网络重叠在一起时，注定会出现新型疾病。

4. 不仅捕杀动物行为制造了严重的微生物风险，就连当代工业化家畜饲养，包括工厂化农场和现代肉制品生产，也极大地改变了人类世界里我们与动物接触的方式，令动物病毒渗入人类并成为流行病的概率增加。

5. 动物作为人类的宠物和食物，其迁移和混居增加了新的感染源进入人群的概率，也增加了不同微生物最终落脚在同一宿主身上并交换基因的机会。

委员读书笔记

 **戚建国**

读了云勇委员第八章的导读，结合学习永新的导读，我的体会集中一点就是"风险"两个字。人类社会在病毒的威胁之中，至少要面对五类风险。一是生物恐怖袭击的风险，这将是超越历史上袭击手段的严重威胁；二是"生物学差错"的风险，一旦出现大的意外，将会付出上百万人的代价；三是不健康生活方式的风险，这是无形杀手，已经给人类造成极大伤害；四是超级传播者的风险，2003 年的超级传播者，至少造成 32 个国家成千上万人染病；五是病毒基因重组的风险，这种"新兴的基因"杀伤力是巨大的，也是很难防治的。总之，回到本章主题，人类随时面临新一波流行病即将来袭的风险。有了大风险意识，才能发挥大才智，迎接大挑战。

杨小波

云勇委员对第八章《新一波流行病威胁》的导读已将本章要点尽收其中。

又通过"小结""本章干货""概念解读"几个栏目加以强调。是对"导读"概念的拓展，读后，感到不仅加深了理解，还强化了记忆。受教。

导读指出，第八章在书中发挥着承前启后的作用。"新一波流行病威胁"的存在，既是前篇所述病毒与人类日益亲密之果，也是后文提出要监测与防控流行病之因。

这个"前因后果"的洞见，对贯穿起来理解全书，很有启发。

第八章标题是《新一波流行病威胁》，关于这种威胁现实性，文中提到的两个时间点令人印象深刻：

一个是"2020年"。作者认为：恐怖组织拥有微生物武器的可能性很大，大多数研究者认为它攻击人类只是迟早的问题。伦敦皇家学会前任会长马丁－里斯甚至警告："……到了2020年，一场生物学差错或者生物恐怖袭击就将杀死100万人。"

一个是"2050年"。作者指出："估计到了2050年，70%的世界人口将居住在城市里。当高密度的城市人口、野生动物和家畜种群的微生物、高效的交通网络重叠在一起时，注定会出现新型疾病。"（这里用的是"注定"而不是"可能"等用词）

忽然联想到，这不恰巧正是我们"两个一百年"的时间节点吗？

看来，在我们谋划和规划未来时，"微生物"这个存在，恐怕不得不给予更多的考虑和重视了。

陈冯富珍

完善国家治理能力现代化，防止风险演变成为危机，"危机管理"是我们和每位领导干部必须学懂弄通的重要课程。

蒋作君

云勇委员的导读很精彩。有了智慧的读书指导，有了优秀的图书，委员们通过学习讨论，对既定主题的理解会有"槛外秦岭低，窗中渭川小"之感。谈谈对第八章"新一波流行病威胁"的一点认识，即应对"新一波流行病威胁"，要从源头抓起。就书中说的"防止生物恐怖""防止实验室泄漏""防止研究个人化"，我认为这源头就是防止研究的"个人化"。要在国际上从法律、伦理甚至更"硬核"的层面坚决遏制任性而疯狂的"研究"冲动。如果将艾滋病病毒与普通感冒病毒"联结",那么打个喷嚏就会传染艾滋病;如果将鼠疫杆菌与大肠杆菌（人大肠中最常见的细菌）"联结",那么经口将成为感染鼠疫的主要途径。这些"特例"在技术上是可行的。我们的对策应是,对已出现的病原微生物要有疫苗,对可能出现的"特例"也要有应对之举。这就是"风险防控"。

 **郭媛媛**

第八章读书感想:

1. 自然病毒因人类不知区隔而激活;人为病毒因贪念而催生。加之错误,加之缺陷……人类必须在病毒交融和环伺中,存在并谋发展。

2. 安全从来是个相对的概念,相安无事是安全,绝对强悍是安全,获得防护是安全,应对有力是安全。

3. 在坚强以外,还有坚定和坚持,坚定是站稳了既定的脚跟不妥协;坚持是在最艰难处也咬牙坚守人类的本色与初衷。

戚建国

始终抓住人这个核心,认识人的本质,认识人与病毒关系的本质,认识人与自然的本质,认识抗疫实践中防与治的关系的本质,认识当前抗疫和长远做好防疫工作的本质,是防疫读书学习应始终把握的。

导读10：全球性监测系统的建立

◎戚建国*

本章开篇，将关注点指向野生类人猿，通过探究病毒如何置黑猩猩于死地，而且可能跳到人类身上，作者提出一个重要问题："如果我们指望这些科学家定期捕获预示着未来人类流行病趋势的动物流行病，那么我们注定要失败。"作者依此论点导出本章中心论题。

一、中心论题

本章的中心论题：建立全球性监测系统，这是预防病毒流行的重要前提。作者运用系统思维方法，把地球比作一个巨大的微生物混合器，把监测病毒的触角扩展到无处不在的微生物世界，探索建立面向未来、面向世界的"星、点、网"结合的监测体系，所谓"星"，是指哨兵人群，所谓"点"，是指监测点，所谓"网"，是指捕捉病毒的全球化网络。

二、主体内容

本章分为3节，分别描述建立全球性监测系统的3个问题。

（一）监测系统的前端——瞄准哨兵人群

这一节主要讨论：如何在病毒未发之时，及时抓住它、遏制它。读者应关注的问题是：①建立当代流行病预防科学，以此作为创建全球病毒监测系统的理论基础。②盯准病毒的恐怖信息，这是从反恐怖

---

*第十三届全国政协常委，提案委员会副主任。

情报系统得出的启示，提出把新型病毒跳到人类身上这一事件，作为病毒恐怖信息的标志信号。③瞄准哨兵人群，提出监测系统不可能监测每一个人。应该把瞄准点对准靠野生食物为生的猎人群落，从而发现正在跳向人类的是什么微生物，如何跳到人身上的，通过哨兵人群抓准病毒恐怖信息的关键信号。④重视食用野生动物问题，作者从丛林肉谈起，指出当人们品尝野生动物之时，就是病毒可能跳向人体的过程，真可谓：病毒从口而入。

（二）监测系统的基点——指向病毒源头

这一节主要讨论：如何在病毒发源地建立监测点，从基因测序入手，寻找病毒踪迹。读者应关注的问题是：①探寻病毒本源，从病毒基因的测序入手，系统研究不同病毒基因的碎片，深入掌握不同病毒基因的历史，尝试绘制病毒全球分布的地图。②建立监测点，挑选与世隔绝的村庄，获取高质量样本，研究病毒在全球扩散之前的真实面目。③掌握病毒变异，随着时间推移，病毒将会发生变化，所分化出的新形式相互接触，基因信息重新组合，制造出形式多样的遗传新品。④观察人与野生动物的接触方式，在偏远乡村宰杀野生动物时，人几乎与携带病毒的血液和体液直接接触，正是这些人群处在病毒传染至人体的最前线。

（三）监测系统的布控——猎捕全新病毒

这一节主要讨论：如何建立全球性监测系统，及时堵截病毒中的恐怖信息。读者应关注的问题是：①猎人群体的生产生活方式，在偏远的贫困地区，这些靠打猎维持生活的人群，猎杀野生动物完全是生活所迫，全社会都应该了解和帮助他们，而不是与他们为敌。②研究病毒如何侵入人体，通过长期研究证明，约7000万年前现有灵长类动物的共同祖先身上就携带病毒，当灵长类动物逐渐形成不同物种后，病毒则亦步亦趋跟着某些动物，利用人类免疫缺陷在与人接触时侵入人体。③实践证明，目前世界上对新型病毒的监测存在缺陷，当新型病毒迁移到人类身上时，现有的公共卫生机构并不一定能够监测得到，因此也无法及时预警。④有必要建立一个全新的全球性监测系统，及时掌握病毒恐怖信息，为控制病毒流行提供有价值的预警信息。

三、本章感悟

（一）坚持国际合作。建立病毒监测系统需要全世界共同努力，通过广泛的国际合作，力求在全球统一布局下开展行动。在防治疫情领域大力倡导命运共同体理念，推动联防联控的全球一体化。

（二）坚持夯实基础。监测病毒是一项极其艰苦的事业，需要一批有志之士深入偏远贫困地区长期奋斗。同时，国家应出台相关政策，激励人们投入这场拯救人类的伟大事业。

（三）坚持前端预警。预警的前端应指向携带病毒的动物和与其接触的人，需要一批人走出书斋、走近病毒、走进一线、走向民众，力求及早获取预警信号，掌握预防主动权。

（四）坚持信息直报。建立更加完善定型的预警信息直报制度机制，力求排除区域性行政干扰，力求打通医疗机构和防疫机构的无障碍通道，力求第一时间直报需要疫情信息并能做出决策的机构。

（五）坚持把好关口。当前的扶贫工作与转变贫困地区生产生活方式应进一步结合起来，从偏远地区开始把住病毒源传播的第一道关口。

四、本章小结

本章围绕建立全球性监测系统，作了系统论述，主要是：

1. 瞄准与病毒最近的人——哨兵人群；

2. 盯住与病毒最近的点——处于原始生活方式且病毒可能出现的地区；

3. 使用捕捉病毒最有效的方式——通过高质量获取样本进行病毒

基因测序，探究病毒的本来面目；

4.力争在最前端获取预警信息——为人类病毒和防控病毒争取宝贵的时间；

5.运用最前沿的技术建立全球性监测系统——依托大数据挖掘和共享信息，依托云计算技术创建云端协作平台，依托互联网建立全球化网络栅格，依托智能技术攻坚克难。

本章金句

1.我觉得人类这些现有近亲所面临的越来越严重的威胁，是我们特有生命遗产的一种令人扼腕的损失。

2.我们需要一个更集中的系统——该系统瞄准一小群"哨兵"，它们是我们可以利用现有资源监测病毒恐怖信息的关键部落。

3.令人吃惊的结果是，泡沫病毒的进化树和灵长类动物进化树几乎一模一样。

4.新型病毒迁移到人类身上时，现有的公共卫生机构并不一定能够监测得到，因而也无法及时告知人们。

5.我们开始正式考虑，建立一个全球性的布控系统，监测与野生动物接触频繁的人们，以便堵截病毒中的恐怖信息。

委员读书笔记

杨小波

今天的导读——

"一个论题"：建立全球监控系统；

"三节重点"：瞄准哨兵人群，指向病毒源头，猎捕全新病毒。

"五点启示"：做到五个坚持即"国际合作""夯实基础""前端预警""信息直报""把好关口"。

接着是"五点小结""五个金句""一本荐书"。

戚委员导读，给人以将此章左审右视、吃干榨尽的感觉。特别是"五点启示"，已超出原书内容所限，充满实战经验，有排兵布阵、严阵以待之感。

张妹芝

有效的预警和监测把防疫的关口前移，才能防止传染病大规模传播。群主今天关于艾滋病的溯源看阴谋论很深刻。不管过程如何，核心是"艾滋病由孤立的感染迅速发展成群体暴发，再后来成为流行病，其中有大量的人为因素、社会因素"。

现在艾滋病依然威胁着人类健康，影响着许多无辜的人。艾滋病、肝炎等许多传染病是可以通过健康的生活方式、有效防护避免的，应加强防疫知识的普及。

 **周延礼**

在当前疫情全球大面积蔓延的情况下，加强国际合作至关重要。汪主席引导我们"加深理解人类命运共同体理念的时代意义"极为重要，有时代的精神要求。下一步，我思考问题一定要把握人类命运共同体理念，不论是疫情防控，还是共建"一带一路"，经贸交流合作都要坚持这一理念，太重要了。

张连起

"疫情全球化"正在恶化，而经济全球化之下的产业链、供应链全球配置也受到"疫情全球化"的严重威胁。如此态势，会否改变经济全球化的历史走向？有一点可以肯定：疫情全球化不只使防疫需要人类命运共同体理念，同样也必将使全球经济更加需要人类命运共同体理念。

蒋作君

建议世卫组织将防控新冠的"中国方案"作为"标准"，指导眼下全球新冠大流行的防控，尤其要大力推广中医药，抓住良机来个"中医药大流行"。对全球疫情的监测，还有一些方面应引起注意或重视：1. 外太空的微生物。有报道在国际空间站表面发现活细菌。此外，航天器可将地球上的微生物有意或无意带进太空，太空的微重力、辐射、高真空、弱磁场、极度温差的环境会加速微生物变异，变异后又带回地球。2. 高空的微生物。已发现离地面 32 公里的高空生存着同温层芽孢杆菌，随大气循环可落到地面。3. 南极冰川下的微生物。已发现距今 5000 年以上的细菌。4. 海洋微生物。海洋中病毒就有 20 多万种。绝大多数海洋微生物对人类是不致病的，有些对人类是有益的，但也

存在对人类致病的微生物，如创伤弧菌，具有高致残率和致死率。5.青藏高原冰川内的微生物。青藏高原是亚洲水塔。随着全球变暖其冰川正在融化，冰川内的微生物就可进入水中。因此，全球防疫监测网还要更立体。

戚建国

当前抗疫正由一国为主向国际共同应对拓展，我们完全有理由坚信，在中国人民的努力奋斗下，走出了一条具有中国特色的抗疫之路。世界抗疫史将会展现新的中国篇章，中国抗疫模式、抗疫方法、抗疫标准将引领世界。国际抗疫一体化的步伐不可阻挡，人类命运共同体的理念将展现时代风采。

杨小波

疫情全球化，传染不分人种肤色，关门隔离病毒示范已然在前，事实凿凿有目应识；

命运共同体，受害无论国别洲属，开门互助人类共识应当随后，理念昭昭有心必入。

唯有共存。

导读11：大数据时代的流行病预测

◎郭媛媛*

"在下一波流行病来袭前，如果人类不能更好地预测、控制，后果将不堪设想。""预则立，不预则废！"在面对不同致病、致死性病毒时，人类要想立于主动位置，需要回答并解决"什么是发现新病毒的最佳手段？如何能抓住更多致死性新病毒？"问题。在前面基于人与病毒关系展开的历史、人文、专业知识、人物故事、医学实践等数重线索交织的多为"道"——认识和理念阐述之后，本章落地并回到实践，主要谈的是"术"——策略和方法。

对应上一章宏观层面的全球监测系统建立，围绕识别流行病源头、描绘病毒演进路线、预测流行病发生三方面，这一章在微观层面具体呈现大数据时代识别、预测病毒和流行病的最新技术应用、科学研究进路与工作实践进展。核心内容架构如下：

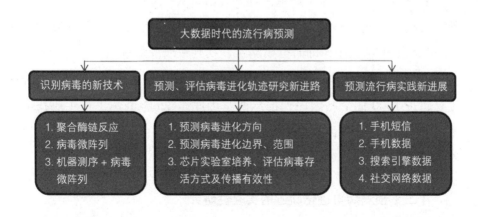

*第十三届全国政协委员，首都经济贸易大学文化与传播学院教授、副院长。

一、本章主要内容

从当代流行病学奠基人之一约翰·斯诺（John Snow）1854 年在伦敦霍乱疫情中首次采用访谈、病例识别和绘制地图（GIS，地理信息系统）查找病源的方法说起，本章有三个层面的内容：

（一）识别病毒的新技术

分子生物学、分子信息学等新技术、方法运用，改变了调查疫情、了解疾病传播的研究方式，及人类监测、遏制疫情的方法。在识别疫情源头微生物方面，基于基因序列大数据识别的几种新技术正在应用和发展中：

技术一：聚合酶链反应（PCR）技术，从微生物截选微小基因信息碎片进行数十亿拷贝，通过阅读基因序列可了解微生物的所属家族，分清是哪种病毒。

技术二：病毒微阵列（viyus microarray）专用芯片，以已知病毒家族基因信息的阵列形式排列，用于病患样本病毒序列新微生物的识别，认清是什么病毒。

技术三：机器测序＋病毒微阵列方法，从病患样本（如一滴血中）既解读哺乳动物（宿主）大量基因序列数据，也对混杂其间的微生物每一个基因信息测序，即时分析病毒，找到致病源踪迹。

面对新研究技术产生的几十亿个基因信息，美国国家卫生研究院建有超过 1000 亿个基因序列信息的基因库（GenBank）（每年还在迅速增加），出现病毒基因新序列，能与基因库已有序列进行电子比对和序列确认。

（二）预测病毒进化轨迹的实验性研究

"兴起的流行病预防学有三个目标：1. 早点识别地方性流行病。2. 评估地方性流行病演变成全球性流行病的概率。3. 在致命的地方性流行病演变成全球性流行病之前遏制它们。"

为解决对病毒演进路径和进化边界的预测，以及地方性传染病全球蔓延可能性的评估问题，正在推进中的前沿性研究有三个：

研究一：美国国防部高级研究计划局研发的"预言"项目，结合技术手段与全世界病毒热点地区的专家团队研究支持，致力于预测病毒的进化走向。

研究二：加州大学旧金山分校劳尔·安迪诺的前沿实验病毒学家团队，通过记录和研究病毒群应对不同环境情况，致力于确定一个病毒群进化的边界范围。

研究三：生物工程师史蒂夫·奎克在压缩芯片——微流体平台开展细胞培养实验（几厘米长的芯片实验室有 96 个单间，置于其中的细胞生长可被测量、操控），芯片系统能指出病毒在哪种细胞里存活及可能传播路径（通过血液或打喷嚏等），可以评估新病毒传播速度和有效性。

（三）大数据时代流行病预测的实践探索

要遏制流行病蔓延，就要做好疫情流行前的发现、预测。用好现代信息传播技术，结合大数据系统、全面分析，人类提前"治未病"、预测流行病愿望有望成为现实。

数字流行病学专家拉奇·古拉斯卡拉（Lucky Gunasekara）曾首先使用手机预置代码和短信形式，实现地方诊所监控和医疗信息共享。结合信息技术，在流行病预测方面采用或尝试采用的路径有：

路径一：基于手机短信。在更多国家采用电子医疗记录情况下，人们通过手机报告健康问题，一方面得到医疗网络有效治疗，另一方面可方便对大量用户信息进行分析——侦查人群健康异常现象，通过反馈至公共卫生反应系统，及早发现流行病开端。

路径二：基于手机数据。手机自动回传电信运营商用户位置、社会关系和其他社会行为的大量数据，可成为侦查流行病的潜在传感器；

结合卫生组织、机构资料，分析用户数据记录，可捕捉流行病早期扩散趋势。

路径三：基于搜索引擎数据。通过搜索与流感症状、治疗相关的单词，谷歌地图在海量数据即刻获得基础上，建立了比美国疾控中心准确率更高的预测流感趋势系统。结合如谷歌地图的搜索引擎数据，能建立流行病预测系统。

路径四：基于社交网络数据。巨大的在线社交网络，是更为便利、廉价的监测系统。数以亿计的信息，在用于分析流行病信息出现频率中，成为监控新疫情的"哨兵"，能为新感染源在社群扩散提供预警。

最后，与开章斯诺首次采用GIS（地理信息系统）叙述呼应、对照，内森·沃尔夫博士说明自己带领的团队，正努力建立的是复合的"GIS"——数字化和生物学相结合的疫情聚合图（mash-up）：含层层关键信息，有人们所在位置、关注点、感染的微生物、去过的地方、联系的人等；借此，进一步对不同疫情数据累计、比较分析，考察实际疫情中影响、作用的不同因素，整合、配置所有技术手段，以最终达成流行病预测效力最大化。

二、小结

1. 基于生物信息学基因序列，运用聚合酶链反应、病毒微阵列，以及机器测序＋病毒微阵列等新技术，人类加快病毒准确识别的精度和速度。

2. 伴随兴起的流行病预防学，致力预测病毒进化方向、廓清病毒进化边界、评估病毒存活方式及传播有效性，研究朝向病毒致病、传染的根源、机理、路径的提前描绘。

3. 与现代信息传播平台联动、数据共享，分析手机短信、手机数据、搜索引擎数据和社交网络数据，防疫实践向提前预测流行病又进一步。

三、启示

提前甄别病毒，追踪、预测疫情轨迹及流行可能，是流行病防控难点、痛点，要解决这一问题需要：

1. "站位前移"，建设、完善疫病流行的前"哨"（负责流行病蔓延前的侦查、识别）体系和机制，并进一步明确谁是哨兵、谁来吹哨、谁来执哨？哨位布置在哪（线上、线下等）？哨位存在情况如何（暂时、长期；常态、机动等）？顺畅运行的制度、保障是什么，等等。

2. "工作创新"，准确识别、精细勾画、提前预测病毒进化及疫情流行，需要以跨学科、创新性思维，跟上先进技术，提前使用新方法、新手段。如用好大数据技术的海量信息集成、即时分析特质，对可能发生的疫情及时瞭望；用好互联网技术链接、互动优势，与信息传播平台、体系协同工作；用好人工智能技术对复杂工作的智慧处理能力，促进精准预测。

3. "布局超前"：流行病防控是人类共同事业。应不懈努力，追求全球识别病毒、预测流行、精准防控、综合作业、协同共建的一体化系统构建与常态运行；更要在即将展开的生物信息网络、社会信息传播网络、物体网络一体化建设时代到来之前，超前布局，将公共卫生防治任务设置其中，以我们的主动构建和领先发展，促进人类提前更快、更好实现流行病的提前预测。

四、征求意见建议

1. 在提速、加强工业互联网、公共卫生互联网、通讯互联网等"大数据基建"同时，加快国家主导的各类基础性数据资源库建设，包括病毒基因数据库、个人生物信息数据库等。

2. 充分认识社会力量在当代中国发展中的地位，认识现代信息传播技术和平台的重要性，加强政府与社会——如民企力量——在公共事务中的优势互补、常态合作。如就国家公共卫生防疫工作，建立与

BAT 等企业的数据共享、信息追踪、研究协同等日常化、制度化协作。

3.加强与全球公共卫生防疫体系开放性的深度合作，继续外树形象，提升实力和影响力；鼓励、支持国家相关实验室与世界各区域医卫专家开展各种形式的专题研究合作等。同时，更要内强功底，在国家公共卫生基础设施、平台架构、体系机制、人才队伍等方面，下大力气科学、专业、踏实地建设、完善，努力建好中国特色强大的公共卫生防疫、应急体系。

本章金句

1. 大数据的价值不仅仅体现在营销上，这一持续信息流貌似单调，但能够救你的命。

2. 我们最终希望能将疫情侦查工作实现群众外包，将患者们提供的零散信息汇集在一起，勾画出从疫情开始到随后扩散的实时画面。

3. 未来不可能出现一种数据包打天下的局面。

4. 谁将是最终的赢家？是流行病将横扫人类，毁掉数百万生命，还是科技将策马前去，拯救人类？

委员读书笔记

戚建国

感谢媛媛委员的导读，使我们看到了运用科学技术战胜病毒的曙光。导读的中心论题很明确——如何运用科学技术战胜病毒。导读介绍本章内容的线条很清晰——主要是一个识别，运用科技手段识别病毒；两个预测，运用科技手段预测病毒进化轨迹、预测流行病发展趋势。导读提出的建议有价值，建好完善基础数据库很重要。按照导读的思路，继续探究如何运用科技手段战胜病毒，策马前去，拯救人类。

病毒无国界，几乎是无孔不入，正在世界范围内处处生乱；科学技术也无国界，面对共同的敌人，应该携手应对。从这次战疫看，我们面临国内国外两个战场，需要应对微生物病毒，还要应对"政治病毒"。

郭媛媛

"我们不是学着一起生存，就是一起死亡"，振聋发聩！

谈点感想：

1. 不同宿主的病毒在人的无所顾忌、违反自然规律的行为"邀请"下，突破界限，进入人体，再经基因突变等，构成对人类生存的威胁。

2. 日益复杂的生态、军事、经济、社会等不平衡问题更加突出的情况下，单边主义抬头，影响全球一体化发展，也给人类共同面对病毒变异的全球监测系统建立和运行带来许多变数。

3. 推进人类命运共同体建设是正义事业，是站在文明制高点上对人类共同的守望，也是面对如大瘟疫这样的全人类灾难必须秉承的理

念和立场。

张连起

　　郭媛媛委员条分缕析，重在强调疫情防控的科技支撑作用。对此，习近平总书记不久前发表重要论述指出，要综合多学科力量加快科研攻关，在坚持科学性、确保安全性的基础上加快研发进度，力争早日取得突破，尽快拿出切实管用的研究成果。当前要防范两种风险，一是不让境外风险演化为境内风险。输入一例、监测一例、稳控一例。绝不使疫情防控积极向好形势逆转。二是不让经济出现失速的风险。低风险地区复工复产率看起来不低，但达产复销情况并不高。不少中小企业反映，自身"统筹"不了，大疫之下心定不下来。我以为明晰预期比某种减负纾困政策更管用。某种意义上说，低风险地区如果不能尽快进入正常生产生活模式，不仅产生就业、民生等问题，还会衍生社会心理等问题。

蒋作君

　　谢谢郭媛媛委员的精彩导读。本章专业性较强，导读不易。正如汪洋主席所说，大数据在我国这次新冠疫情防控，尤其是新冠疫情流行病学调查中发挥了前所未有的作用。建议有关部门好好总结，创立"大数据流行病学"，科学指导今后疫情防控。就目前的科技水平论，对新疫情的预测还是一件很难的事，倒是从经验出发可做出一些预测：1.大灾之后有大疫；2.某一地域已发生疫情，其他地域有输入风险；3.某一季节某种医学昆虫增多并活跃，则该季节有可能发生由该种医学昆虫传播的疫情；4.冬春季易发生呼吸道传染病，夏秋季易发生消化道传染病，等等。

 **刘尚希**

疫情防控是一个社会治理问题，事关社会治理模式的升级。这涉及文化、经济与技术等多种要素的建构，技术革命对社会治理模式具有革命性影响。数字技术革命将会颠覆传统的生产生活方式和社会组织方式。从各国抗疫中也可看出数字技术所带来的新的社会治理实践，但其产生的影响在抗疫中的差距或差异很明显。在同样的挑战和机遇面前，各国的反应相距甚远。当前我国面临社会治理模式升级的良好机遇。

贺定一

一场突如其来的新冠肺炎疫情来势汹汹，经过艰苦奋战和努力，中国的抗疫取得阶段性的成果。但是在短短一周多时间，疫情在全球急速蔓延，世界各国打响关键战"疫"，可见病毒无国界。目前中国的抗疫工作做得最好，始终把人民的生命安全和身体健康放在第一位，体现负责任大国担当。新冠肺炎疫情的发生再次表明，人类休戚与共，国际社会必须树立人类命运共同体理念，守望相助，携手应对风险挑战，共同护佑世界各国人民的康宁。澳门在严防死守之下，曾经历40天无新增病例，但近日因为国外疫情恶化，就是这两天陆续出现了多个输入性个案。所以，疫情防控工作任重道远，我们千万不能松懈，社会各界都要配合，共同做好防疫抗疫工作，打赢这场新冠肺炎阻击战！

导读12：病毒对疾病治疗的积极作用

◎晓　敏[*]

　　对于病毒人们往往谈虎色变：近年来非典、中东呼吸综合征、埃博拉病毒、新冠肺炎，一波波病毒来袭，常常使人感到不寒而栗、防不胜防……其实不然，在数不胜数的微生物、细菌、病毒中，大多都是与人类和平共处、相安无事，有些还可以通过研究加以利用，在抗击各类病毒来袭时助人一臂之力。

　　作者本章转换视角，通过引文和三个小节阐述了"病毒对疾病治疗的积极作用"，探究新兴的、对很多无害微生物的使用和这些微生物的益处。

一、主要观点

　　1.病毒与宿主的关系具有连续性。小茧蜂科和姬蜂科的黄蜂非同寻常的繁衍后代方式，是母蜂把包裹着一种DNA多态病毒浓缩剂的卵产在毛毛虫幼虫的背上，利用病毒抑制其免疫系统进而杀死宿主毛毛虫，而另一个宿主黄蜂卵则可以在余留的虫肉上自由成长。通过黄蜂与这种DNA多态病毒的共栖互助关系，说明了病毒与宿主的关系具有连续性。

　　2.病毒帮助预防传染性疾病。作者以人类与牛痘病毒疫苗伙伴关系的事例，深入浅出地叙述了病毒帮助预防传染性疾病。通过疫苗将天花彻底从地球上消灭这一重要的丰功伟绩，指出几乎整个当代疫苗学都是在以毒攻毒。一些安全的病毒，是人类抵抗致命性病毒、预防

---

　　*第十三届全国政协委员，十二届全国政协民族和宗教委员会驻会副主任。

传染性疾病的最好朋友。

3.病毒帮助控制慢性病。诸多医生和科学家通过研究宫颈癌、前列腺癌、一些精神病等的发病原因，发现了引发这些病症的病毒，进而研发出相关疫苗，可使疫苗接种者有效预防上述病症。慢性病极难治愈，无论是癌症、心脏病还是精神病，但当发现一种慢性病是由一种微生物引起时，治愈和预防的可能性就大大增加了。如今已能借助接种疫苗预防某些慢性病。

4.病毒疗法：以毒攻毒的治疗。用一种微生物直接治疗疾病即病毒疗法，是这一新兴研究领域正在逐渐探索的东西。在无比丰富的微生物社区里，人类也是其中一分子，在我们与微生物之间，有着非常复杂的合作、战役和消耗战。病毒学家经过研究，发现天然形成的塞内卡山谷病毒，以及疱疹病毒、麻疹病毒等改造的一系列病毒，是对人类有益的病毒，让它们分别与肿瘤癌细胞、感冒病毒交战，最终杀死有害病毒。这些科学研究成果可谓人类的一大福音。

小结：作者一语中的地指出"有益的微生物是存在的，这些微生物帮助我们，保护我们，静静地与我们生活在一起，没有任何害处。对我们有害的微生物无疑占少数。公共卫生事业的目的，不应该是打造一个完全无菌的世界，而是找到坏家伙并控制它们。对付坏家伙的关键一招，将是培育帮助我们人类的微生物。有朝一日，我们保护自身的方式，也许是依仗与我们共生的微生物，而不是消灭它们。"

二、启示

1.任何事物都具有两面性，病毒也不例外，它们一面是能给予生命的物质，另一面则代表致命的毒液。我们应该用全面的、一分为二的观点看待事物，看待微生物，看待病毒，进而做到趋利避害，扬长避短。从另一个角度看，病毒在某种意义上是致命的，但也赋予了人们不可或缺的创造力，人类变被动为主动，通过探索研究和改造开发，利用对人类有益的病毒克制有害病毒，展示了创造和毁灭的完美结合。

2. 世界充满对立统一的矛盾，人类与病毒在同一星球共存，来袭的有害病毒形成了病毒与人类互相排斥、互相斗争的对立矛盾，但人类以毒攻毒的病毒疗法则实现了双方在一定条件下相互依存的矛盾统一，体现了事物内部诸要素之间以及事物之间的相互依赖、相互制约、相互影响和相互作用的特性，符合世界是普遍联系的整体的法则。

3. 由于科学技术的迅猛发展，人类利用病毒的多样性、特异性在病毒防治领域取得了可喜进展，令人鼓舞。我国科研人员与新冠病魔赛跑，已成功研制出重组新冠疫苗并开启临床试验，令人振奋。然而事实也表明，地球上的致命微生物远远没有被击败，正在对我们构成越来越大的威胁。虽然人类对付流行病威胁的方法和技术越来越先进，但与病毒的抗争永无止境。人类在药物、疫苗研发、以毒攻毒的征程中还任重道远。

三、建议

实施全民科学素质提升工程，把公共卫生工作建立在广泛扎实的群众基础上。以多种形式和载体，加强全民科学知识、风险素养、卫生素养普及教育，促使人们对病毒对防疫从未知到认知，提高科学素养、防护能力和自律意识，激发抗疫的内生动力，增强对社会和人类的责任感，在思想意识、文化观念、行为习惯等各方面有新提升新改变，建立起更加文明的生活方式和生产方式。

四、概念注释

1. 慢性疲劳综合征（Chronic fatigue syndrome，简称 CFS）是一种令人慢慢衰竭的疾病，病源不明，有种种非典型症状：虚弱、极度疲劳、肌肉疼、头疼、难以集中精神等。

2. 塞内卡山谷病毒（Seneca Valley virus）是一种天然形成的病毒，它似乎明确锁定生长在神经和内分泌系统交汇处的肿瘤细胞，在肿瘤细胞内繁殖，引起细胞溶解或者破裂死亡，是有益的病毒。

3. 微生物区（microbiota）：人体内细菌、病毒和其他微生物的总和被称为微生物区。

4. 微生物组（microbiome）：微生物区的基因信息总和被称为微生物组。

5. 沙门氏菌（salmonella）是一种致命性细菌，是引起食源性疾病的主要原因之一。患食源性疾病的最大风险因素是吃生鸡蛋和使用抗生素。

委员读书笔记

戚建国

结合十一章的学习，主要体会是"辩证"两个字，懂得辩证法，才能真正握有全面认知病毒的金钥匙。一要全面认知病毒，一些病毒伤害宿主，一些病毒有利宿主，绝大多数病毒与宿主相对中立。这就需要深入探究，把这三者搞清楚，同时还应关注这三者可能在一定条件下相互转化。二是科学利用病毒，利用疫苗预防传染病，利用病毒控制慢性病，利用以毒攻毒疗法，攻克疑难杂症。三是善于共处病毒，正如本章小结所言，有朝一日，我们保护自身的方式，也许是依仗与我们共生的微生物，而不是消灭它们。这可能就是我们追求的目标，需要努力前行。

丁元竹

有一个超出病毒本身的问题需要及早关注。根据公共卫生理论，人们在物理空间上彼此疏远是阻断疾病传播的最佳选择。社会疏离打破正常社会联系，断开疾病的各种潜在传播链，减缓病毒传播速度，甚至窒息其传播，实现防控目标。当前，"新型冠状病毒肺炎"面临的问题是，公共卫生专家对病毒的认识还没有达成共识，对病毒是短期传播还是长期存在仍在讨论，针对性的疫苗也在开发中，社会疏离时间长短具有不确定性，长时间疏离会改变人们的工作方式、消费方式、生活方式和社会组织建构，甚至带来心态问题。

杨小波

汪洋主席指出的认识"局限"，是对在任何"目前"认识任何"问题"的规律揭示，值得我们研究认识问题时刻保持清醒。人类有百万年历史，近万年文明史，但对病毒的认识才百年。对病毒的认识还有待不断深化，揭示了病毒一些景象，但还不是全景。

郭媛媛

十一章学习感想：

1.共生中结构世界：世界不仅是人类自己的存在，还是与微生物等你中有我、我中有你，相生相克、互为互动，交织作用、并肩演进的共存。是同一个地球上的种群、关系、生长、作为等复杂的矛盾统一体。

2.生命存在远不是我们眼前看到的那么简单、明晰，如与病毒共生不能武断地只视为自然、客观环境或现实，还可能是大系统中的一个生命共构体，人类生命本体结构里有病毒如影随形的相伴，还是有不同功能作用的镶嵌、互为的元素甚至结构。

3.精准认清、分清致病、致死病毒，找到其对人类致病、致死的原因和路径，并在形成疫病前遏制、击退或灭活病毒……这正是本书一直要探讨，人类坚持不懈努力实现的。希望借助科技加速度的发展，能尽快并深入厘清生命本质结构，让助生、助存、助能人类的微生物发挥最大作用，让致病、致死人类的病毒及早发现、清除或反转性能。

4.了解病毒、病毒与人、流行病发生机理等以后，人类一要用进步中的文明，进一步造就防范、控制、应对疫病的坚矛利盾；二要结成人类针对病毒侵害的更大同盟；三要强身健体、提高人个体抵御力；四要致力保全和谐、平衡的环境、形势，控制、减小致病、致死病毒发作、流行病扩散的次数、范围和病理深度。

蒋作君

今天汪洋主席在读书会上的讲话，从医学上说，更新了传统的观念，拓展了微生物学研究领域，受益匪浅。从医学角度看，过去只注重研究微生物对人体有害的一面，一味对微生物"消、杀、灭"；现在其对人体有益的一面虽已研究，但研究得很不够，如肠道菌群失调导致的疾病；对人为地化"害"为利如用噬菌体治病研究得更不够。谢谢晓敏委员的精彩导读，会给医学专业人员以启示。在此提两个建议：1.选择适度规模样本开展正常人群新冠核酸和血清抗体检测，从医学意义上探索正常人、病毒携带者和病人之间的关系；已经恢复的新冠病人，出院时已检测核酸阴性，但出院后也有少数转阳，也须追踪监测部分人群。2.同比分析去冬今春流感和感冒人数消长变化情况，探索新冠与流感等病毒之间流行病学上的关系。

李汉宇

赞成蒋作君委员意见。为探索科学精准防疫，我省已在部分企业复工复产工作中按钟南山院士、王辰院士推介方法对企业员工试行血清抗体＋核酸筛查，建立复工企业作业面"安全区"，效果明显。有关数据可以分享。

导读 13：流行病的末日来临

◎张连起 *

"我们越是取得胜利，越是把传染病赶到人类经验的边缘，就越是为灾难性的传染病扫清了道路。我们永远难以逃脱生态系统的局限。不管我们高兴与否，我们都处在食物链之中，吃也被吃。"

《瘟疫来袭》是美国免疫学和传染病学博士内森·沃尔夫（Nathan Wolfe）介绍微生物（病毒是已知的最小微生物）的科普读物。作者很早就预见到了全球化条件下微生物对人类潜在的巨大威胁，他把地球比作一个巨大的微生物混合器，全球性大连接使地球上出现全新的疾病，扩展了可怕的动物病毒传播的范围。他调查当今人类成为流行病易感群体的渐变过程，提出未来如何控制流行性疾病的思路。

作者在孩提时代看纪录片引发对猿类的兴趣，为了见到自然环境中的猿类，利用工作机会跑到了非洲丛林，又到了东亚的野生动物市场，间接进入微生物研究领域。

人类与病毒的故事始于800万年前猿类祖先从事狩猎活动的时候。一般认为每一个细胞生物是至少一种病毒的宿主。基本上只要生物有细胞，就能携带病毒。每一个藻类、细菌、植物、昆虫、哺乳动物都是如此。病毒栖息在一个肉眼完全看不到的世界里。为了完成自己的生命周期，病毒不得不去感染细胞生物。但病毒并不一定总扮演着破坏作用的有害性角色。

与地球生态系统任何一个主要组成部分一样，病毒在维持全球生态平衡方面扮演着关键的角色。病毒一直面临选择：如果向外传播，

*第十三届全国政协常委，中国税务学会副会长。

就有被人体免疫系统捕获的风险；如果保持潜伏休眠状态，就可以自我保护，但会失去繁殖后代的机会。从微生物的角度来看，其对宿主的影响只能通过存活和繁殖能力来衡量。改变肉体仅仅是个开端，一些微生物还会影响人类的行为，令人在不自觉的情况下为它谋利。病毒是已知生物体中突变率最高的。

虽然首批从事狩猎行动的祖先从中受益，但从获得新的、有可能致命的微生物的角度来看，狩猎显示了某些不可否认的风险。狩猎行为从根本上改变了狩猎者接触微生物的方式，让微生物以更直接、更便捷的方式跳到狩猎者身上。黑猩猩捕食各种各样的动物，就会广泛接触到各种新型微生物。

在一些最重要的人类疾病里，黑猩猩和其他猿类被视为拼图中被忽略的那一块，人类和黑猩猩密切联系后产生的影响，如今还在延续。一个是在中非生活和捕食各种动物的黑猩猩，一个是迅速拓展疆域并建立全球性互联关系的人类。两个灵长类近亲将被证明是一个重要的联盟，这就是对付流行病的秘方。人类免疫缺陷病毒（艾滋病）的历史，可追溯到一个相对简单的生态互动：中非的黑猩猩捕食猴子。

微生物对人类社会的影响，可以追溯到有文字记录的最早年代，是在古巴比伦王国流传的英雄史诗《吉尔伽美什史诗》中。大约公元前500年左右开始，亚洲和欧洲的病原体就开始影响到文明的发展历程。

19世纪末马丁努斯·贝杰林命名比细菌更小的生命形式为病毒。微生物大体可分为两种：急性传染的和慢性传染的。每一种微生物在规模小的宿主种群里都会有所折损。就急性感染源（如麻疹、脊髓灰质炎和天花）而言，感染时间短，要么导致死亡，要么宿主产生了免疫力。慢性感染源（如人类免疫缺陷病毒和丙肝病毒）与急性感染源不同，不会在宿主体内形成免疫力。它们仅仅缠住宿主，有时陪伴宿主一生。

与人类祖先经历的种群瓶颈（微生物净化）一样，成为标准生活方式的蒸煮食物再一次减少了人类所接触的新型微生物的数量，限制了其微生物多样性。人类祖先离开热带雨林后，就进入了生物多样性减少的地区。宿主动物多样性减少了，感染它们的微生物多样性也当然随之减少了。近亲动物物种会有相似的免疫系统、生理机能、细胞类型和行为，使它们易受同样的感染源群落的侵害。

　　人类主要疾病大多数是在某种情况下，从动物那里传来的。从人类谱系进化的视角来看，疟疾从野生猿类身上跃至人类身上，意义深远。人类祖先因栖息地变化、蒸煮食物和人口瓶颈而引发微生物净化现象，对人类微生物库进行了清扫，微生物多样性随之减少。但随着地球人口数量的增加，野生猿类疾病，即一些几百万年前在人类身上消失的疾病，现在可能会重新感染人类。

　　人类早期祖先身上微生物多样性的减少，和由此降低的基因防御能力，使人类很容易受到猿类表亲微生物库的侵害。在人类经历微生物净化时，这些猿类微生物库却完好无损地保留至今，为病毒风暴的酝酿提供了条件。人口规模的扩大、人类群落的定居和家畜数量的增长，形成了特有的混合因素，在人类和微生物关系转变中扮演了核心角色。

　　在5000~10000年前人类祖先的驯养活动达到高峰时，从家畜那里传染到人体的微生物，对充实人类微生物库起到了重要作用。经过几千年的互动，人类和家畜之间已达到某种微生物平衡状态，但这并不意味着家畜不再对人类的微生物库有所贡献。恰恰相反，家畜一直为人类输送新型微生物。这些微生物不是家畜自身携带的，而是来自家畜接触的野生动物。

　　从微生物角度来看，驯养活动对人类祖先有三重影响，它使人类与一小部分家畜亲密接触，家畜所携带的微生物就传染到人类身上。家畜在人类和野生动物之间架起一座牢固的桥梁，增加了野生动物所携带微生物传染给人类的机会。最重要的是，驯养活动使人类拥有了大规模的固定社区，这样以前昙花一现的微生物就能存活下来。

　　是否将一种正在传播的微生物定为流行病，与其致命性无关。流行病只是病毒传播能力的标记。天花似乎首次出现于驯养革命时期。证据表明它有可能源自一只感染了已知与天花亲缘关系最近的病毒骆驼痘病毒的骆驼。但骆驼很可能是使病毒从啮齿类动物身上跳跃过来的桥梁宿主，大多数像天花这样的病毒都寄生在啮齿类动物身上。灵长类动物中，只有人类在一生中都有可能远游。

据估算，在欧洲殖民期间，由船只带到新大陆的天花病毒杀死了住在阿兹特克、玛雅和印加文明区多达 90% 的居民。人类免疫缺陷病毒在 1900 年前后从黑猩猩谱系中分离出来；1959 年在刚果出现了艾滋病的流行；医学界在 1980 年将艾滋病确认为流行病。除了新的水路、铁路和公路线提供了四通八达的条件之外，铁路建设和其他大型基建项目所引发的文化变迁也对病毒传播产生重要影响。

人类经历的互联革命，已经从根本上改变了地球上动物和人类所携带微生物的流动方式。它使微生物流动速度大为增加，将种群集中起来，使以前在低密度种群中难以存活的感染源得以发展。近 400 年来的医学技术革新，已经为人际间的微生物连接提供了各种新方式，输液、移植和注射虽然是维持人类健康的一些最关键的技术手段，但也从根本上造成了流行病的传播和兴起。无论是用于纹身、给药还是接种疫苗，消毒不当的针头在传递微生物方面都扮演着重要角色。针的广泛使用如同输血一样，为微生物四处流动提供了一条全新的路径。动物作为人类的宠物和食物，其迁移和混居增加了新的感染源进入人群的概率，也增加了不同微生物最终落脚在同一宿主身上并交换基因的机会。

当两种不同的病毒感染了同一个宿主时，它们时常会感染同一个细胞，为基因交换提供基础条件。在这种情况下，病毒有时制造嵌入体子代病毒，一部分基因来自其中一种病毒，而完全不同的那部分基因则来自另一种病毒。

未来面临越来越多的流行病威胁。新的感染源将蔓延并引发疾病。当人类走进雨林深处，将以前与国际交通网络没有关联的感染源释放出来以后，就会暴发新的流行病。当人口密集中心、地方烹饪习俗和野生动物交易之间的联系越来越紧密时，这些感染源就会四处蔓延。

从未谋面的微生物相遇后将生成新的嵌入体感染源，其传播方式是母代病毒无法办到的。新型病毒迁移到人类身上时，现有的公共卫生机构并不一定能够监测得到，因此也无法及时告知人们。例如，媒体对 H5N1 的关注降温，但其对人类的威胁程度依旧没变。

作者开始考虑，建立一个全球性的布控系统，监测与野生动物接触频繁的人们，以便堵截病毒中的恐怖信息。在一个新流行病出现的第一时刻就奋力捕捉到它，然后在其扩散到全世界之前努力了解，并遏制它。

正在兴起的流行病预防学目标是：尽早识别地方性流行病；评估地方性流行病演变成全球性流行病的概率；在致命的地方性流行病演变成全球性流行病之前遏制它们。公共卫生事业的目的不应该是灭杀所有病毒感染源，而应该是控制致命性病毒。

文明与病毒之间，只隔了一个航班的距离。在经济全球化深入发展的今天，尤其是随着现代化交通工具的发展和人口流动速度加快，区分一国公共卫生事件和世界公共卫生事件正在失去意义。在重大公共卫生事件面前，任何一个国家都无法独善其身，它关乎每个人、每个国家的安危，事关整个人类的安危。"单者易折，众则难摧。""人类命运共同体"理念不仅适用于此次疫情防控，也适用于我国产业链、供应链的结构优化。

对于政协委员来说，从一个病毒学家角度了解病毒和其他微生物，并从中分享对人类社会的责任感和对梦想的不懈追求，领悟顺应规律，秉持敬畏之心，共建全民健康长城，结合我国治理实际理性议政、对症问政、建言资政，方为阅读的应有之义。

一、本章主要观点

1.我们对微生物仍旧知之甚少。这一肉眼看不见的巨大世界对于地球和人类而言甚为重要，可我们并不了解它。我们已经发现了地球上绝大多数的动植物，但我们仍会定期发现全新的微生物。有关动物、植物、土壤和水系中微生物多样性的持续研究，展示了巨大冰山的一角。这些研究中采集的几百万个样本，将加速我们对生命的了解。这些知识有助于促进新型抗生素的研制，也将有助于我们预防下一个流行病。微生物世界是地球上最后一块能发现未知生物体的"新大陆"。

2. 人类谱系从断裂、分离，到几近灭绝，随后凭借农业和动物驯养强势回归，之后还出现了环球旅行和输血这样的行为。其间人类与猿类表亲的联系，将一直以令人惊讶的方式对人类微生物库产生重要影响。正如我们将探讨的那样，在一些最重要的人类疾病里，黑猩猩和其他猿类被视为拼图中被忽略的那一块，人类和黑猩猩密切联系后产生的影响，如今还在延续。一个是在中非生活和捕猎各种动物的黑猩猩，一个是迅速拓展疆域并建立全球性互联关系的人类。两个灵长类近亲将被证明是一个重要的联盟，这就是对付流行病的秘方。

3. 从人类谱系进化的视角来看，疟疾从野生猿类身上跃至人类身上，意义深远。人类祖先因栖息地变化、蒸煮食物和人口瓶颈而引发微生物净化现象，对人类微生物库进行了清扫，微生物多样性随之减少。可能由于微生物库多年来都很单调，对于许多人类抵御传染性疾病的先天生存机制而言，其选择压力减轻了，一些保护性的疾病防御策略就丧失了。

但随着地球人口数量的增加，野生猿类疾病，即一些几百万年前在人类身上消失的疾病，现在可能会重新感染人类。这些疾病重新进入人体后简直是如鱼得水。疟原虫不是唯一从猿类跃到人类身上的微生物。像人类免疫缺陷病毒这样的其他微生物进化的故事，有着惊人的相似情节。人类早期祖先身上微生物多样性的减少，和由此降低的基因防御能力，使人类很容易受到猿类表亲微生物库的侵害。在人类经历微生物净化时，这些猿类微生物库却完好无损地保留至今，为病毒风暴的酝酿提供了条件。

4. 我们经历的互联革命，已经从根本上改变了地球上动物和人类所携带微生物的流动方式。它使微生物流动速度大为增加，将种群集中起来，使以前在低密度种群中难以存活的感染源得以发展。

全球性大连接也使地球上出现全新的疾病，扩大了可怕的动物病毒的传播范围。这些交通手段创造了一个互联世界——对以前分散在各处，并处于静止状态的感染源而言，它是一个巨大的微生物混合器。地球成了新型微生物混合器，这一事实将永久改变流行病影响人类的方式，是它真正把我们带入了流行病时代。

5. 自 20 世纪 20 年代甫洛诺夫进行猴腺体手术以来，我们已经见证了输血、移植和注射技术的广泛应用。这些出色的技术有助于我们摆脱一些最致命的疾病，然而它们也使人与人之间建立了新的、异常坚固的生物联系。这种联系有时候成为这些为人类造福的医疗技术所带来的、不受欢迎的副产品。它们为微生物流动架起了桥梁，这些桥梁是以往不曾有过的。它们让人类相互发生关联，成为一种关系亲密的物种。这种关系亲密的物种是地球生物体中独一无二的存在，它从根本上改变了我们与人类世界中微生物的关系。

6. 未来我们将面临越来越多的流行病威胁。新的感染源将蔓延并引发疾病。我们走进雨林深处，将以前与国际交通网络没有关联的感染源释放出来后，就会暴发新的流行病。当人口密集中心、地方烹饪习俗和野生动物交易之间的联系越来越紧密时，这些感染源就会四处蔓延。艾滋病毒引起的免疫缺陷将扩大流行病的影响力，因为新的感染源更容易在免疫缺陷患者身上落脚。当人类在世界范围内快速高效地运送动物时，它们反过来孕育了新的流行病。从未谋面的微生物相遇后将生成新的镶嵌体感染源，其传播方式是母代病毒无法办到的。简言之，新一波流行病即将来袭。如果我们不知道如何更好地预测和控制它们，后果将不堪设想。

7. 当人们问我是否对流行病预测的未来持乐观态度时，我的回答总是一声响亮的"是"！动物和人类之间稳定持久的相互关联，已经酝酿了一场完美的新型流行病风暴。然而，如今通过传播和信息技术

守护人类健康美好未来
SHOUHURENLEIJIANKANGMEIHAOWEILAI

在人与人之间构建的相互联系性，我们在提早捕捉疫情方面获得了前所未有的能力，再加上人类潜心研究引发流行病的微生物多样性，取得了令人瞩目的进步。两者结合，使乐观主义有了可靠的保障。

8.有益的微生物是存在的——这些微生物帮助我们，保护我们，静静地与我们生活在一起，没有任何害处。如果我们能准确确定我们体内和周围环境中，哪些微生物对我们有益，哪些是坏家伙，我们就会惊喜地发现：对我们有害的微生物无疑占少数。公共卫生事业的目的，不应该是打造一个完全无菌的世界，而是找到坏家伙并控制它们。对付坏家伙的关键一招，将是培育帮助我们人类的微生物。有朝一日，我们保护自身的方式，也许是依仗与我们共生的微生物，而不是消灭它们。

9.我们处在一个充斥着新型流行病风险的世界。幸运的是，我们也处在一个用技术手段建造环球免疫系统的时代。我们宏伟却又十分简单的理念是：我们应该、也能够将流行病预测和预防做得更好。但真正大胆的念头是：有朝一日，我们能将流行病预测和预防工作做得漂亮到可以宣布"这是最后的一种流行病"——到那时，我们发现和遏制流行病的能力，已经强到连"流行病"这个词都不需要了。

二、问题思考

未来流行病的监测与防控，会有哪些新方法？

答：《病毒来袭》提到了两种方法。

一是建立全球性的监测系统；

二是借助新技术来预测流行病。

流行病的监测系统，首先应该监测哪一类人呢？

先来想一个问题——为什么中非的艾滋病病毒种类有那么多？

要知道世界上大部分地区的那些具有致命性的病毒，从遗传的角度来看大部分单一而且同质化。何况中非是艾滋病的发源地，而艾滋病已经在全球暴发了20多年了，可这里依然有多种艾滋病病毒。

本书作者和他的团队就发现，生活在中非乡村的人们，跟动物接触的密切程度，是我们普通人难以想象的。

在宰杀动物的过程当中，人类会与那些携带病毒的动物的血液和体液产生直接接触。因此，会不断有病毒毒株，从动物身上迁移到人体上来。

这就是为什么中非的村庄当中，人们身上携带的艾滋病病毒种类特别多的原因。这也从侧面印证了，从事猎杀动物活动的人们，处在病毒由动物传染至人身上的最前线。因此，从事动物猎杀活动者，可以作为全球流行病监测系统的重点关注对象。

想要在全球建立起流行病的监测系统，其实是一项非常困难的工作。

借助新技术来预测流行病。未来要更好地做好流行病的监测与防控，除了要建立全球性的监测系统之外，还需要充分的利用现代的科学技术。

例如，可以利用地理信息系统（GIS）来监测疫情的发展趋势，可以用病毒微阵列专用芯片（Viral Microarray）快速地识别出导致新型流行病的病原体，可以利用大数据预测流行病发展的趋势。

最经典的例子就是，2009 年谷歌的一个团队，通过搜索与流感及其症状、治疗相关的单词，建立了一个预测流感趋势的系统。

还有一个例子是，在 2009 年甲型 H1N1 流感大流行时期，英国的科学家追踪了推特当中与流感相关的信息的出现频率，并将结果与英国健康保护署提供的官方数据进行了对比，发现准确率可以达到 97%。

实际上，大数据预测模型的发展并不是一帆风顺。谷歌的流感趋势在 2013 年冬天的时候变得非常不稳定。当时预测的 2013 年冬天美国的流感流行率是实际发生的两倍多。于是，谷歌流感趋势不再发布预测了。

不过，《病毒来袭》的作者对于未来全球流行病的监测和防控，还是抱有积极乐观的态度。

遏制流行病，公众的"风险素养"也很重要。这也是最后一章（第十二章）的最重要概念。

风险素养的理念是：拥有能够了解并恰如其分地解释流行病信息的有见地的公众，是流行病防控的一个环节。风险素养即区分不同程度风险的能力。分级分类应对风险不只是对政策制定者的要求，也需要每个民众保持镇静并听从指挥。

我国在新冠疫情防控实践中运用高、中、低风险级别的分类，提升社会公众"风险素养"，统筹疫情防控与经济社会发展工作，为补齐治理短板提供了值得总结的第一手资料。

《病毒来袭》描述了一个重大主题，我们从中获得的不仅仅是传染病的知识，还有沃尔夫及其同事的情怀，以及尊重自然、敬畏生命的观念。这是真正能够为"人类命运共同体"做出卓越贡献的项目，尽管其间困难重重（我认为沃尔夫创立 GVFI 的目标并没有实现，希望 GVP 的新目标能够达成）。这次中国受新型冠状病毒肺炎肆虐的第一时间，同步修改法律法规，禁止滥食野生动物陋习，在很大程度上走在了世界的前列。这不仅是自我防护的需要，也是为世界公共卫生事业尽责。同时，中国与世卫组织等密切合作，展现了负责任大国形象。

需要说明的是，我们不能放松警惕，仅仅依靠预报系统。在预报失败且有效治疗手段和疫苗都不存在的情况下，基于流行病传播的特性进行阻断，是能够救世界于水火的重要防控举措。

要想更好地预测流行病演化的趋势，对政府各种干预措施做出定量化的评价，甚至预测某些干预措施可能的效果，需要构建流行病传播的大规模仿真系统（例如分析关闭学校对流感的影响和交通限制对新型冠状病毒肺炎的影响）。如果希望能够做出快速正确的阻断决策，就应当建立越来越精确的流行病传播仿真系统，包括在中国建立一套更精确的流行病传播仿真系统。

在进行微观防控的时候，还需要充分利用信息化技术，快速定位确诊患者和疑似患者的密切接触者。例如有些城市在公共交通工具（公交、地铁、出租车、其他公共营运车辆等）、人群聚集地（写字楼、园区、商场、超市、餐馆、酒店等）和特别需要关注场所（如药店）张贴二维码，老百姓扫二维码自动签到。如果没"中招"，这些数据都是匿名的，隐私也会保护好，如果出现了确诊或者疑似人员，就可以立刻找到和他们乘用相同交通工具或在相同时空驻留的密切接触者。对于流行病传播阻断来说，这几乎算是完美工具了。

也许我们还从来没有见到过一个学科因为很多人的共同努力而消灭掉自己。希望流行病学能够成为第一个杀死自己的科学分支。

我们处在一个充斥着新型流行病风险的世界。幸运的是，我们也处在一个用技术手段建造环球免疫系统的时代。

三、概念注释

病毒的发现：19世纪末，贝杰林克意识到一种比细菌更小的生命形式会导致疾病，他将这一新型生物体命名为virus（病毒）。有些人认为德米特里·伊凡诺夫斯基（Dmitri Ivanovski）是病毒学之父，因为他比贝杰林克早6年做过类似的研究。但也许因为他不是首位为新型生物体（也就是病毒）命名的人，或者他没有像贝杰林克那样将自己的发现广为传播，所以大家一般不将病毒的发现归功于他。病毒是种类最多的生命形式。但在100多年前，贝杰林克发现病毒的踪影之前，人类全然不知其存在。

最小微生物——病毒：细小的微生物布满了所有物体的表面，包括水杯、搁在你膝上的书和你自己的膝盖。而大一点的细菌本身也布满了体积稍小的微生物，其中包括病毒。病毒也是已知的最小微生物。

病毒的组成：由两种基本成分组成，基因物质RNA或DNA，以及保护基因的蛋白质外壳。病毒自身缺乏生长或繁殖机制，所以依靠所感染的细胞存活。实际上，如果病毒要存活，就必须感染以细胞为基本结构单元的生物体。

病毒和细菌有什么区别：病毒和细菌都是一种病原微生物，但是它们两个有一定区别。从形态上说，病毒更细更小些，能够通过滤菌器滤过，细菌就不能通过滤菌器滤过。另外细菌有细胞壁，病毒只有核酸和外边的蛋白质外鞘，没有细胞壁，所以它对抗生素是不敏感的，不能用抗生素来治疗病毒感染。另外病毒复制的过程，一般都在细胞内完成，不能在细胞外完成。相同点是这两个病原微生物都可以引起人类感染许多疾病。

病毒与宿主的关系具有连续性：一些病毒伤害其宿主，一些病毒对宿主有利，一些病毒（也许是绝大部分病毒）以相对中立的姿态过活，对它们为自身生存必须暂时栖息的生物体没有实质上的伤害和恩惠。

病毒感染实际上是一个配对过程：病毒通过一种生物的"锁匙"系统（lock-and-key system）感染宿主细胞，不管宿主是细菌还是人类。每个病毒的蛋白质外壳包含一些分子"钥匙"，与一个目标宿主细胞壁上的一把分子"锁"（实际上叫"受体"）相匹配。一旦"病毒钥匙"找到了与之相配的那把"分子锁"，进入细胞的大门将会就此打开。然后病毒会抢夺宿主细胞的生长原料和能量，用于自身的生长和繁殖。

病毒与免疫系统：为了完成自己的生命周期，病毒不得不去感染细胞生物。人体免疫系统持续向病毒施加压力，采取各种策略阻止病毒进入人体，或在病毒设法入侵人体后抓住它们、杀死它们。病毒一直面临选择：如果向外传播，就有被人体免疫系统捕获的风险；如果保持潜伏休眠状态，就可以自我保护，但会失去繁殖后代的机会。

病毒的传播：微生物经常让我们咳嗽或者打喷嚏，经由我们的呼吸向外传播；让我们腹泻，通过地方水源传播开来；让我们皮肤上生疮，经由人与人的皮肤接触而传播。以上例子清楚地告诉我们，为什么一个微生物会引发这些不良症状。

病毒传染性判定：如果每个新病例平均引发一人以上的继发感染，那么该流行病就有可能扩散。如果每个新病例平均导致不到一人的继发感染，疫情就将逐渐消失。基本传染数（R0）帮助流行病学家准确判断流行病是可能呈"病毒式扩散"还是逐渐消失，它基本上成为流行病的可扩展性的衡量指标。

聪明的病毒：一个能制造灾难的病毒，必须既拥有杀伤力，又具备传播能力。真正的致命性疾病，必须在受害者感染后引发死亡的可能性和让受害者将疾病传染给其他人的传播成功率之间取得平衡。

四、启示

要用全面的、辩证的、发展的眼光看待疫情防控，精准实施疫后经济恢复，巩固和完善治理体系和能力。

1.我国应对疫情最突出的关键词：联防联控，群防群治，社区网格化，大数据，干部下沉，对口支援。这既是制度优势，也是有效手段。其中社区防控和大数据为应对下一次公共卫生事件提供了第一手实践资料，应当总结提炼，形成制度指南。

2.落实医院、疾病控制机构、卫生监督机构应急工作规范，明确应急响应、现场组织、工作流程、处置措施等标准操作规范和流程（SOP），夯实基层医疗卫生和分级诊疗基础。

3.以风险导向的原则，梳理、查找、补齐这次疫情暴露出的公共卫生应急管理体系、国家医疗物资储备体系的短板、缺陷或者实质性漏洞。大到国家治理，小到社区治理，该堵漏的堵漏，该补强的补强。与此同时，注重开展国际合作，传递人类共同体理念。

4.加强公共卫生法律法规和预案建设。健全突发应急性传染病大流行应对预案体系。按高中低风险类别、分区分级精准防控应当形成立法成果。及时防范地区风险扩大为全局风险、个别风险演化为综合风险、经济风险演化为社会风险。

5.建立健全重大疫情应急指挥机制与公共卫生防控监督机制建设。加强针对地方政府、专业人员和社会公众的重大疫情应对培训和演练。

6.运用新一代信息技术，建立健全疫情预警系统、监测系统、流行病传播仿真系统。围绕"早发现、早报告、早处置"的目标，强化各级疾控机构的信息收集、分析、利用能力。在制度上要确保疫情直报系统不能绕过只能穿过。

7.改革完善现有疾控机构功能定位，解决各级疾控机构存在的能力不足、机制不活、动力不足等问题。着力完善医疗机构与疾病预防控制机构的衔接模式和工作机制。

8.强化重大疾病医疗药物自主研发能力。集中全国优势科研力量，充分发挥多部门协同、跨部门联合作战的优势，深化央地协同、军民协同、产学研用协同，集中开展前沿科技攻关。

9.加强新媒体时代地方政府部门在突发事件中的舆情应对机制和能力建设。把握多元化、分众化、场景化等自媒体时代舆论表征，实施舆论分类治理，形成四种话语体系——官方话语、专家话语、群众话语和国际话语，并建立舆论统筹协调机制、舆论风险评估机制。

10.统筹疫情防控与经济社会发展。疫情防控是中华民族复兴历程中的突发"变量"，而经济社会发展则是"常量"。要化变量为常量，不断升级国家治理现代化模式，加快建设现代化经济体系，为人民战"疫"等应对重大风险事件提供必要的"缓冲带"和"保护带"。积极财政政策更加积极有为，稳健的货币政策注重灵活适度，就业优先政策注重与减负纾困相结合。增加医疗服务与公共服务相关的有效投资，促进消费回补。着力提升创新体系效能，大力赋能新兴产业发展，以周延精准的财税金融支持措施帮扶中小微企业。全面做好"六稳"工作，如期实现脱贫攻坚目标任务。磨难压不垮，复兴正当时！

五、小结

人类的历史即其疾病的历史。瘟疫大流行伴随着人类文明进程而来，并以难以置信的方式干预了人类文明的进程，往往比战争、革命来得还要剧烈，因为它直接打击了文明的核心和所有生产要素中最根本的人类本身。这次疫情是对国家治理体系和治理能力的压力测试，结果表明，有短板，更有长板；有不足，更有优势。从疫情防控看中外制度，本质上只有良治与劣治之分。我们坦然面对自己的短板和不足，自信面对自己选择的道路。我们逐步清晰下一步要做什么，补短板、堵漏洞、强弱项。中华民族伟大复兴不会因此而迟滞，而是迈步"阶梯"、强身健体，同时增强精神免疫力。百年未有之大变局，于斯可见。

本章金句

1. 我们要学会利用传播率和致命性两个方面来判断一种流行病。一种病死率高、但似乎不传播的流行病，与一种快速而有效地传播、病死率不高的流行病相比，后者更让人担忧。

2. 有效的流行病防控体系，应该专注于研究不明流行病，而不是只盯着任何已暴发过的具体流行病。

3. 风险素养的理念是：拥有能够了解并恰如其分地解释流行病信息的有见地的公众，是流行病防控的一个环节。

4. 风险素养的普及，将有助于公众支持政府将巨大开支用于适宜的流行病预测和预防所需，它将让我们意识到如何将资金用到刀刃上。

5. 我们将地方流行病学研究手段用在人类和动物群落中尽早检测疫情和记录微生物，同时结合前沿信息和传播技术，以监控下一场流行病的"数字信号"。

6. 我们应该倡导一种"安全握手法"。相互碰触肘关节，打喷嚏时对着肘关节而不是用手，只要生病就在公共场合戴医用口罩。（按：其实，我们中国人的拱手礼，早就是无接触"安全握手法"，孔子是典范。）

7. 动物死亡事件也能成为一次人类疫情的预兆，正如北美发生的黄热病一样。

8. 新流行病出现的最大风险之一是人和动物的密切接触，尤其是与野生哺乳动物的密切接触。在理想的预测体系变成现实之前，我们可以开始改变人类行为，减少这类接触。

9. 如果我们想要一个等同于环球免疫系统（global immune system）的东西，就需要研发结合政府和非政府体系的新方法，使用最新的方法和技术。

10. 我们处在一个充斥着新型流行病风险的世界。幸运的是，我们也处在一个用技

术手段建造环球免疫系统的时代。我们宏伟却又十分简单的理念是：我们应该、也能够将流行病预测和预防做得更好。但真正大胆的念头是：有朝一日，我们能将流行病预测和预防工作做得漂亮到可以宣布"这是最后的一种流行病"——到那时，我们发现和遏制流行病的能力，已经强到连"流行病"这个词都不需要了。

委员读书笔记

戚建国

　　为连起委员全景回顾式的导读点赞。学了导读，重温全书，理解汪洋主席系列引读，谈点学习体会。读书的目的全在于应用，读了两本书（其间看了相关的书）联系抗疫实际，应该补齐短板，加强九大体系建设。一是公共卫生法规体系，做到有法可依，依法战疫。二是早期预警体系建设，盯住哨兵人群和病毒源头，为战疫争取主动。三是应急管理体系建设，危机管理是一个战略问题，我们生活在一个充满风险的时代，必须预测危机、遏制危机和化解危机。四是改革完善重大疫情防控救治体系，应在充分运用科技手段和建强防治队伍上下更大的功夫。五是健全统一的应急物资保障体系，从传统领域物资保障为主向新型领域拓展。六是疫情直报体系，确保第一时间将疫情信息直报决策机构。七是重大疫情救助体系，为民众提供规范有序的救助保障。八是疫情分析研判体系，可结合智慧城市建设，利用科技手段，依托大数据、云计算和地理信息系统，及时掌握情况，科学分析研判，准确定下决心。九是联防联控体系，打好人民战争。

　　汪洋主席提出"风险素养"，一语摁住关节。人类处于一个充满风险的社会，必须学习应对风险，关键在于风险素养。风险素养一为思想理念，搞清什么是风险，如何应对风险；二为道德观念，知道在风险之中，如何做一个有益于社会的人；三为行为规范，在风险中怎么做是正确的，反之则是错误的。

张连起

这次前所未有的防控措施，既考验从全国到地方的治理体系和治理能力，也考验全体国人的文明素质（风险素养）。如"跑步女"的行为，一个个体的任意和任性，带来的恶果可能要让全社会共同承受。在严峻艰巨的人民战疫中，民众的责任感和行为的规范性扮演着重要角色。甚至可以这么说，一个地方社会公众的风险素养，在一定程度上决定着战争的走向，决定着社会成本能否被承受，也决定着一个民族的未来。在这方面，专门协商机构的着力空间很大，也是"以百姓心为心"的具体体现。

这一巨著的"防控篇"，是亿万人民写在了共同的战疫一线。未来只需唤醒记忆，重现文字。值得说明的是，总结短板漏洞、吸取教训非常重要、非常必要，只有明白在什么地方摔过跤，才不至于接二连三在同一个地方跌倒。我们有集中力量办大事的制度优势，但不能动辄就用来消费啊！

蒋作君

今天连起委员的导读是全书的"压轴戏"，既是对末章的导读，也是对全书的总结，使章章文相连，全书意凸起。"病毒来袭"作者写完了，似应有续篇。本书主要讲病毒的流行病学，也涉及一点病毒的生物学，还应有"防控篇"和"诊疗篇"。关于"防控篇"，我国这次对新冠疫情的防控所形成的"中国方案"，"写"得很权威；对于"诊疗篇"，尚须国际合作，但是"新冠病毒的确定""中医药"和"老药新用"在我国这次新冠肺炎的诊疗中，已经写下了浓墨重彩的几笔。

陈冯富珍

"风险素养"在各国应对新冠肺炎疫情中表露无遗，尤其是欧美各国，没有用好中国为他们争取的宝贵时间，做好准备应战疫情的来临，太可惜了。现在要准备好如何应对全球经济危机和人道危机。希望二十国集团领导人下周召开的紧急峰会能够排除偏见，同舟共济，协调措施与行动，带领全球应对危机，化险为夷。

杨小波

花了比阅读原文末章更多的时间，阅读了连起委员的导读。

作为殿后的压轴之作，在部分扼要串起全书的大纲，无暇阅读原著者仅读此段也会多有所得。其后的主要观点"本章金句""问题思考""概念注释"也是要点多多，非八即九不离十。确实下了硬功夫，且非一日之功。深感耕耘收获正相关，为人为己学不同，更是功夫不负有心人。

王志国

汪洋主席强调的"风险素养"问题，"一语中的"，抓住了疫情防控的一大关键。在疫情防控以及重大自然灾害面前，每个人都是防控主体，他们的防控意识以及由此而产生的自身行为，影响着防控进程，决定着防控成本。我们应该对这次疫情防控中"风险素养"情况进行认真总结，总结成功经验，深入分析存在的问题，尤其是要进一步明确增强全民"风险素养"的措施。

 **张连起**

读书可以找到安静的力量。疫情的上半场，经济的下半场。在我国本土病例零新增的当下，此前被按下暂停键的中国经济正在社会各界的复工复产中重开引擎。评估新冠疫情给中国经济带来多大冲击，中国经济如何在不确定因素增加的外部环境中突出重围？"小马过河"的故事或许能说明一二，小马过河后发现，河水既不像老牛说得那样浅，也不像小松鼠说得那样深。

郭媛媛

防控新冠肺炎疫情的经历给了中国和中国人很多深刻、可总结、可反思、可引以为鉴的东西，而汪洋主席倡导并亲自带领的政协读书会，让我们安静下来，在了解关于流行病等专题历史、知识、理论基础上，看看人类自己和世界，看看和病毒、和其他生物的关系。

下半场有很多风险、挑战正等在路上。关于疫情的研究、防疫和预测，还需要更加努力；关于社会发展和人类命运共同体等，还需要直面许多困难。

无以逃避，只能迎面、迎难而上！这是我们每个人的责任和使命。而中国，有团结、有奋进，有领导人民战胜一切困难、能担当的党中央，未来，更坚定自己的方向，沉下心来，走实、走稳、走对、走好自己的路，就是选择和方案。

叶小文

汪洋主席在和我们一起读这本书时指出，"人类和病毒是对立的统一体，在相互斗争中共同进化。人类要真正认识到祸兮福所倚，福兮祸所伏。"此话十分深刻透彻。

人类之外，有一个微生物的自在世界。这个世界不以人类为中心。以病毒眼光看，人类并非生命中心或万物之神，而不过是可用作寄生的宿主。病毒在地球上出现和存在的年代据说是 20 亿年，是比细胞更古老的生命，称得上生物元祖或地球原住民。在生命进化的科学年谱中，人类在地球上的出现则晚得太多。晚到的人类与病毒等微生物一直共处，但直到 100 多年前（1892—1898）才对病毒有所知晓。

科学家们通过显微工具观察到病毒的存在，称之为核酸分子与蛋白质构成（或仅由蛋白质构成）的"非细胞形态、靠寄生生活的生命体"。并且了解到作为具有细胞感染性的"亚显微粒子"，病毒还能在离体条件下，以无生命的生物大分子状态存在，并可长期保持其侵染活力。这就是说，作为最基本的生物类型，病毒介于有机与无机之间。尽管已具有繁殖、进化等性能，其生命特征却不是独立地"活着"，而是依附性"活化"，属于需借助其他物体才能真正存活的微生命，要利用宿主的代谢机制才能进行自我复制或遗传自身。可见，病毒先天具有对宿主细胞的侵占性和危害性。

人类便从维护自身出发，将其视为天敌，用病理学术语命名为"毒"，即拉丁语的 Virus，意指"动物来源的毒素"，归为对人类构成侵害的微观病原体。迄今为止，世界范围内被人类唯一战胜的病毒是天花（Smallpox）。

病毒的侵害是如何构成的呢？或许因为是生物元祖，占有生命链的先到优势，病毒的入侵步骤严密，十分老到：先攻破细胞防线，开锁进入后便利用细胞蛋白质迅速工作，复制数以千万计的二代病毒，致使宿主细胞"瞬间爆裂"，接着再让复制出的三代病毒去攻克成千上万的新细胞，致使宿主细胞以指数方式倒下，成为一堆死尸。

更令人震惊和不安的是，这些堪称远古生物的病毒似乎先天具有超常计算能力，竟能战胜进化等级貌似更高的宿主，从其细胞无法计算的组合密码中挑出正确数字，攻破后者理应更严密的生物防线。

然而病毒作为最早的生命，早已与地球共生、万物并存。于是，从地球生态的整体观之，或许便能窥见病毒的作用或效果——通过生物系统的必要调节和清除，维系生死有序，万物平衡，亦即《道德经》所言的"天之道，损有余补不足"。

病毒与人类并非仅止于对立和对抗，两界之间也存在着更为内在的关联。在罗马时代"病毒"一词既指蛇的毒液也指人的精液，同时包含"毁灭"与"创造"两层含义。放眼演化的历程，不管哪一种动物、植物或微生物，它们的演化都离不开这些微小却威力无边的病毒。这些病毒和我们共同拥有这个星球。

人类科技进步的同时却因一次次的突变付出了代价。其中之一便是迫使人类日益排斥生命的个体天性、放弃小国寡民的存在方式，日益结成从家庭到社会再到全球联通的共同体，变成一个紧密相关、无法离散的庞然大物。然而当人类演化为只有依赖交流、传播才能生存的时候，也就预告了在所难逃的现实困境：一方面是共同体的结构日趋庞大，人类通过合作产生的社会效率成倍猛增；另一方面则是个体生存的独立能力愈发退化，承诺为千百万个体提供保障的共同体根基脆弱，命系一线，一旦瓦解，全面崩盘。

《逼近的瘟疫》

作者：[美]劳里·加勒特 著

杨岐鸣　杨宁 译

出版社：生活·读书·新知三联书店

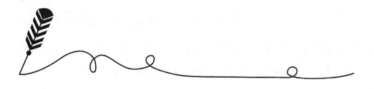

导读人：

朱永新

《逼近的瘟疫》导读

◎朱永新*

　　这本书是美国著名女记者劳里·加勒特（Laurie Garrett）获得普利策奖的作品。全书翔实记录了 20 世纪后半期世界各地瘟疫暴发以及研究的过程，分析了瘟疫产生的根源，同时提出了若干对策性建议。

　　劳里·加勒特先后获得皮博迪奖（The Peabody Award）、乔治·伯克奖（George Polk Award）和普利策奖（Pulitzer Award），是同时荣获这三大著名新闻奖项的第一人。她有着良好的专业素养，曾在加州大学攻读公共卫生，并先后在斯坦福大学和哈佛大学进修，担任美国对外关系委员会全球卫生高级研究员。主要著作有《失信：全球公共卫生事业之瘫痪》《流行天下！传染病的世界》等。

　　作者撰写的序言，是帮助我们打开这本书的钥匙。

　　作者从自己的舅舅学医、从医的故事开始讲起，讲到 20 世纪 80年代艾滋病的流行，讲到芝加哥大学历史学家威廉·麦克尼尔的一个严重警告——"应当牢记，我们越是取得胜利，越是把传染病赶到人类经验的边缘，就越是为灾难性的传染病扫清了道路。我们永远难以逃脱生态系统的局限。不管我们高兴与否，我们都处在食物链之中，吃也被吃。"

　　作者特别谈到在全球化的时代，人类需要一种关于疾病的新思维方式。这就是不要把人类同微生物的关系看作一种历史的直线关系，若干世纪以来的总趋势是人类的风险越来越小；要寻求一种挑战性更强的看法，承认在人类身体的内部和外部，人类和微生物之间存在一

---

*第十三届全国政协常委兼副秘书长，民进中央副主席。

种动荡的、非直线的状态。

作者提出，"要做准备，必先了解"。要想了解人类与巨大的千变万化的微生物世界之间的关系，就必须打破学科的分隔，把医学、环境、公共卫生、基础生态学、灵长类生物学、人类表现、经济开发、文化考古、人权法律、昆虫学、寄生学、病毒学、细菌学、进化生物学和流行病学等融为一体。这样的整合，没有强大的行政力量和经费支持，是难以实现的。

作者在书中反复提醒我们："随着几代人的衰老，描述、认识人类在微生物学方面的各种烦恼的技能正在消失，而人类正扬扬得意于新的发现和医学的胜利，因而高枕无忧，对逼近的瘟疫却毫无准备。"

面对这次新冠肺炎疫情，我们也要问问自己，对于不断逼近的瘟疫，我们，准备好了吗？

本书金句

1. 我们总是希望，历史只发生在"别人"身上，发生在"过去"，我们自己却会置身于历史之外，而不是与它缠在一起，密不可分。

2. 世界需要——现在就需要一套全球性的早期警报系统——能够发现新出现的传染病威胁并采取对策的系统。

3. 乐观主义者并不满足于预料中的所有已知传染病的根除，他们着手寻找罕见的和偏远的病因。

4. 微生物毫不重要；地形决定一切。

5. 全球大流行其实是流感的一个特征，在有文字记载的人类历史上不乏其例。

6. 为了人类短期的利益而采取的行动，或早或晚总会带来长期的生态或社会问题，这几乎是一个定理。要解决这些问题就得付出无法接受的努力和花费。大自然仿佛永远为了一种最佳状态而努力，通过自然的力量，达到一种暂时稳定的生态系统。我们如果试图改变这种生态系统，那就要记住大自然是不会答应的。

7. 如果生态可以改变而不致带来某些次要的不良环境影响，那么微生物就可以得到控制甚至根除。

8. 革命以惊人的速度发生，连参加的人也很少充分意识到发生了什么事情。用历史的眼光来看，只是在一瞬间，科学和医学的集体意识就发生了变化，使那些不能适应的人在一夜之间就变得落后过时了。

9. 如果人类能在实验室里操作拼字游戏，使之有利于己，那么自然而然地，微生物在实际生活中也能做到这一点。

10. 城市给微生物提供了农村没有的大好时机。每平方英里的人口密度越大，微生物从一个不幸的人传给另一个不幸的人的方法就越多。

11. 麦考密克在实验室和病区的死亡中心与微生物奋斗了半生，如今已经失去耐心。他认为贫穷、基本医疗设施的缺乏、生态环境的恶化、危险微生物的出现，这些现象之间的联系十分明显，应当成为公共卫生工作的基本内容。

12. 对于任何一种传染病来说，最理想、最简捷的办法都是疫苗接种。

13. 在微生物的世界，战争是时刻不断的。大多数生物生存的必要条件就是其他生物的死亡。

14. 最终来说，人类若想避开或熬过下一次瘟疫的劫难，就要改变看法，明确自己在地球生态环境中的位置。

15. 一个微生物的世界，也就是它的生态环境，所受到的限制只是这种生物的移动能力和它忍受各种各样的温度、阳光、氧气、酸碱程度，以及在拥挤的环境中的其他因素的能力。

16. 我们作为个人看不到它们，也无法以任何可行的方式感知它们的存在。微生物中进化最快的种群具有超过并操纵人类唯一的微生物感知系统——免疫系统的能力。

17. 每一种微笑的病原体都是一种靠着较高等级的生物存在的寄生物。寄生物本身又是被寄生的宿主。

18. 人类只有理解其生态环境中的各种细微差别，才有可能懂得，他们在宏观领域的行动如何影响到微观领域的竞争者和捕食者。

19. 当人类与自己恶战不休，争夺日益拥挤的地盘和愈加短缺的资源时，优势已经转移到微生物一方。它们就是我们的捕食者。如果我们人类不用心学会在一个理性的地球村里共同生活，而不给微生物提供良好的生存机会，那么胜利的将是我们的捕食者。

20. 要么是让捕食者获胜，要么是我们振作精神，去面对即将到来的瘟疫。

委员读书笔记

张连起

的确，面对未知而迅疾的疫情，世界远远没有做好准备。我国采用的联防联控、群防群治、网格化、地毯式的史无前例的应对措施，无法向其他国家和地区全部复制和推广，但可以提供更多借鉴的经验。如何既能实现重点地区隔离阻断传染链，又能分区分级保障正常生产生活状态，给未来留下值得总结和吸取教训的方面。相信通过补短板、堵漏洞、强弱项，国家应急管理标准体系（SOP）将会建立与完善起来。

近日读威廉·H.麦克尼尔《瘟疫与人》："先于初民就已存在的传染病，将会与人类始终同在，并一如既往，仍将是影响人类历史的基本参数和决定因素之一。"现代医学诞生后，人类一度以为传染病可被根除。人类查找病原体技能虽日益娴熟，但传染病暴发次数有增无减。窃以为，新冠肺炎未来可能流感化，我们无须过分恐惧，学会与其共处的本领。同时，补齐国家应急管理体系和国家储备体系的短板。我总记得恩格斯那句话："巨大的历史灾难将以历史的进步为补偿。"

在《瘟疫与人》一书中，作者还这样说道："技能、知识和组织都会改变，但人类面对疫病的脆弱，则是不可改变的。瘟疫是人类的附骨之疽，是无形而强大的敌人，它不用枪炮原子弹做武器，但带给人类的灾难却是毁灭性的。从古至今，瘟疫如同幽灵，总是会时不时袭击人类社会，却也在冥冥之中影响着人类社会的走向。瘟疫并没有随着医学和公共卫生的发展而退出人类生活。它们甚至会和人类一同进化，如影随形。几千年间，摧毁着文明，也缔造着文明。瘟疫固然可怕，它带来恐慌，带来毁灭，但因为人类能够团结、能够创造、能够反思，因此总能生出新的文明。"这场抗击新冠肺炎疫情的人民战争，考验着国家治理体系和治理能力，也塑造着我们的精神文明。人民战疫为人民，风雨无阻向前行！让我们记住并致敬那些奋战在防控一线的人们！

朱永新

我们不计成本，强势推进，有我们的优势，但是也有不少问题。不仅无法推广复制，成为优秀的模式，也无法持续。SARS 以后，疫情提出了许多新课题。人不能在同一个地方跌倒两次。这一次，我们是应该汲取许多经验教训的。包括《逼近的瘟疫》《病毒来袭》这两本书，也有许多启发。我在看《逼近的瘟疫》前面几章的内容时，就为那些研究、追踪病毒的科学家（包括部分传教士）的精神而感动。人类与病毒的关系，真是难分难解。

戚建国

我认为面对艰难困苦的抗疫斗争，我们一方面要坚定信心，坚决打赢这一仗，这体现了中华民族自强不息的伟大精神；另一方面面对以生命为代价的沉重付出，我们应该做一清醒的反思，体现出我们敢于解剖自己、敢于否定自己的伟大理性。唯此，我们才能真正做好应对下一场灾难的准备。

郭媛媛

在地球无限复杂的生态体系中，人类需要认清自己以及所处的位置。在伟大与渺小的辩证体认中，应与其他生物和谐共在，用尊重和敬畏融入生态。以自省，有所为、有所不为；以自律，要作为但有限作为。

王 锋

我们每个人都置身于历史之中，人类更是大自然的一部分。自然环境和社会环境，都是我们无法脱离的现实存在。

导读1：马丘波——玻利维亚出血热

第一章篇首引用的是雷恩·杜博斯在《健康的幻影：乌托邦、进步和生物学变化》中所说的一句话："希望改造世界，改变人性，以便创造一种自我选择的生活方式，这种企图将引起许多难以预知的后果。人类的前途注定要继续成为一种赌博，因为大自然会在某个预料不到的时间，以某种预想不到的方式，进行反击。"

杜博斯（R. Dubos, 1901—1982）是美国洛克菲勒医学研究所著名微生物学家，也是第一个抗生素——短杆菌肽的发现者。在《健康的幻影：乌托邦、进步和生物学变化》这本书中，作者批评了人们将健康全部寄托于生物医学进步的奢望，强调要以敬畏的态度对待大自然。后来，杜博斯以力倡环境保护而闻名世界，成为一位出色的医学人文学家。

故事采用倒叙的手法，一开始就是医生卡尔·约翰逊被病毒感染奄奄一息的场面。然后介绍了救治他们的历程，再讲述他们如何来到玻利维亚寻找病毒的故事。

马丘波，是玻利维亚的一条河流的名字，也是一种病毒的名字：马丘波病毒（Machupo virus）。因为病毒的发现发生地在马丘波河流的附近而定名。因为病人最后是出血而死，所以马丘波病毒也叫玻利维亚出血热。

马丘波病毒在玻利维亚暴发时致死率高达30%。为了寻找这种病毒，美国国家卫生研究所的两位年轻医生卡尔·约翰逊、罗恩·麦肯齐和生态学家孔斯来到这里，像侦探一样用各种各样的方法和手段寻找病毒的宿主。

在后来他们的研究成果中，认定这种流行病的根源在一种小的啮齿动物仓鼠身上。经历了一个砍伐森林—老鼠大增—杀虫剂DDT大量使用—杀死老鼠天敌猫—老鼠的尿液尿在食品上—人被传染。最后，他们空运了 600 只猫，消灭了猖獗的老鼠，马丘波病毒也就偃旗息鼓了。

在这个过程之中，医生和科学家的确发挥了非常关键的作用。他们也先后被感染，经历了与死神搏斗的考验。

这本书介绍了为什么老鼠在当地横行猖獗、老鼠如何传播病毒，以及瓦尔韦德如何呼吁人们捐献猫，最后流行病迅速停止的惊心动魄的过程。同时，也讲述了医生和科学家如何克服恶劣的工作条件，与流行病作斗争的感人故事。

委员读书笔记

舒　心

此次疫情过后，要充分发挥制度优势，在疫病研究、防控和应对上，在重大疫情社会应急配合上，需要尽快科学设置、全面布局，用好5G新技术的支持。构建安全、高效、有力的国家重大公共卫生事务应急应对机制，是当务之急。

周延礼

"灰犀牛"事件是社会难以预料的，随时都可以出现的，未雨绸缪、忧患意识要常备不懈。"黑天鹅"事件也经常发生，要预定应对方案。金融业是管理风险的行业，就是与风险打交道的，虽然金融监管从体制上有完整的应对常规风险方案，"黑天鹅"似的风险有办法管控和处置，难就难在应对"灰犀牛"风险。突发事件影响的规模有多大，风险的类型、是否发生变异、解决方案是否可用，风险准备金覆盖率够不够等问题需要早有应对方案以备不测。天有不测风云，人有旦夕祸福，我们要学习借鉴我国传统文化的风险管理文化，结合我国科技进步水平，充分利用大数据、云计算和区块链技术应对各类突发事件。总之，人类社会发展的过程就是与各种风险博弈的过程，我们要始终保持高度警觉，审时度势、趋利避害，要以敢于斗争、善于斗争的精神，在党中央集中统一领导下，打赢各类"抗疫"战，为新时代中国特色社会主义建设事业积累治国理政经验。作为全国政协委员，我们一定要按照凝聚共识和建言资政双向发力的要求，为实现中华民族伟大复兴中国梦贡献力量。

 **丁元竹**

最近在读恩格斯《英国工人阶级状况》一书，记下这样两句话："霍乱、伤寒、天花以及其他流行病的一再发生，使英国资产者懂得了，如果他想使自己以及自己的家人不致成为这些流行病的牺牲者，就必须立即着手改善自己城市的卫生状况。""伟大的阶级，正如伟大的民族一样，无论从哪方面学习都不如从自己所犯的错误的后果中学习来得快。"

王一莉

在灾难面前，他们挺身而出，是凡人，是数万白衣天使，全力以赴冲到"战疫"最前线，把好第一关，用生命与病毒搏斗，替我们负重前行，这种责任担当他们是中国骄傲。

今天人们关注的不再只是大人物，还有千千万万个平凡的小人物，医生、护士、警察、邮递员、司机等等，这种美德我们要让她在全社会散发出铮亮的光芒。

这次疫情，生存与繁荣面对的阵痛强化了治理模式实现全面升级。

导读2：健康的转折期
——乐观的时代：着手根除疾病

人类战胜天花有着极其重要的象征意义。有人曾经评论说，被史学家甚至称为"人类史上最大的种族屠杀"事件，不是靠枪炮实现的，而是天花。在人类历史上，天花和黑死病、霍乱等瘟疫都留下了惊人的死亡数字。

从这一章的章名来看，顾名思义，是讲人类健康观念与健康成就的一个重要转折时期。20世纪中叶，这是一个人类同传染病的战争中高奏凯歌的历史时期。

从20世纪40年代抗生素的发现和应用开始，人类的许多疾病被攻克了。美国的科学家们骄傲地宣布："科学和技术已经彻底改变了人类对于宇宙、对于人类在宇宙中的位置、对于人类自身的生理和心理系统的观念。人类对大自然的控制已经大大扩展，包括人类对付疾病和危及人类生命和健康的其他威胁的能力。"

当年的乐观主义，其实有两个主要的原因：第一，人们对于遗传学、微生物演变、人类免疫系统或疾病生态学知之甚少。第二，当时公共卫生界的知识水平还不高，用简单的因果论来看待传染病，认为一切问题都可以迎刃而解。

书中讲述了一批年轻的科学家如何去世界各地为消除天花做出艰苦卓绝的努力，也讲述了他们如何与官僚主义斗智斗勇的故事。科学家们往往是在两条战线斗争——既与病毒斗争，又与官僚主义斗争，多次越过世界卫生组织的界限。

书中也用大量的篇幅讲述了人类与疟疾斗争的精彩故事。科学家提出，滴滴涕的效力极强，花上千百万美元，发动一场全球性运动，不出10年，即可在地球上根除带疟蚊虫。但是在攻克疟疾的问题上没

有那么顺利，一个重要原因就在于，用于消灭蚊子的敌敌畏等农药，使蚊子等产生了抗药性。甚至导致一种新的医源性疟疾的出现。"人类热情消灭全世界的疟疾毒害本是好意，不料却制造了一种新的流行病。"

这对于我们当下的抗疫是有某种启示和借鉴意义的。

委员读书笔记

✒ 陈冯富珍

今天国外已有 10 个国家首次发现新冠肺炎病例，主要在欧洲；国内疫情也报道反弹！

我国制度优势显著。全国动员驰援湖北，疫情防控取得阶段性胜利，但不能松劲，不能前功尽弃！这是一场持久战。防控疫情和有序复工复产要两手抓，要内防扩散，外防输入（也包括外国）。

我们要有心理准备新冠病毒会引发全球大流行，一旦发生，各国的医疗系统会面临崩溃，医院病床、医护人员、救治仪器、防护物资等严重匮乏！举例，单是药品原材料我国约占全球 80% 生产量。我们必须全面做好持久战预案。

✒ 邵旭军

我们要有充分的思想准备，要有长期的预案，无论方方面面都要开始着手，不能坐等。虽然我们在控制疫情方面取得很大进展，但也要对其他国家出现的疫情有充分的估计和应对的措施。

✒ 张云勇

透过结构看世界，吉德林法则：把难题清清楚楚地写出来，便已经解决了一半。世界上所有不好的事情，只是在我们认为不好的前提下，才是真正坏的事情，解决它的关键便是有条不紊地写出这些问题，并且积极地去面对。站在未来看现在：既要向前看，又要立足现实，前者是解放思想，后者是脚踏实地。善思、善讲、善写之人备受青睐：人生有两大主题，一是做人，二是做事。做人要有德，做事要有才；人贵有德，做事先做人。善于观察、倾听、思考，才能更加智慧，谋划天下之事。结构优先效应：整体结构对于人们的模式识别和认知起促进作用，所以将结构化的信息传递给对方，让对方更容易地理解和记忆。结构思考力是一种帮助人们察觉并改善自身思考结构的思考艺术。通过结构思考力"理解、重构、呈现"方法的循环应用，我们可以从结构的视角更全面、清晰地看待和认知事物，提高思考质量。重构4大核心：论、证、类、比。论：结论先行，一次表达只支持一个思想，最好出现在开头。证：以上统下，任何一个层次的思想都必须是其下一个层次的概括。类：归类分组，每一组思想需要属于同一类范畴。比：逻辑递进，任何一组思想都需要按照一定的逻辑顺序进行组织。

导读 3：猴肾与落潮
——马尔堡病毒、黄热病与巴西脑膜炎

这一章，顾名思义，讲的是三种疾病或者三种病毒：马尔堡病毒、黄热病与巴西脑膜炎。

用猴肾与落潮两个风马牛不相及的事物作为第三章的标题，也是很有意思的。猴肾，主要是讲述马尔堡病毒与猴有关；落潮，是由于雷恩·杜博斯的一句名言："落潮的时候很容易产生幻想，认为用一只桶便可舀干海洋。"这句话是暗示 20 世纪中叶人类陶醉于战胜天花，以为人类可以拿下所有的病毒，迎来一个"伟大的转型"。其实，病毒也许就像海洋，我们不能因为它在退潮时的模样产生幻想，以为它没有多少水了。病毒的卷土重来，就像大海的涨潮一样，让我们人类惊叹自己的渺小。

这一章的三种病毒，同样就像落潮的大海。先说马尔堡病毒。

马尔堡病毒是以西德的一个城市马尔堡命名的，又称绿猴病病毒、绿猴因子、马尔、马堡病毒等，是一种致命性病毒。马尔堡病毒和埃博拉病毒有关，都源自非洲乌干达及肯尼亚一带，为人类和其他灵长类动物的共通疾病。病毒是由动物传染给人类，但病毒终极来源不明。马尔堡病毒可以通过体液，包括血液、排泄物、唾液及呕吐物传播。病患者病状为发热、腹泻、呕吐，身体各孔穴严重出血，通常病发后一周死亡。

1967 年秋，在西德的马尔堡、法兰克福和南斯拉夫的贝尔格莱德的几所医学实验室的工作人员中，几乎同时暴发了一种严重出血热，有 31 人发病，其中 7 人死亡。调查发现，直接染病的人多是因为接触当地实验室内染有马尔堡病的猴子而致病。这些猴子是来自非洲乌干达的一种品种为 Cercopithecus aethiops 的猴子，西德进口这些猴子原本

是用来研制小儿麻痹症的疫苗。

虽然找到了马尔堡病毒的原因，但遗憾的是，科学家们一直没有找到这种病毒的宿主。

差不多30年以后，2004年10月起，马尔堡病毒在非洲安哥拉暴发，至2005年7月才平息，超过300人病发身亡。据美国疾病预防及控制中心数字，2005年内，病症个案以每天3%的速度增加。这次暴发的发病死亡率维持高达10%，首五个月更高达20%。

本章的第二部分关于巴西脑膜炎。

如果说第一部分讲述的马尔堡病毒不了了之的话，第二部分介绍的人类与脑膜炎的斗争似乎也是半斤八两。2019年3月5日，巴西前总统卢拉的七岁幼孙阿瑟阿劳霍卢拉达席尔瓦因患球菌性脑膜炎夭折。这正是这本书中描写的1974年巴西脑膜炎！45年以后继续威胁着人们的生命！

本章讲述了年轻的志愿者医生麦考密克来到巴西，以顽强的毅力和出色的社交能力艰苦工作的故事。他用自己扎实的专业技术为基础，用不到一年的时间学会了葡萄牙语，与政府巧妙而友好地周旋，说服政府同意接种疫苗，争取最大的支持，最后控制了脑膜炎的流行局面。

这一章的第三部分是关于黄热病。

黄热病（yellowfever），是由黄热病毒引起，主要通过伊蚊叮咬传播的急性传染病。临床以高热、头痛、黄疸、蛋白尿、相对缓脉和出血等为主要表现，在非洲和南美洲的热带和亚热带呈地方性流行。

与对待疟疾、脊髓灰质炎、天花和所有细菌性疾病的态度一样，最初人们对于黄热病控制的情绪也是极端乐观的。但是，从20世纪50年代到60年代，科学家和医卫专家面对不断突如其来的各个地方的黄热病仍然束手无策。虽然各国科学家为之付出了许多艰苦努力，但是，在病毒面前，人类仍然缺少有效的办法。

在这一章的最后，作者以充满遗憾和同情的口吻告诉读者：

"这项活动无果而终。"

人类在与病毒漫长的斗争过程中，虽然迄今没有取得根本性的胜利，但是，每一次搏斗、每一次探索，都是在前行、在进步，对病毒的认识也在深化。

委员读书笔记

 刘卓明

读书真好。除了读书，还应当看看影视作品。有很多影视作品都相当精彩、非常深刻。如关于疫情，可看《传染病》，关于核泄漏，可看《切尔诺贝利》，等等。

现实也是书，是鲜活的书、正在写的书、正在发生的历史，应当密切地关注它、观察它、思考它。

戚建国

赞同卓明"现实也是书"的观点。毛泽东主席在 1958 年的一次谈话中提出：读书要当"联系员"的观点，指出读书既要联系书本实际，也要联系社会实际。联系的要旨是：对书中的观点要有分析和比较，对社会实际要有观察和分析，从而读出真知灼见，为正在进行的伟大斗争服务。

何建中

我理解书读好，就是要联系实际深入思考，形成规律性认识能指导新的实践。风险总会跑在我们认识的前面，我们不深度学习会被风险丢得更远；预防远比处置重要，但我们时常会把预防放在口头和文字上；经验是重要的，但仅凭经验往往是靠不住的。学习，学习，再学习！

郭媛媛

人是社会的人，需要互相依持而活，这是生物最初的选择，也是人不可能更改和替换的基因。即使不断进化，而不断进化的过程，既是基于社会化，也是越来越巩固社会化。

从抗疫看，那么，在重大灾害到来时，专业人士和专业组织就有用专业给非专业人士以支持的责任；社会组织就要给社会一如既往的既在、运转以支持；作为政治组织的政府就是要用政治手段，用权力、制度等调动人、财、物资源，保护人群的生存、安全。这就是社会化，这就是社会各类组织的应有站位、认识和作为。

而专则专深、专准、专能；社会组织则辅助、弥合、衔接到位；政府则有力、迅捷、调度恰当有方。这既是各国社会不同组织可以对比高下的准星，还是人类社会的本身价值，也是社会化应该实现的本位，也是人类社会化应得到的福利。

陈冯富珍

人人都同意预防为主，知而行难。新发重大传染病疫情防控主要是以"预防感染"和"预防扩散"为主。

朱永新

虽然预防为主是从《黄帝内经》就有的中国智慧，但是实践起来往往不容易。我们经常是伤疤还没有好，就已经忘记了疼。

张连起

所言极是。我注意到坊间用"曲突徙薪"的例子说预防（《汉

书·霍光传》里说，有一家的烟囱很直，有人劝主人把烟囱改成弯曲的，搬开烟囱旁边的柴火，以免发生火灾。主人不听，不久果然发生了火灾。比喻事先预防以避免危险发生。），道理是这样的道理，但现实却有现实的逻辑。

戚建国

　　预防为主在不同阶段是有不同重点的。近读我国历史上防治疫情的书，抗御大疫大抵三种办法：一则预防，力求使其不发；二则隔离，力求使其不传染，隔离是疫情发时之防；三则救治，力求使其少损失。其中隔离则有两种办法，一为人群隔离，尽量减少人传人；二为地域隔离，力求减少扩散范围。此次抗疫实际上是三环隔离，武汉是内环，武汉周边市县是中环，湖北周边省市是外环。除此之外，武汉人员流动量大的地区亦是重点。在前所未有的大疫面前，采取的战略举措是经得起历史检验的，这是国之大幸，民之大幸。

导读 4: 进入密林——拉沙热

拉沙热是一种急性、传染性强烈的国际性传染病。是由拉沙病毒引起，主要经啮齿类动物传播的一种急性传染病，主要流行于尼日利亚、利比亚、塞拉利昂、几内亚等西非国家。因首例于 1969 年在尼日利亚东北部地区的拉沙镇发现而得名。

拉沙病毒系沙粒病毒科、沙粒病毒属的一个成员。拉沙热潜伏期一般在 6~21 天。起病缓慢，症状包括全身不适、发热、咽痛、咳嗽、恶心、呕吐、腹泻、肌痛及胸腹部疼痛，发热为稽留热或弛张热，常见眼部和结膜的炎症和渗出，严重时导致死亡。

拉沙热是一种人畜共患疾病，即人通过接触受感染的动物引起感染。拉沙病毒的动物宿主是 Mastomys 鼠属的一种啮齿动物，普遍称为"多乳鼠"。感染拉沙病毒的 Mastomys 鼠并不发病，但它们可将病毒排放到其排泄物（尿和粪便）中。

据报道，2019 年 1 月，中国科研人员成功筛选出能够阻断拉沙病毒入侵的抑制剂，对于拉沙病毒具有广谱的抗病毒活性。但是，最近尼日利亚暴发的事件，至少说明这些成果仍然没有很好地得到应用。

第四章《进入密林——拉沙热》的篇幅很长，讲述的是拉沙热发现和治疗过程中许多惊心动魄的故事。

故事是采取倒叙的方式开始的，讲述的是 1974 年夏天，德国医生乌韦·布林克在治疗拉沙热病人的过程中染上病毒，被德国方面空运回国。

世界上许多病毒的发现，往往与西方的传教士有关。拉沙热也是如此。

1969 年，此病在拉沙暴发，随同美国传教士来传教的两位护士在镇上的兄弟教会医院被传染后死亡，引起了西方的密切注意。后来，甚至有专家尝试用传教士做流行病的早期警报系统。这是因为传教士中有许多医护工作者,他们在医治传染病的过程中防不胜防,经常会出现被感染的情况。而每一种病毒的发现,都有一个类似这样的故事。

书中讲述了科学家和医生为了寻找病毒做的大量艰苦卓绝的工作,许多人为此付出了生命的代价。其中也讲述到一些和官僚机构的斗争,科学家们发现:"真正危险的还不是病毒,而是政治。"其实,在我看来,人类与病毒斗争的历史,也是一部与社会病毒斗争的历史。

委员读书笔记

张妹芝

1998 年，分别在澳大利亚和中美洲从事研究工作的科学家们宣布，他们在科考地所在的森林里发现了大量的死青蛙，这一青蛙大规模相继死亡事件显得特别离奇。种种迹象表明，它们最像是受到了一种感染源的侵害。

他们识别出这一青蛙真菌就是壶菌。这种壶菌，既能在海平面上存活，又能在海拔 6000 米的高地上肆虐。它还是一个杀手，仅在拉美，真菌就让 113 种特别美丽的五彩蟾蜍里的 30 种灭绝了。虽然科学家们如今详细记载了壶菌的扩散和破坏性，但尚有很多未解的谜团。

真菌来自何方，如何传播？这些问题大部分尚未解决。研究显示，至少从 20 世纪 30 年代开始，真菌已开始感染非洲青蛙，几十年后传播到其他大陆。这就意味着真菌起源于非洲。

近几百年以来，人类已经构建了一个互联世界。这个世界里，人类确实能够做到所穿的靴子今天踩在澳大利亚的泥地里，明天就踏进了亚马孙河。这种世界性大流动给像真菌这样的感染源提供了一个大显身手的全球性舞台。

黄改荣

目前，全国抗疫取得了阶段性的可喜成果，但是我们思想上不能放松，行动上不能怠慢，严防死守，保持胜利成果，尤其是目前全球大部分国家都暴发了新冠肺炎疫情，我们必须严防外域输入性患者造成我国疫情的反复！

✒ 龚胜生

"天灾流行，国家代有。"微生物与人类同进化，疫灾与人类相始终。人类文明越进步，干扰自然就越深刻，人类面临的疫病种群就越多，微生物的致病能力就越强。人类作为一个灵长目的生物物种，永远都是自然生态规律制约的对象，我们不要试图去征服自然，而应学会与自然和谐共生。"伐乱，伐疾，伐疫，武之顺也。"疫情如同敌情，过去是，现在是，将来还会是。我们必须牢记，国民健康是国家强盛的保障，生命安全是国家安全的基础。

✒ 朱永新

记得杜鲁门曾经有过一句名言：Not every reader will be leader, but every leader must be reader. 大意是说，虽然每一位阅读者不一定都能够成为领导者，但是所有的领导者都一定是阅读者。我想，每一位政协委员，都应该是一个真正的阅读者。

政协委员读这本书，就不是简单地把它当作惊悚小说、报告文学或者知识性的读物了，而应该更多"专注于作为社会的人与物（病毒）的关系。贫穷的人与富有的人，工业社会与原始社会或农业社会的人，在面对病毒时的态度和选择。由此思考更深层次的社会组织形态，卫生防疫体制，社会制度等与战胜病毒的关系等"。的确，从《逼近的瘟疫》的案例我们可以看到，每一种病毒发生、发现、研究、治疗的过程，绝对不仅仅是一个医学的问题，卫生和健康的问题，更是一个社会的问题、体制的问题，甚至是政治的问题。科学家、医生不仅仅在与病毒斗争，也同时在与另外的社会的"病毒"抗争。那些为了信仰、为了科学而献身的人，是永远值得我们铭记的。汪洋主席说，"读书使人进步！"这是简单而朴素的真理。

导读5：延布库——埃博拉

也许是埃博拉太"有名"了。这本书用了近 70 页的篇幅写埃博拉。

埃博拉（Ebola virus）又译作伊波拉病毒，是一种十分罕见的病毒，1976 年在苏丹南部和刚果（金）（旧称扎伊尔）的埃博拉河地区发现它的存在后，引起医学界的广泛关注和重视，"埃博拉"由此而得名。是一个用来称呼一群属于纤维病毒科埃博拉病毒属下数种病毒的通用术语。

埃博拉病毒是一种能引起人类和其他灵长类动物产生埃博拉出血热的烈性传染病病毒，其引起的埃博拉出血热（EBHF）是当今世界上最致命的病毒性出血热，感染者症状与同为纤维病毒科的马尔堡病毒极为相似，包括恶心、呕吐、腹泻、肤色改变、全身酸痛、体内出血、体外出血、发热等。死亡率在 50% 至 90% 之间，致死原因主要为中风、心肌梗死、低血容量休克或多发性器官衰竭。

埃博拉病毒，生物安全等级为 4 级，是所有病毒的最高级别（艾滋病为 3 级，SARS 为 3 级，级数越大防护越严格）。病毒潜伏期可达 2 至 21 天，但通常只有 5 至 10 天。由于周期短，死亡率高，所以传染范围反而不是很大。

世界卫生组织 2016 年 12 月 23 日宣布，由加拿大公共卫生局研发的疫苗可实现高效防护埃博拉病毒。但是，这本书问世之前，埃博拉疫苗还没有问世。

第五章的内容很丰富，也很庞杂，其实就是讲述了来自美国、比利时等国家的科学家、医生、世界卫生组织和美国疾病控制中心，以及非洲的国家政府，是如何寻找、研究病毒的课程。其间多个研究人员被感染，修女们的医院成为最大的感染源的细节，让人印象深刻。

这一章的引言用了马丁·阿罗史密斯博士的一句话——"面对流

行病，不曾设法保持冷静并时刻进行试验的人，在实验室的安全气氛中，是不会了解人们的斗争对象的。"概括了科学家们（布雷曼、约翰逊、麦考密克、皮奥特、韦布、海曼、范德格伦等）如何深入现场，在危险、恶劣的条件下进行试验，从发现病毒，找出两个关键传播源（教会医院与当地的葬礼习俗），到研究与控制病毒传播的过程。

不久前读到一篇文章。其中有一个观点很值得注意——"病毒离我们也仅仅只是一趟航班的距离。"文章的结尾发人深思：

如今重新审视埃博拉病毒的疫情，这场风暴在西非酝酿之初，就注定了这不只是西非人民的"内患"。在这个交通迅捷的时代，面对随时可能随着飞机、火车、轮船跨地域传播的病毒，地球上任何一个角落、任何一个人都会受到威胁。在病毒面前，帮助并支持疫情地区／国家在第一时间控制病毒传播，守望相助，才能最大限度地保护好我们自己，防患未然。

这个提醒，对于我们当下的疫情防控也是有重要的警示作用的。

委员读书笔记

苏 波

我们需要从历史的经验和教训中得到启发，深入思考和总结我们在应对这次疫情中的经验和教训，从我们制度的优势、防疫体系的功能作用发挥以及存在的问题做些梳理和分析，提出改进疫情防治的针对性意见和建议！

孙 洁

科学家研究病毒与人文学者关注病毒的视角有所不同。这要求我们在读书的时候，从病毒的形成、产生、发展和演变过程思考人与病毒、人与社会的发展演变立场。

在人类抗击病毒的岁月中，在农耕社会、工业社会和信息社会中，贫穷的人与富有的人面对病毒的态度和选择完全不一样。在农耕社会，人类只能消极、被动地应对瘟疫和疾病，在重大疫情面前除了恐惧没有更好的办法、更合理的机制来应对疾病和瘟疫。到工业社会，人类可以利用工具、利用科学技术攻克瘟疫，使人类有能力主动应对疫情。即使不能及时准确地掌握病毒的发展规律，但是有现代医学和现代科学技术支撑，病毒终会有被攻克的一天。而到信息社会，在信息透明、充分沟通共享的时代，人类将会在更先进的技术支持下攻克病毒和疫病。这确实需要社会机制、社会组织形态和卫生体制等随着科技进步不断完善。

郭媛媛

水涨船高，与时俱进。在通过科学的进步和技术的帮助，越来越懂得病毒致病及流行病发生机理的同时，人类一面直面病毒及疫病不会消失的事实，一面还要更加积极地争取在病毒进化之前，更早"预言"。

当前，从缺项补起，起码首先要做的是：完善传染病学科体系；完善传染病学理论、应用研究体系；完善社会防疫体系；完善疫病治疗体系；完善社会应急、扶助体系。

凌振国

汪主席提出的问题非常深刻，很值得我们深思，引领我们深入阅读学习思考，从历史教科书中学习思索，从现实问题中一点一点破解这一道道难题。比如，病毒形成与生态环境，病毒生成与生活习俗，病毒发生与饮食习惯，病毒传播与阻隔防控，病毒传染与防护救治，病毒发展与优势发挥，病毒扩散与防疫体系，病毒防控与二次污染，病毒肆虐与获得解药，等等。一定多多阅读，好好学习，特别是结合学习习近平总书记最近的有关重要讲话精神，联系实际，提出有针对性的意见建议。

黄　艳

历来的重大公共卫生事件都需要对城市建设和治理进行深刻的反思，查找问题，修改相关标准和制度，比如卫生设施的布局—规模—层级—内部流线设计，批发市场的布局—条件—服务链级，住宅区的密度，社区的规模—治理—封闭和开放，物业企业定位，上下水安全应急管理，建筑通风和管道标准，等等，我们的城市在韧性方面应对各类风险和危机的差距很大，所以，新时期城市建设和治理转型是非常重要的。

吕忠梅

从面对病毒来袭的疫情应对推及当今人类所处的风险社会，国家治理和社会治理的最大挑战是如何"面向未知而决策"，这需要决策者切实树立"风险预防"理念并将其落实到日常工作中，需要决策者具有进行风险识别、风险判断、风险沟通、风险管控的水平和能力。具备这样的意识和能力，更加需要我们认真学习，多读书、长知识、长本领！

戚建国

科学家专技，从物的维度探索技术规律，科学家研究物与人的关系，也是从专业技术层面入手，比如研究病毒与人的关系，是从传染源和感染者之间的关系，去探究传染渠道和防治机理。政治家论道，是从哲学层面分析物与人的关系所构成的社会关系，从制度机制和治理体系维度去思考抗疫问题，这是抗疫之大道，也是从政治和战略的高度去审视抗疫之大计。政协有不少技术专家型人才，应从专业入手探究抗疫之法；但更多的委员应从综合施策入手，研究提出从抗疫实践中悟出的实知真知深知，推动制度机制和治理体系建设，这也是政协人读书的要旨所在。

张连起

正如《病毒来袭》所指出的，鉴于人类与病毒的共存关系，只要有人类存在，也许病毒末日就永远不会来临。如同地球自然风暴永远存在，病毒风暴也将永远存在。但是，随着国际社会和各国政府对传染病的防控投入不断增加，防治技术也得到了快速的进步，在大数据时代的背景下，人类应对病毒风暴的前景是乐观的。那么，我们的问题来了，流行病与治理体系和治理能力的关系如何？为什么中国的政治制度能快速建立起联防联控、群防群控的严密防线与全民阻击体系？疫情防控如何推动治理的完善与社会的进步？专门协商机构如何答好疫后经济恢复的答卷？等等。一言以蔽之，新冠肺炎疫情提供了一次深思与长考的机会，提供了如何补短板、查漏洞、强弱项的压力测试，也为如何应对下一场流行病提供了治理补强的关键样本。专门协商机构着力的空间与方向更为广阔。

导读 6：美国建国 200 周年
——猪流感与军团症

　　这一章的最大看点是围绕着猪流感疫苗的一场国会大战，讲述了政府及其公共卫生机构在疫情中扮演的角色，如何与医药企业周旋，如何应对民间舆论，以及公共卫生政策的制定过程。

　　故事的背景是美国正在举国欢庆建国 200 周年，与此同时，福特总统正力争在大选中连任，他的对手是一个名不见经传的政治家吉米·卡特。

　　恰巧在这个时候，年轻的列兵戴维·刘易斯去世，随后 13 名士兵被感染。为了避免社会的恐慌，美国疾病控制中心提出了研制和分发猪流感疫苗的申请。他们的申请很快得到了从总统到科学家的支持。

　　国会别无他法，只能支持总统。因为政治家们几乎是一致地担心，如果他们迟疑，岂不是要对大批死于流感的人负责？但也有少数议员强烈指责这个计划，认为这个计划是一个大"骗局"，结果可能是让纳税人的钱源源不断流入疫苗制造商的口袋之中。在这样的背景之下，政府和制药企业开展了一场博弈。制药厂家提出，赶时间匆匆忙忙生产的疫苗，保险公司在万一出事时不会支付赔偿，政府必须对疫苗的各种可能效果承担责任。

　　结果，美国国会真的通过了免除厂家对猪流感疫苗的责任的法案，"将一切法律责任都牢牢放在美国纳税人的肩上"。

　　最后，支持接种的福特总统大选失败，反对接种的佐治亚州州长吉米·卡特当选。美国政府为接种买单的教训也是非常深刻的，法院先后收到 4181 份诉状，要求赔款共计 32 亿美元。

　　经过十五六年的法律程序，美国政府解决了 393 例索赔案件，赔款 37789 万美元。到 1993 年，美国政府已经用纳税人的钱向猪流感疫

苗索赔者赔款近 9300 万美元。

面对疫情，政府如何科学决策，如何保障人民群众的生命安全，如何妥善处理与利益相关方的关系？美国的案例是值得研究的。

委员读书笔记

 孟　丹

我不是从事医学相关工作的，因此想请教该领域的委员两个问题：第一个问题，新冠肺炎是否属于传染性强的呼吸道传染病，如果是，而且病人在没有症状的情况下就具有传染性，怎么可以不用戴口罩来进行必要的防护？这好像违反了我了解的常识。第二个问题，既然口罩作用不大，为什么美国还要求 3M 扩大产能并且政府征用？而且据说取消了中国口罩的关税。他们要这些口罩干什么？这似乎又不合乎逻辑。恳请指教。

米　荣

我回答一下孟委员提出的问题，谈一下我对新冠病毒肺炎的理解，欢迎批评指正。

新冠病毒肺炎是一种新发的传染性疾病，目前我们从临床发现不明原因肺炎病例到明确病原仅三个月左右时间，无论科研攻关，还是系列强有力措施的采取，都对这个疾病的了解有很多进展，对疾病控制有非常显著的成效。

但作为人类历史上一个新发疾病，无论对于病毒本身，还是发病机制、临床表现、传播途径、治疗等都在不断地更新，目前较确切的传播途径主要是呼吸道及接触传播。无症状感染者是指有感染却无临床表现，这样的病人可能是从密切接触者中筛查出来的，由于咳嗽及打喷嚏、流涕等可以向外界传播病毒，病人如果无上述症状，便不会由此产生呼吸道飞沫传播，戴口罩主要是预防呼吸道飞沫传播，但无

症状感染者如果通过手接触了气道如鼻、口或者眼的分泌物，分泌物中是有病毒的，从而污染环境的物体表面，可以通过此途径感染，因此在这种情况下勤洗手更重要，洗手是预防感染的方法。

无论对于感染者还是健康人都需要勤洗手，对于感染者接触口鼻眼后及时洗手可以减少对环境物表的污染，健康人勤洗手可以减少感染的机会。

如果新冠诊断病例数增加，危重症病人数会有增多，医务人员是需要 3M 口罩及隔离防护物资的，美国的民众可能也有此需求，尽管健康人做一般防护无需 3M N95。可能美国的新冠病毒感染病人目前底数未知，因为早期检测试剂不足，诊断病例数可能低于实际，看网上信息目前检测能力大大提高，面对可能增加的病例数，（游轮、本土、撤侨）这可能是他们储备防护物资的原因。

补充一句，戴口罩对于感染病人是必要和必须的，无论是本次的新冠感染还是季节性流感，或者一般的呼吸道感染如支原体感染、合胞病毒感染、腺病毒感染、副流感病毒感染、百日咳等等，感染者戴口罩可以减少感染病原的传播。

杨 佳

书中第 220 页的一段话："美国的公共卫生界被 1976 年的事弄得十分懊恼，到了 20 世纪末，才第一次带着一种微微的不安的感觉，展望未来。"结合当下，疫情来袭，不仅要依靠科学家和医卫界帮助我们解决问题，更有赖于国家机器的高效运转，其中包括全国政协信息直通车，使我 2 月 4 日反映的社情民意得以直达中央有关部门，及时遏制了人均确诊率仅次于武汉的随州疫情。

陈冯富珍

　　病毒不分国界、不分种族，任何人没有免疫力都有感染的风险。但面对病毒时，贫穷的人与富有的人的选择与结果就有天壤之别，包括生存和死亡的分别！西非埃博拉、美洲塞卡、2009 年全球流感大流行等疫情，我亲眼看到贫穷的人所受的极大伤害，更谈不上生命安全、社会公平、社会公义！

　　习近平主席为了保障群众的生命安全和身体健康，拿出了世所罕见的政治勇气，发挥了国家制度优势，部署了一系列有力有效的防控措施，动员全国力量，体现了"一方有难，八方支援"的优良中国传统，疫情取得了阶段性成功，彰显了我国社会主义制度优势与战胜病毒的原因。

　　当今，国家稳步恢复社会经济、商业经营、群众正常生活是必须的，做实做细防控工作可以把疫情反弹风险降到最低。下一步我们要监察国外疫情的趋势，调整防控战略，慎防输入风险，并要有心理准备，这是一场持久战。

导读7：恩扎拉——拉沙、埃博拉和发展中国家的经济与社会政策

这一章的标题一看就很明了，是讲瘟疫、病毒流行与发展中国家的经济社会发展之间的关系的。

题目中的恩扎拉，是苏丹南部埃博拉河地区的一个小镇的名字。1976年，世界上第一个埃博拉病毒的确诊病例就出现在这里。

有人曾经研究过，说人均收入低于1万美元的国家，一般而言传染病是导致死亡更主要的原因；在人均收入高于1万美元的国家，慢性非传染病更多地造成死亡。

据说这个观点来自世界银行的约翰·埃文斯。他曾经阐明了卫生问题的三个重要阶段：传染病阶段，混合时期，慢性病状态。这三个阶段都与一国的经济发展状况有关。在世界上最贫穷、最不发达的国家，大多数民众身患并且死于宿主携带的传染性疾病。

随着经济的发展，进入一个痛苦的混合时期，在这个时期，社会上贫穷的成员会感染传染性疾病，富裕的城镇居民会没有疾病，寿命较长，最终死于慢性病如癌症或心脏病等。

在最发达的国家，传染病已不再威胁人的生命，有的已根本消失，民众一般可以活到70岁，最后死于癌症或心脏病。在埃文斯看来，根本标准是传染病不再严重威胁一个实现了工业化的社会。

但是，他的观点受到了公共卫生学术界强烈而坚决的质疑。他们赞同疾病的控制与社会财富有关，"但是若说国家的发展阶段与个人的疾病有直接的对应关系，我们却不能认同。我们认为，疾病生态学是非常复杂的事，微生物的浪潮很容易席卷国民生产总值很高的国家。反而言之，妥善管理的穷国也很可能在民众中控制疫病的发生。"

这个争论对于我们中国是值得好好研究的问题。我个人比较支持

后者的观点。

　　按照刚刚发布的《2019 年国民经济和社会发展统计公报》，2019
年中国（指的是中国大陆）完成的名义 GDP 为 990865 亿元人民币，
按照平均汇率折算约为 14.36 万亿美元，约为同期美国 GDP 的 67%，
居全球第二名。按照 14 亿人口计算，中国人均 GDP 已经突破 1 万美
元（具体为 10276 美元），这意味着中国经济已经走上了一个新的发
展阶段，从医学的角度看，我们正处在流行病学转变的门槛上。

　　也就是说，我们不能够掉以轻心。

　　这一章的开头，用了两个名人的文字。一段是著名的社会医学创
始人托马斯·麦基翁（Thomas McKeown）："在将来，一如既往，健
康的改善是可能实现的，其方法是改良引起疾病的条件，而不是在疾
病发生后去干预疾病的机制。"这个观点，其实就是我们的《黄帝内经》
中的一个著名的观点：不治已病治未病。事先的预防比事后的治疗更
加重要。

　　还有一句话是法国化学家路易·帕斯特的："微生物毫不重要；
地形决定一切。"其实是讲各个地方由于经济发展水平不一样，文化
教育水平不一样，对待病毒的能力不同。他还有一句非常有名的话，
那是屠呦呦在获得诺贝尔奖后致辞时引用的"机遇垂青有准备的人"。

　　这一章是从美国科学家乔·麦考密克到非洲研究拉沙病毒开始讲
起的。其中谈到当时苏联和美国作为"冷战"的双方，都非常担心对
方把病毒发展成为生物武器的故事，谈到在塞拉利昂这样的国家，由
于经济发展水平的落后，基础设施条件差，医院本身成为重要的病毒
传播源。

　　书中还讨论了水利工程与疾病的关系。认为大型水利开发项目可
能会改变当地的生态条件，有利于微生物的生长，从而直接增加疾病
的产生。

　　书中比较了发达国家与贫穷国家的公共卫生投入情况。如 1976 年，
美国医生与人口的比例为 1∶600，坦桑尼亚则是 1∶18490；美国几

乎所有的饮用水源都没有传染病，坦桑尼亚享用安全饮水的人数不足总人口的 40% 等等。即使坦桑尼亚把医疗卫生方面的开支在国民生产总值中的百分比提高 1 倍，达到美国的百分比水平，每年在每个公民身上的花费也不足 10 美元。要达到美国的人均每年开支 259 美元的水平，坦桑尼亚政府就得几乎砍掉其他一切项目。

全章的最后，讲述了麦考密克在恩扎拉的调查病毒、治疗病人、自己患病、救治过程等。其中有一个问题特别引人深思，那就是世界上没有一个真正意义上的孤岛，对于贫困国家医药事业的帮助和支持，其实也是在帮助我们自己。

麦考密克深信不疑的是："埃博拉症和其他危险的疾病还会不停地光顾世界上最贫穷的社区，时时有暴发成流行病的危险，有朝一日，还可能登上世界上最富有的国家的海岸。"

在世界已经是一个大大的村落的今天，麦考密克的话是值得我们思考的。

委员读书笔记

张连起

以风险导向为圭臬，巩固和完善国家治理体系和治理能力，不限于这次逼近的疫情，也包括其他因治理短板、缺陷甚至重大漏洞导致的影响政府公信力的风险。

这段话引发思考：麦考密克深深意识到"基础设施"问题的严重性。他来自美国中西部，有一种无所不能的耐心。每天，他的这种耐心都要受到考验，他要浪费时间，去修理发电机，重建冲毁的桥梁，修补蚊帐上的窟窿，同趾高气扬的官僚主义者交涉，要他们发放无法辨认的文件副本，向聪明但没有技能的人传授医院基本操作规程，从一个极端偏远的地区走向另一个极端偏远的地区。

常荣军

读了永新介绍的迟子建的《白雪乌鸦》，陈因推荐的王哲的《国士无双》两本书，感慨在灾难面前，个体、群体、组织、社会的责任担当何其重要。此次抗击新冠肺炎疫情，我们的组织和动员能力，中央一声令下，众志成城、齐心协力，挽狂澜于既倒的壮举，为人激赏。既有感于梁启超眼中"国士无双"的伍连德，在东三省"防疫是一盘大棋"中的"非常之人""非常之事"，更有感于眼下抗击新冠肺炎疫情所见所闻：个人担当可敬，尽锐出战更可嘉！个人操守可贵，集体主义更可爱！国士无双可喜，国士成众更可贺！

🖋 蒋作君

　　把论文写在祖国大地上，把书也要写在祖国大地上。新冠肺炎疫情人民战争和阻击战是一本厚重的书，我们不但"阅读"了，而且参加"编写"了。

　　关于"编写"：致公党近期所做的工作，一是做好奋战在抗击新冠肺炎疫情一线的致公党党员的慰问和关怀；二是认真做好党员和联系群众的正面宣传引导，凝聚共识；三是发挥侨海优势对接社会捐赠；四是积极围绕疫情防控建言献策。

　　关于"阅读"：阅读了这样几个篇章。

　　第一篇："逆"就是"顺"。从除夕夜开始，几万医护人员，勇敢的"逆行者"，顺应武汉阻击新冠肺炎疫情的紧急需求，纷纷从祖国各地驰援武汉。这是新时代最可爱的人。他们深知，武汉胜则湖北胜，湖北胜则全国胜。

　　第二篇："宅"就是"作"。防控任何传染性强的传染病一个总原则是：以静制动。十四亿中国人"宅"在家里，就是对防控"新冠"的大作为，就是以家护国。

　　第三篇："错"就是"对"。随着疫情好转，绝大多数地区要同时复工复产，接着还要开学。复工复产和开学的一个正确方式就是"错峰"，要错地区、错行业、错年级、错时间、错……减少一定时间和一定空间内的人员数量。

　　第四篇："外"就是"内"。国内疫情好转，但国外疫情"井喷"。疫情没有国界，病毒跨国传播不须"签证"。无论从构建人类命运共同体战略考量，抑或从防控疫情实际需要出发，我们都要伸出援手，国外疫情防控也是我们的事情。

　　第五篇："隔"就是"聚"。防控新冠肺炎，大家身体彼此隔离在小空间，但是大家的心凝聚成"大力量"，家国情怀更浓了，万众一心，众志成城，凝聚成新时代完成两个百年目标的磅礴力量。

导读8：革命——基因工程与癌基因的发现

第八章的篇幅在全书中是最小的，但是这一章的标题用了"革命"，确是一个大问题。作者旨在说明：基因工程的出现，对于人类非同小可的意义。

在百度上可以大致了解关于基因的介绍：

1961年，瑞士巴塞尔大学遗传学家沃纳·阿尔伯发现了内切核酸酶。此后不久，英国伦敦皇家癌症研究会的雷纳托·杜尔贝科又发现了转染技术。这犹如两只锐利的"眼睛"，能从人体每个细胞的多达10万个基因中，准确无误地查出与癌症形成的有关原因。

美国学者迈克尔·毕晓普和哈罗德·瓦姆斯利用内切核酸酶和转染技术，揭开了癌基因的秘密。1976年，为了彻底弄清癌基因和癌病毒的关系，他们采用基因工程手段，直接分离出细胞中的癌基因，并将它安装上一个病毒的"启动子"，然后引入细胞中。这个基因在病毒指令下，可以使细胞发生癌变。为了验证这一问题，他们还从另一角度进行实验：将鲁斯肉瘤病毒的癌基因，经逆转录复制出来的DNA作为探针，利用分子杂交方法，去寻找细胞中的核苷酸顺序和癌基因一致的DNA片段。结果发现许多动物体内细胞中都存在着癌基因。毕晓普和瓦姆斯经过实验和研究，终于弄清了癌基因的核心秘密：正常人体细胞中存在着一种原癌基因，是各种致癌因素的作用位点。在正常情况下，原癌基因被完全控制着，是不活跃的；但是当遇到某种射线、物理化学变化、遗传缺陷与癌病毒作用时，处于休眠状态的原癌基因就可能被激活，突变为癌基因；人体细胞中存在着一个相当大的癌基因族，癌症的"种子"深深埋在人体细胞之中；一种癌症可由几种癌基因引起，同样的癌基因也可能引起几种癌症。毕晓普和瓦姆斯因在探明癌基因秘密上的卓著成就，共同获得1989年诺贝尔生理学和医学奖。

在用大量笔墨讲述了人类发现基因，癌症基因，以及转基因等基因工程的过程之后，作者就病毒与癌症的关系提出了一系列引人深思的问题，做了一个不是总结的总结——

"虽然关于病毒与癌症的联系还有许多不清楚的地方，但是到1982年，生物学界公认的看法是，病毒可以直接地或者通过中间化学物质或宿主的基因，引起细胞的变化，这正是癌症的标志。人们也普遍认为，这些病毒可能要用若干年的时间，使受到感染的人或动物在临床上显现出看得到的病症。这样就出现了"缓慢的"病毒的概念，这是一个流行病学家觉得特别头痛的想法，因为很难说明人们今天之所以患了癌症，是他们10年前或20年前感染的一种病毒引起的。

在所有动物、人类甚至昆虫身上发现的癌基因明显的遗传一致性仿佛显示着，地球上许许多多的动物有着共同的软弱之处。如果一种病毒能够感染，比如说，一只猴子，并且巧妙地启动猴子的癌基因，难道说随着某种渐变或突变，它就不能取得进入人类细胞、启动几乎相同的人类癌基因的能力？

由于这些病毒产生疾病的步子很慢，有些病毒又有能力隐藏在动物或人类的DNA内，所以这些微生物极难发现。

在大自然中，还可能存在多少这样的病毒？

有多少种癌症可能证明是由这些病毒引起的？还有没有其他疾病，也是在医疗机构的鼻子下面由缓慢的病毒引起的？

委员读书笔记

🖋 叶小文

据新华社日内瓦 3 月 13 日电（记者刘曲），世卫组织总干事谭德塞当天在例行记者会上，再次强调世卫组织的四点建议，其中第四点就是"加强创新和学习，面对新病毒，每个人都在学习，必须找到预防感染、拯救生命、减少影响的新方法，所有国家都要分享经验。"

🖋 钱立志

偶读钱穆先生 65 年前的一本著作，有感于老先生通俗的中国特色构想。外国的先进之处要学习，但亦需做适应性改造，尤其是管理方面。

西方经济学管理方面的教材、经验，应统称为私有制前提下的经济管理，以区别于公有制体系的经济管理。

若单纯追求适应私有制管理模式高效运行，就必须有相对应的所有制体系支撑，即公有制主体改为私有制主体。对现实中国而言，此乃舍本逐末也。

这次我国抵抗新型冠状病毒战役胜利已显，不但是人类命运共同体的胜利，更是中国特色制度体制的成功体现！故务必坚持四个自信，切不可硬搬照套私有制体系的考核评价体系而削弱优势。

🖋 斯泽夫

这次疫情对中国经济的冲击可能要远超次贷危机。如果中国再不恢复经济机制，对中国经济的影响将会更大，制造业、投资"三驾马车"

都无济于事!

我认为现在防控疫情非常重要,绝不能放松,但是应该真正落实到"精准"。其实应该更好地发挥企业家的作用(这40多天,我是如履薄冰抓疫情防控措施,好在5万多职工家属到现在为止,没有发生一个感染病毒者),发挥小区的作用,让市场经济的机制恢复活力。

精准防控,低风险地区应呼吁恢复正常社会生活及商务活动。

林 武

当前抓防疫抗疫、抓复工复产,既要坚定信心,又必须坚持"精准"和实事求是,坚决杜绝官僚主义和形式主义!

王春儒

现在已经够条件防疫与复工复产两手抓了。国家应该允许局部疫情有些反复而不追究责任,如果发现疫情后马上采取措施,以现在大家的警惕性是不会导致疫情大规模扩散的。毕竟两害相权取其轻,再不认真抓复工复产就会严重损伤经济了。

陈冯富珍

国内疫情积极向好,有条件也有需要做好"一手抓抗疫、一手抓有序复工复产"。要容许疫情有反复,只要做好准备出问题立刻处理。

导读9：微生物的汇聚之处——城市疾病

顾名思义，这一章是讲病毒与城市的关系的。

作者一开始就讲到了城市的起源与发展以及城市与疾病的关系问题。

作者认为，城市就是微生物的天堂。城市给微生物提供了农村没有的大好时机。随着人口密度的增大，人们彼此接触或互相吸进废气的可能性就增加；粪便、垃圾成为啮齿动物和昆虫媒介的食物，污水成为带病蚊虫的孳生地，"在这些情况下，每一天的每一分钟，人们都会以上百种方法把疾病传播给别人"。

以往，毁灭性最强的流行病只是在微生物到达城镇后才达到可怕的规模，"城镇里人口密集，乡村里产生的小型流行病会马上被扩大。微生物成功地利用了城镇新的生态环境，来制造全新的疾病威胁"。在以往的2000年中，肺鼠疫、麻风病（汉森氏症）、结核病和梅毒等四种疾病，就是因城市的生态环境而大流行的。

在详细地介绍了这四种疾病的流行与城市的关系之后，作者又把镜头拉回当代，讲述了世界人口的快速增长趋势，大城市和特大城市的快速增加以及城市对于病毒传播的危险。

书中谈到，20世纪50年代世界上只有两个人口超过1000万的城市：纽约和伦敦。到了80年代已经增加到10个，中国的上海和北京也进入了这个行列。其实，城市化的进程远比作者书中分析的更快，现在仅仅中国，就拥有30个城市人口超过800万，13个城市的常住人口超过1000万，比40年前世界超大城市的数量总和还多。

城市与病毒的关系，不仅仅是城市人口的增加使病毒传播更加迅速，而且在那些发展中国家的城市，更面临着公共卫生管理的压力。"城市成了就业、梦想、金钱和魅力的中心，同样也是吸引微生物的地方。"

　　这一章提醒我们，在我国发展城市化城镇化的过程之中，如果不重视排水系统，净化饮水，改进垃圾收集方法，不注重公共卫生体系的建立，就会付出惨重的代价。

委员读书笔记

郭媛媛

刚看完您最新《微生物的汇聚之处——城市疾病》也有一些浅显感受：

1. 城市在形制、人口聚集、规模、流动频率等方面的特殊性，使其成为瘟疫流行的温床。

2. 城市在当下社会的重要性，让城市公共卫生防疫怎么加强都不为过。

3. 对人类医卫事业做出重大贡献的大家，常常带着殉道者的神圣——此道，是保证人类种群得以生存而不惧牺牲的大道！

戚建国

今天的导读很精彩，如果把芝妹、小波的导读和永新《逼近的瘟疫》第九章的导读联系起来思考更能打开思路。读了永新的导读，结合小波提出的"三个需要"，进一步认识到在当今互联互通的时代，人类应该如何生产、如何生活、如何防治疫病。永新的导读介绍了由希波克拉底誓言为基础，世界医协大会作出的国际医务道德规范十条，具有十分重要的意义。

陈冯富珍

新冠肺炎疫情来势汹汹，生命无价，防疫如同战疫，要速战速决，民众要高度自律配合政府。

导读 10：远方的雷声
——性传染疾病与注射毒品者

这一章，讲的是两个互相独立但又有联系的问题：性传染疾病与注射毒品者。

先是关于性传染疾病的问题。一开头就从纽约的同性恋酒吧和同性恋解放运动说起。20 世纪 70 年代，全世界进入了一个"性解放的时代"，一个年轻的成年人性实验的时代。当同性恋者狂欢着跳舞、吸毒、性交的时候，病毒已经悄悄地在蔓延。

在医疗水平落后的发展中国家，性传播疾病的危机至少同美国一样明显。

同性恋的盛行，对乙型肝炎病毒的传播也起了非常重要的作用。关于性传染疾病的话题，作者最后仍然无可奈何地感慨——"人人都是乐而忘忧，听不得许多。"

接着是讲注射毒品的问题。与同性恋高歌猛进的速度一样，这个时期也是美国吸毒者的数量迅猛发展的阶段。据统计，吸毒者从 1955 年的 5.5 万人上升到 1987 年的 150 万人。

吸毒与病毒的关系非常密切。通常而言，吸毒者的免疫系统更容易受到攻击。"免疫系统巨大的吞噬细胞通常负责吞噬和消灭细菌和其他入侵者，但注射毒品的人的吞噬细胞可能令人惊讶地失去反应。"

吸毒者的生活方式也为微生物从人到人的传播提供了绝好的机会。多数瘾君子都互相借用注射工具，许多吸毒者生活极端贫困，靠出卖肉体换取毒资，使用各式各样的有毒掺假物，每一样都会以有利于微生物的方式，改变人类的生态。

这一章的内容更像是在为下一章做铺垫。它表明，尽管病毒与经济发展水平有着密切的关系，但是人类的健康生活方式，与病毒也是紧密联系的。作为最发达的国家，美国的案例与数据，就是警钟。

委员读书笔记

🖋 张连起

风险无处不在，当今世界最大的确定就是不确定。疫情防控要按风险级别分类，中低风险地区要尽快进入正常生产生活状态。既然不存在零风险，我们就要适时提高风险偏好（接受度）。

🖋 戚建国

赞同连起的观点，风险无处不在，敢于应对风险才是真本领。这次抗疫斗争充分证明，重要岗位不是什么人都能干的，风险检验人，风险锻炼人，还是毛主席的诗无限风光在险峰。

当前抗疫正由一国为主向国际共同应对拓展，我们完全有理由相信，在中国人民的努力奋斗下，走出了一条具有中国特色的抗疫之路。世界抗疫史将会展现新的中国篇章，中国抗疫模式、抗疫方法、抗疫标准将引领世界。国际抗疫一体化的步伐不可阻挡，人类命运共同体的理念将展现时代风采。

🖋 郭媛媛

这次疫情发生、发展，及在党的领导、指挥下的全民战"疫"，让我们意识并认识到：

知识、视野、胸襟、能力等，在社会需要时，不可能一蹴而就。而需要长期积淀、历练、自我要求和培育。

有书读、有时间读，还有政协最高领导们引领着读，读书就增加了太多幸福感，也有了仪式感！

　　沉下心，从社会现实到书本，从书本再到社会实践，向思深、向能蓄、向面广、向行实，好好读书，应成为我们政协委员的自觉追求，并以此建设十三届全国政协的文化风尚！

导读11：危险：极其微小之物——艾滋病溯源

　　这一章是全书的重点之一，但是篇幅太长，140页的篇幅，10余万字，讲述得有点拉拉杂杂，虽然故事性很强，把艾滋病的来龙去脉交代得非常清晰，特别是关于"阴谋论"的部分，让我们联想起现在正在发生的疫情。历史是多么惊人的相似啊！

　　艾滋病（AIDS），也叫获得性免疫缺陷综合征（acquired immunodeficiency syndrome），是由HIV病毒感染引起的。常见症状为持续发热、虚弱、盗汗，全身淋巴结肿大等，传播途径主要通过性接触、血液、母婴传播。

　　研究认为，艾滋病起源于非洲，后由移民带入美国。1981年6月5日，美国疾病预防控制中心在《发病率与死亡率周刊》上登载了5例艾滋病病人的病例报告，这是世界上第一次有关艾滋病的正式记载。1982年，这种疾病被命名为"艾滋病"。不久以后，艾滋病迅速蔓延到各大洲。这一章的引言，就引用了阿尔贝·加缪在《瘟疫》中的一段名言："谁都知道，恶病会以某种途径在世界上反复暴发；然而我们却不肯相信有些病会在突然之间从天而降。"这个从天而降的艾滋病，一度还是让人类慌了手脚。

　　艾滋病病人因机体抵抗力极度下降，非常容易感染多种疾病，如带状疱疹、口腔霉菌感染、肺结核，以及特殊病原微生物引起的肠炎、肺炎、脑炎，念珠菌、肺孢子虫等多种病原体引起的严重感染等，后期常常发生恶性肿瘤，最后导致全身衰竭而死亡。

　　虽然全世界众多医学研究人员付出了巨大的努力，但至今尚未研制出根治艾滋病的特效药物，也还没有可用于预防的有效疫苗。

　　书中讲述了艾滋病传播的情况，讲到了流行病学家的深入细致的调查，讲到了围绕艾滋病的相关公共卫生政策制定过程的政治斗争等。

　　书中还用大量篇幅讲述了美国、法国、德国、日本等国家的科学家们围绕艾滋病的起因、传播、病毒、机理等问题开展的研究，以及科学家们激烈的争论。甚至，也出现了我们这次新冠肺炎的"阴谋论"类似的观点。如伦敦退休医生约翰·西尔博士断言，艾滋病病毒是美国陆军在马里兰州的迪特里克堡进行生物武器实验蓄意造成的产物。同性恋者报纸《纽约土著》认为，艾滋病是美国中央情报局制造出来的，意在施放非洲猪瘟病毒，摧毁古巴的农业经济。英国的天文学家弗雷德·霍伊尔爵士和钱德拉·威克拉玛辛格则宣称，艾滋病病毒来自外层空间。华盛顿特区 40% 的非洲裔美籍大学生甚至认为，"艾滋病是一种针对黑色人种的种族灭绝"。

　　这一章的最后部分，作者总结了科学家们和流行病学家们对于从 20 世纪 70 年代开始的各种影响 HIV 迅速蔓延的主要原因：

　　1. 在北美和欧洲的同性恋男子间、在非洲城镇的异性恋者间，多个性伴侣的性活动迅猛增加；

　　2. 注射器因医疗目的而大规模引入非洲，但补充供应却无法跟上，结果成百甚至上千的人不得不反复使用同一个针头；

　　3. 海洛因及安非他明、可卡因的使用在工业化国家迅速飙升；

　　4. 其他性病一波接着一波横扫上述地区，降低了受感染者对疾病的抵御能力，使病毒得以从生殖器官和肛门进入人体；

　　5. 全球血液市场猛扩，血制品成了上百亿美元的行业；

　　6. 灵长类动物研究规模扩大；

　　7. 世界各国政府都确信瘟疫和流行病的时代已经过去，对眼前的事则视而不见。

　　也就是说，艾滋病由孤立的感染迅速发展成群体暴发，再后来成为流行病，其中有大量的人为因素、社会因素。

委员读书笔记

郭媛媛

感谢您带来的持续、深入的辅导。病毒和流行病本来已经是棘手难解决的问题，加之人性、人心、人为，又添加了许多使防疫规则、规范开展的困难。

张云勇

我们不是学着一起生存，就是一起死亡。当人类与自己恶战不休，争夺日益拥挤的地盘和愈加短缺的资源时，优势已经转移到微生物一方。它们就是我们的捕食者。如果我们人类不用心学会在一个理性的地球村共同生活，不给微生物提供良好的生存机会，那么胜利将会是我们的捕食者。要么是让捕食者获胜，要么是我们振作精神，去面对即将到来的瘟疫。希望我们能一起打赢这场仗吧！

张连起

按我国古代典籍载："瘟疫始于大雪，发于冬至，生于小寒，长于大寒，盛于立春，弱于雨水，衰于惊蛰，完于春分，灭于清明。"信乎？当我们主动探索人类与瘟疫的关系时，须知，人类和寄生物经历了长期的相互调适，或许并不是为了在战役中拼得你死我活，而是在寻找双方"共容共存的相互适应模式"。但这不能一劳永逸。环境的变化、人类的活动，包括观念和制度的改变，都可能冲击短暂适应的模式——就像哥伦布登上新大陆的一瞬，拉开了物种大交换的序幕，人类的历

170

史随之改变。我们既非全然无过的受害者，亦非智谋无双的主宰者。生态兴则文明兴、生态衰则文明衰。人类文明进步最终要处理好人与人、人与自然这两个最基本的关系。

导读12: 寻找出路——准备、监测和重新认识

这一章,应该相当于全书的总结。从章名就可以看出:第一,这一章是为病毒问题寻找出路的;第二,出路的关键是我们应该重新认识病毒和发展监测技术。

最后这一章的几段引言是不能够错过的。

书中介绍了1989年圣诞节前美国的一次有趣"演习"。有意思的是,30年之后,这个演习,在去年在美国再一次上演了。据媒体报道——2019年10月18日,美国组织了一场"Event 201"全球流行病演习。该演习由约翰霍普金斯卫生安全中心跟盖茨基金及世界经济论坛合作,模拟瘟疫流行演练。演练中,有15名政府、商界及公共卫生领袖参与,美国中央情报局副局长也在其中,演练在瘟疫流行下如何在不同政策选项中作决定。演练模型假设一种名为CAPS的冠状病毒,比SARS致命,又如感冒轻易传播,却未开发出疫苗,能迅速传播促成全球大流行。据演练结果,该病毒只消6个月就能传遍全球;Event 201的演练推算,瘟疫引发停航,旅游预订率减少了45%;社交网络上流传不实资讯、虚假消息;与此同时还引发全球金融危机,各地股市暴跌两成至四成,世界生产总值萎缩11%。据介绍,中国疾控中心主任高福院士也受邀参加了演习的会议。

1989年12月的演习与埃博拉病毒暴发的背景有关。在檀香山会议召开的前一个月,弗吉尼亚州雷斯顿的一个灵长类动物圈养地就暴发了埃博拉病毒。埃博拉,这种曾经降灾于延布库和恩扎拉的病毒,如今也已出现在美国。

更为麻烦的是,演习中显示了公共卫生体系的大量问题。

如美国的任何地方或日内瓦的世界卫生组织,都没有预先配备好人员和设备的传染病医院;在整个美国,没有任何一家民用医院配备

专门处理病毒的特殊设备，可以处理病人体内或实验室里的高传染性、高致命性微生物等。在这样的背景之下，美国和欧洲的公共卫生基层组织和传染病的研究人员都有一种普遍的担心和失望。

为此，这本书主张要实施大规模的监测、监视计划，希望使用卫星、生物密闭实验室、电脑、聚合酶连续反应装置等，不仅对医院和诊所出现的疾病，而且对因农作物、牲畜、捕获的野生动物、水样等方面出现的疾病，都一一进行监视。要及时发现可能有利于微生物出现的生态变化，同时，组织一支科学界的"快速打击力量"，以便迅速行动，及时发现和消灭新出现的微生物，避免疫情暴发和流行。

作者认为，病毒的流行，新疾病的出现主要有以下几个方面的原因——

第一，"第三世界化"，即卫生医疗的整体状况、免疫接种、卫生设施、教育、医疗经费等方面情况的恶化。

对此，专家们认为，发达国家应该承担起责任，世界上没有孤岛。如美国疾病控制中心的前主任福奇说，由于微生物全球化的结果，国际上的和美国国内的卫生工作已经紧紧地连在一起，"如果不向阿塞拜疆、科特迪瓦、孟加拉等国的百姓提供同样的健康保证，就无法使北美和西欧的民众无病无灾，健康生活"。

第二，"性行为"。"二战"以后，世界各地的性传播疾病反复出现，其传播速度之快令人吃惊，性俱乐部、同性恋之家、公共浴池、妓院等，都是有利于微生物生长的场所。

第三，"性别的差异"。在世界范围内，男性受教育的程度和社会地位相对较高，也能控制安全套的使用。女性则相对处于弱势。妇女是大多数公共卫生干预行动成败的关键。缺乏教育的妇女往往不理解不当的疫苗接种、营养不良、卫生条件、饮水质量、针头的反复使用等在疫病传播中所起的作用。

第四，注射器的反复使用等医源性。几乎所有血源传播的微生物都会由于注射器使用不当而迅速生长。

第五，空调等空气循环设备。在密闭的设施中使用空调或空气循环装置，也助长了空气传播的感染。

第六，老鼠等传播源。

此外，还有诸如未经处理的污水、没有消毒的饮水、促使人类肺部染病的空气污染、助长蚊虫生长的无盖蓄水设备、城市免疫接种计划开展不力、住房过挤、无家可归等，也都是重要的传播路径。

作者对民间自发建立的"生命卫星"全球合作监测给予了高度评价。这是一个发展中国家的医生可以与发达国家的同行或医学图书馆、数据库相联系，商讨疫情，解决疑难问题，互相通报疾病暴发情况的网络系统。将来，由生命卫星提供的卫星网络也可用来向全世界的公共卫生决策者传输信息，便于他们未雨绸缪，抢先行动——预期潜在的疾病暴发。

作者认为，对于任何一种传染病来说，最理想、最简捷的办法都是疫苗接种。但是，除了科学研究滞后的原因外，疫苗的研发与使用也受到体制、机制、经费等方面的影响。企业会考虑谁来买单而没有热情，政府则担心弄不好会引起诉讼。

作者在全书最后指出，人类若想避开或熬过下一次瘟疫的劫难，就要改变看法，明确自己在地球生态环境中的位置。他认为，人类所处的环境在迅速全球化，这就要求"这个星球上任何地方的居民都要放开眼光，不能仅仅盯着本村本县、本市本省、本国本区，或自己的半球，认为这就是自己的整个生态范围。微生物和它们的媒介是不会承认人类划分的什么边界的。它们接受的是大自然设置的限制，这就是温度、环境、紫外线、体弱的宿主、流动性媒介等是否合适。"

他引用了美国记者 I.F. 斯通的一句话警告说："我们不是学着一起生存，就是一起死亡。"

读完这一章，不仅让我们对总书记提出的建立人类命运共同体会有更加深刻的理解，也让我们对人类与微生物之间共生的关系有了更加深刻的关系。在疾病面前、在大自然面前、在病毒面前，人类还是应该有更加谦卑的姿态，更加心存敬畏。

　　《逼近的瘟疫》这本书，对于我们更好地理解疾病、病毒、瘟疫、公共卫生体系，了解我们赖以生存的地球，都有至关重要的意义。

委员读书笔记

 郭媛媛

微生物与人类非直线的"伴生"、水涨船高的"斗法",其实不过是地球上处在同一生态圈的生物彼此间的自然关系。

人类要想在每次病毒、瘟疫来临时,以较小的牺牲获胜,除了要有一批又一批研究人员、医务工作者,以及社工等有如"殉道者"般,持之以恒地探析流行病发生机理等,开展病原病理研究,应对、防控、处置传染病暴发、蔓延,开展各类疾病瘟疫的治疗、医护等以外,还需要人类以生命共同体意识,形成跨国界的合作,推进公共卫生学、微生物学、传染病学等学科的跨界融合研究与医疗实践,坚实而持久地开展微生物病理学等基础性学科研究,进行常态、常见疫病的防御、防治,建立、健全常效、长效的突发性传染病预警、应对、追溯体系、机制。

对于我国来说,此次疫情过后,如何充分发挥制度优势,在疫病研究、防控和应对上,在重大疫情社会应急配合上,科学设置、全面布局,用好网络等新技术的支持,前瞻性构建安全、高效、有力的国家重大公共卫生事务应急应对机制,是当务之急。

%% **常荣军**

读《逼近的瘟疫》的一点建议:将2003年抗击"非典",作为文史资料收集、整理、出版的一个选题,作为一个全面而翔实、客观而公正的信史留存,以明史、资政。此次战胜新冠肺炎疫情,经一段沉淀,似也应如此。

 骆芃芃

"天人合一"的理念是中国人最早提出的。这个理念把人和自然完美地融合，是人类和自然共生共存的至高境界，是中国人对人类哲学思想的重要贡献。

陈冯富珍

《逼近的瘟疫》是作者在 2003 年左右写的。之后发生了多次国际性重大公共卫生事件，看来各国的决策者未听到她"敲响了警钟"！这也是公共卫生工作者感到非常无奈的事情。

比尔·盖茨在 2014 年也说过，很多国家领导人愿意投资战争，却不愿意投资公共卫生应急能力建设，保障民众生命安全与身体健康！

我希望国家能总结抗击"非典"与新冠肺炎疫情的经验，吸取教训，找不足、补短板，完善重大疫情防控体制机制，健全国家公共卫生应急管理体系。

守护人类健康美好未来
SHOUHURENLEIJIANKANGMEIHAOWEILAI

《人类的终极问题》

作者：袁越 著

出版社：生活·读书·新知三联书店

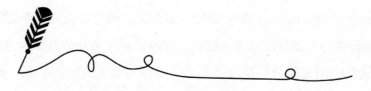

导读人：

张连起　张震宇　郭媛媛

导读1：人类是从哪里来的？

◎张连起*

一、本书主要观点

（一）

"你想活到多少岁？"相信这是每个人被问过或心中有、嘴没说的问题。不同的人有不同的答案，但往往都有一个共同点，那就是：我不想活得太久，因为年纪太大了，连生活都不能自理，甚至成为插管植物人，那活着也就太痛苦了。我们不是不想长寿，我们只是不想痛苦地长寿。

本书作者提出了人类的三大终极问题，分别是：人类是从哪里来的？我们为什么会变老？人类的创造力从哪里来的？不妨先从"为什么会变老？"说起。

长生不老是一个可望而不可即的目标，延缓衰老才是大多数人的希望所在。

人类对长寿的研究，只有不到一百年的历史。20世纪50年代DNA被发现，生物学家才开始从基因的角度探索生命的奥秘。

此后，科学界大致出现两派理论。一派认为：人的一生会面临各种外界环境的生存压力，如病菌、饥饿等，这些压力对身体造成的伤害需要按时修复，如果伤害达到一定程度，机体无法修复，人就死了。所以，一个人的寿命最终是由他的身体修复能力决定的。

---

*第十三届全国政协常委，中国税务学会副会长。

　　另一派则相信，死亡是生命用来调节种群数量的一种方式。也就是说，他们认为死亡本质上是一种自杀行为。

　　两派的观点在实践上差别很大。如果前者是对的，就意味着我们的身体本来是不想死的，但最终坚持不住了，所以如果想要长寿，就得想办法帮助身体对抗外敌。

　　如果后者是对的，意味着死亡是身体早已安排好的结局，是一种被特定基因编码的生理过程，如果想要长寿，就得和自己的身体对着干。

　　这两派论点分歧，但有一点可以肯定，那就是人脑是不可能长生不老的，因为神经细胞不会分裂，不会分裂的细胞寿命肯定是有限的。如果大脑无法永生的话，身体的长寿也就没有了意义。

　　于是，科学家们也将研究重点从提高绝对寿命转变成延长健康寿命。所谓健康寿命，指的是一个人能够健康地活多久。这里说的健康，不是说老人要像年轻小伙子一样活蹦乱跳，而是说老年人生活能够自理，头脑基本清醒，而且没有大病。像当年小平同志说：能游泳，表示身体还行；能打桥牌，表示头脑还行。

　　数据显示，虽然人类的预期寿命不断提高，但越来越多的老人是躺在床上度过余生的。当前全世界最难治愈的三大疾病是癌症、心血管疾病和阿尔茨海默症。为什么这三大疾病这么难治愈呢？最根本的原因就是科学家无法解决它们的最大致病因子。这个致病因子就是衰老。

　　随着一个人的年龄增加，这些病的发病率会成倍增长。致力于长寿研究的威尔丁博士说道："我们关心的不是提高绝对寿命，而是如何延缓衰老，提高人的健康寿命。"因此，延长健康寿命的课题，就成了如何延缓衰老的课题。

　　长寿和延缓衰老一直是个生物学问题，但这件事本身却和生物学领域的进化论发生了冲突。按照达尔文的《物种起源》，如果一个种群中有个体进化出了超长的寿命，那它岂不是能生下更多后代？它的这种优秀基因不断被遗传，最终，地球上肯定会充斥着长命百岁的生物。

但为何这样的事没有发生呢？英国著名免疫学家彼得·梅达瓦的假设获得了很多人的赞同。梅达瓦假设人体内有两组基因，一组在我们年轻时起作用，另一组只在年纪大时才起作用。

大自然对第一组基因施加的压力非常大，致使"年轻基因"的质量越来越好，但当我们完成了繁殖后代的任务之后，大自然给予的选择压力骤然减小，"老年基因"的质量每况愈下，最终导致我们衰老并死亡。

之后，各地的生物学家又陆续提出很多假说，丰富了梅达瓦的基因理论，其中"可抛弃体细胞"理论是支持者最多的假说之一。该假说的核心思想是：生物的可支配能量是有限的，繁殖需求肯定是排第一位的，相应地，其他需求就被牺牲掉了，比如保持身体永远健康。

（二）

"可抛弃体细胞"理论支持的"饥饿疗法"，是目前唯一确信能够延缓衰老的办法。"可抛弃体细胞"理论认为生物的可支配能量是有限的，而生命最需要能量的地方有两个，一个是生存，另一个是繁殖。

根据进化论，繁殖后代是所有生命的第一要务，当一切条件适宜，生物肯定会把主要精力放在繁殖上。但如果外界条件不好，那么最合理的生存对策就是，暂时放弃繁殖的任务，先把能量用于自身生存。

生物学家认为，自然条件下最常见的环境压力就是食物短缺，当食物缺乏时，细胞会大幅度提高新陈代谢效率，把工作重心转移到延年益寿上来。因此，饥饿疗法之所以有效，是因为饥饿模拟了环境压力。

"饥饿疗法"的科学名称叫作"卡路里限制饮食法"，此法是把饮食中的总热量限制在正常值的 60% ~ 80%，大致相当于一个成年人每日摄入 1500 大卡左右的热量，而不是标准的 2100 大卡。

但是此法对营养成分的搭配要求较高，蛋白质、脂肪、维生素和其他微量元素都不能缺，否则是无效的。既然各种营养成分都不能缺，就只能在减少碳水化合物上做文章了。生活中高碳水化合物的食物有馒头、包子、面包、米饭等，因此，如果您想尝试饥饿疗法，点一个汉堡包都得把面包扔掉，只吃夹在里面的肉饼和蔬菜才行。

这个方法对于常人而言是很难坚持下去的，因为它太违反人性了。一是容易引起抑郁症，二是吃饭是生命的基础，老吃六成饱，肯定不开心。

于是科学家一直试图发明一种折中方案：让人类既能享受到饥饿疗法带来的好处，又不用太辛苦。这就是：轻断食。

所谓轻断食，就是不必坚持长时间节食，而是阶段性减少饮食中的卡路里。朗格教授认为阶段性饥饿产生的好处会被身体记住，同样能带来长寿效果。

朗格教授为了证明轻断食的有效性，专门拿小鼠做实验。结果表明，腹部脂肪减少了，癌症发病率降低了，免疫系统强健了，骨密度提高了，甚至连皮肤也变好了。相关论文发表在 2015 年 6 月 18 日出版的《细胞》子刊《新陈代谢》（Cell Metabolism）上。之后在志愿者身上也证明很有效果。除此之外，饥饿疗法还对糖尿病有帮助，2017 年 12 月 5 日出版的《柳叶刀》杂志发表了一篇论文，发现饥饿疗法能够治愈九成的Ⅱ型糖尿病。需要提醒的是，饥饿疗法尚有一定争议，也并不是所有人都适用。

读到这里，想起前些年我到国外访学，不时听到这一疗法的效果，可是坚持不下来。人类对需要极强自制力的生活方式的建议，往往接受起来很困难，包括锻炼、节食、戒烟。

衰老是不是一种病？虽然衰老是生命的自然过程，不是病，但减缓衰老的速度、逆转衰老的过程仍然是抗击衰老的思路。无论是器官移植或是干细胞技术当下都不成熟，何况还有一个难题很难克服，那就是神经系统的衰老。

二、感悟

从抗击衰老，想到抗击疫情。

太平洋对岸的那位美国政客说，若不采取措施，美国将有 220 万人死于疫情。如果能将死亡人数降到 10 万到 20 万，就说明干得不错！这分明是商人的数字叫价，却让美国人调整了预期（经济学有"预期管理"之说）。即便缺少医疗物资，比如有纽约医生把垃圾袋当防护服，舆论也大体平静。似乎与减少这么多死亡率相比，其他问题不算什么。反观当时的武汉，网上传出医生穿垃圾袋的图片，一时舆论海啸。至于"日记事件"引发的汹涌舆情也颇值得警醒与反思。这表明我国某些治理环节长期以来出现了失调，治理的"阿喀琉斯之踵"导致的颠覆性风险凸显，补短板、堵漏洞、强弱项、防风险、疏民意的重大战略任务具有必要性和紧迫性。

疫情是全球性危机，不应是全球化危机。未来中国要做的，是进一步争取全球化信任，让人类命运共同体理念成为"暖实力"。

三、启示

中国产业链、供应链能有今天，盖因为全球客户创造了优良性价比。中国供应链提升的过程，也是中国和世界主要经济体关系不断开放包容的过程。在百年未有之大变局下，中国产业链、供应链不仅要继续提升价值创造能力，也要在制度、准则、规则、标准等方面提高软实力。未来我们不仅要做好生意，还要做好"生意的生意"，也就是优化做生意的方式。

第一，要始终保持清醒的理性，不让全球化走入对抗的泥潭。如果没有一个全球化大平台，中国供应链将很难获得更大发展空间，复兴可能就会走弯路。

第二，要进一步发展内需。目前中国的出口占国际市场份额，通过历史和国别的比较，已达很高水平，而中国的居民消费占 GDP 之比，较之发达国家还有很大潜力。中国供应链在内需市场上大有可为。最需要久久着力的，是下大力气提高中低收入群体收入，提高消费意愿和能力。

第三，中国供应链特别是外贸导向型的制造企业，要守正出新、推动转型。包括数字化转型，底层核心技术创新，商业模式创新，适应新一代消费者的产品与服务创新，等等。中国已经向世界释放了清晰的信号。在做好疫情常态化条件下"外防输入、内防反弹"的同时，把不能等的事情干起来，把规定时间内必须完成的事干好，答好疫情防控和经济社会发展的两张考卷。我们政协委员，不管是助力，还是建言，同样是答卷人。

委员读书笔记

孙毅彪

　　穷究天人之际，深推宇宙之理。阅读袁越的《人类的终极问题》一著，颇受启发。人类来自哪里？我们为什么会变老？创造力究竟是怎么来的？三大问，引发无限思考。我也谈一点。

　　随着历史演进、社会发展、科学技术进步，人们对大自然的认知是在逐步加深的，自然界很多神秘的面纱也是可以被揭开的，同时也在改变人的世界观。人类只有一个地球，我们是同一种群的后代，共享同一个地球生态系统，人类命运共同体使得全球每一个国家、地区及个人的利益和安危相互联系。当前，新冠肺炎疫情正在全球蔓延，给人民生命安全和身体健康带来巨大威胁。面对病毒这一全人类共同的敌人，国际社会最需要的是坚定信心、齐心协力、加强合作。正如书中所说，"进化绝不只是你死我活的生存竞争，互助才是进化的主旋律。"

　　书中有一节专门谈到"创造力的天时、地利和人和"，体现了人与自然的辩证关系，人类无时无刻不在用创造力改造和影响自然，但要想发挥创造力，三者必须齐备，缺一不可。这也与《易经》中"天、地、人"的关系和《道德经》中的"天道、地道、人道"相类似。何为道？意思是万事万物的运行轨道或规律，也可以说是事物变化运动的场所。我们常说，"谋事在人成事在天"。这里的人即为人道，而天则是天地之道，亦即大自然人类命运之规律法则。诚然，我们无法改变"春夏秋冬、生老病死"之规律，但可以在事态发生之前提前做好应对准备，在灾难造成短期影响后尽快复工复产，统筹好防控疫情与恢复经济社会正常秩序的工作，实现长期稳定发展。这也就是天道酬勤，勤能补拙；

地道酬实，实能补弱；人道酬德，德能补寡。因此，我们对大自然要有敬畏之心，一切遵循客观规律办事；但同时又不能宿命，而是一切从实际出发，因势利导、趋利避害、防患未然，激发出更多的创造能量奉献于社会和人民，这就是有限生命的无限价值和意义。

戚建国

人类终极问题是一个永恒的课题，先是哲学家苦苦探索，尔后是科学家不懈奋斗。天人合一是大方向，联系实际是大方向，瞄准未来是大目标。从生物安全领域跳出来，思考当今如何抗疫是当务之急。空谈误国，实干兴邦，读书当如此。

联系实际是大方法。

胡 卫

早在古希腊时代，柏拉图就提出了"我是谁、从哪里来、到哪里去"这一哲学命题。受其影响，忙碌的人类会时不时地停下脚步，在内心寻找这一问题的答案。无独有偶，国学大师梁漱溟认为，人这一生总要解决三大关系，而且顺序是不能错的。其一，要解决人与物之间的关系；其二，要解决人与人之间的关系；其三，一定要解决人与自己内心之间的关系。《人类终极问题》就是作者在梳理和汇集相关研究成果基础上，思考和问答这些终极问题的一本专著。

该书的第一部分，初读者或可重点关注科学家是如何研究古代事情的。其中，涉及地球的年龄和人类起源问题，科学家先后采用了不同的研究方法，包括放射性测年法、碳—14测年法、铀铅测年法以及DNA测年法等。当然，这些方法得以运用，主要仰赖于科学家们的埋头苦干精神。譬如，书中记载的一个刚年满24岁的英国人类学系在读博士生，用了4个月的时间遍访欧洲十个国家的人类学博物馆，收集到了当时最全的古人类头骨化石数据。因为缺乏经费，他仅仅是搭个帐篷睡在路边，甚至睡在收容站。

当然，本章内容还可重点关注一下古人类研究中的政治因素干扰问题。由于地理位置和民族历史等原因，德国人一度对所谓的"人种差异"非常敏感，他们从一开始就带有严重的种族歧视色彩，大部分研究者都试图证明白种人是世界上最优秀的种族，多次把目光聚焦到尼安德特人是白种人祖先的考古研究。随着 DNA 研究和计算机辅助判断的兴起，由非洲起源的"取代派"则开始不断挑战"多中心假说"。而且随着社会发展和时代进步，涉及种族歧视的言行及研究遭到人们抵制，取代派获得的证据也越来越多。概而言之，这一流派的观点就是：人类只有一个起源中心，即起源于非洲，人这一物种诞生于非洲，非洲是人类的摇篮。人类的母亲是非洲部落的夏娃，父亲是亚当，都来自非洲，后来分三次走出非洲，扩散到世界各地。复旦大学副校长金力博士研究人类进化，可谓是对这种观点的一个佐证。金力博士在分析了 2 万多个 Y 染色体样本的基础上，描绘出了东亚男性成员的迁徙路线图，发现几乎所有东亚人的父系祖先全部来自非洲。

该书的第二部分，读者或可重点关注一下衰老和死亡的物理学意义问题，从中可以理解到的要义，就是死亡不是必然，而是大自然有意为之。从这个角度出发，衰老不能看作是一种病，它是生命的自然过程。达尔文曾认为衰老属于物理学范畴，长生不老是违反物理定律的。然后，就目前情况来看，衰老和疾病一样，它是可以积极治疗，或者说是可以延缓的。威尔丁博士认为，抗击衰老有两种不同的思路：一种是减缓衰老的速度，延长健康寿命；另一种是逆转衰老的过程，让一部分衰老得过快的器官或者组织返老还童。当下，随着医学技术的发展，威尔丁博士所言第二种思路中的"器官移植"，已经有了一定的成果。这也就是说，长生不老可能并不违反物理定律，至少单细胞生物有很多都是长生不老的，具有极强大的修复能力，只要环境适宜，可以一直活下去，永不衰老。明白了这个道理，或许大家就可以理解很多关于抗衰老方法的背后原理了。

值得一提的是，书中提出人的身上有两种并行发展的基因序列，一个是管生殖的，一个是管身体的，生殖细胞是不死的，短暂的是身体细胞，所有动物的寿命是与发育期成正比的。只要发育完成了，可以繁殖后代了，身体就没用了。莱恩把这个现象总结成了一句话，叫作"不死的生殖细胞，短命的身体细胞"。衰老的核心，就是核基因组和线粒体基因组的不匹配。这就是为什么只有真核生物才有衰老，而原核生物都是永生的原因所在。

第二部分内容中，还要关注一下最后部分讲到的生命起源和进化问题。生命是进化而来的。群体选择理论认为，进化绝不仅仅是个体之间、基因之间或者群体之间的优胜劣汰，而是整个生态系统的协同演进，死亡是和这个大主题连在一起的。了解死亡，是为了更好地理解生命。

该书的第三部分内容也非常丰富，读者们可以重点关注一下"液态网络"理论和"相邻可能"理论，因为这是创造力的核心。"液态网络"理论源起于美国计算机科学家克里斯托弗·朗顿所提出有关创造力的理论。他认为，创造力旺盛的地方一定处于"混沌的边缘"，也就是介于严格秩序和彻底混沌之间的中间地带。用物质三态来比喻的话，气体是彻底混沌的，新结构会随时出现但又会随时瓦解；固体则有严格秩序，虽然结构稳定，但几乎杜绝了新结构出现的可能性；液体介于两者之间，只有液态网络才是"混沌的边缘"，既能够让新鲜事物顺利出现，又可以让好的创新稳定下来，并将这个边缘继续扩大，以便进一步探索"相邻可能"。如将以上三态理论作一迁移，人类社会早期的打猎、采集阶段，就相当于"气体"，祖先们居无定所，像空气分子一样游荡在非洲的大草原上，虽偶有灵光一现但却很难传承下去。农业的诞生导致人口不再随意流动，定居点的出现标志着"液态网络"首次登上了历史舞台。那时的人类社会以村庄为单位，每个村庄都有自己的一套传承体系，但彼此之间又经常互通有无，新技术一旦出现就会迅速扩散开来，并在新的地方启发出新的发明创造。

除此而外，本章还要关注一下中间那两篇关于"生命是大自然最伟大的创造"这个概念，从中更好地理解生命和人类是怎么来的，从而对人类的诸多问题有个更清晰的认识，并对人类的未来有个更准确的期许。追根溯源，地球上的所有生命都是由有机物构成的，我们甚至可以把地球生命归为碳基生命。而从化学角度来分析，不难发现，碳原子之所以被大自然选中，原因是每个碳原子能够和多达四个不同类型的原子相结合，这种原子间的"合作"深深刻在人类的基因里，生命的进化包括人类的发展都是无序到有序的"合作"过程。

总的来说，这本书凭借专业的学科背景，通过大量的文献梳理和深入的实证调查，把关于人类终极思考的最佳答案和推理过程立体地呈现了出来，并借此传达这样的理念：今天世界上的所有人几万年前都是一家人，我们是同一群非洲居民的后代，共享同一个地球生态系统。这个生态系统中的每一位成员的利益，也都是相互联系在一起的。进化绝不只是你死我活的生存竞争，互助合作才是进化的主旋律，而创造正是诞生于这种合作共享机制之中。

戚建国

为连起的从抗击衰老到抗击疫情点赞。我赞同连起的论点：疫情是全球性危机，不是全球化危机。怎么看待这场前所未有的世界大抗疫，是目前全球关注的焦点。应跳出疫情看政治、看经济、看军事、看文化、看大国关系、看地缘战略，这些是下好世界这盘大棋的棋眼，是当前国际战略博弈的重心，是我国争取战略主动的关键。读书的目的是把书读活，用新的视野看世界，反之就成了书呆子，掌握了不少知识点，就是不知道世界这盘大棋怎么下。

🖋 胡 卫

张连起委员说："中国产业链、供应链能有今天，盖因为全球客户创造了优良性价比。"疫情的全球蔓延，全球供应链正被有意塑造绕行中国和从中国转移出去。全球化受重挫不可避免。这些我们要格外重视并要有因应之策。完全同意张委员观点："在百年未有之大变局下，中国产业链、供应链不仅要继续提升价值创造能力，也要在制度、准则、规则、标准等方面提高软实力。"

🖋 朱永新

完全赞同张连起委员的论述，疫情是全球性危机，不应是全球化危机。未来中国要做的，是进一步争取全球化信任，让人类命运共同体理念成为"暖实力"。暖者，温暖也，柔软也。上善如水。我们的外交，正如人与人相处之道。

🖋 胡 卫

中国疫情在基本控制情况下，政府大号召复工复产复市，但全球疫情导致资金链、供应链中断。复工不等于复产。对两头在外的企业，原料过不来，产品出不去，订单拿不到。企业面临倒闭和人员下岗危险。这是现实面临的问题。所以全球疫情下的治理，一定要从人类命运共同体高度出发，携手应对人类面临的各种危机挑战，而不是井底之蛙、独善其身、火中取栗，甚至对别国疫情蔓延幸灾乐祸，乘人之危。同一地球，同一家园，人类只有团结合作，才有美好未来。

对张连起委员谈及的长寿与健康问题。本人认为，无论衰老是否能被治愈，饥饿疗法似乎是有点用，而且，继续保持健康二十年，相信今后会有高科技保证生活质量延缓衰老，不过生命的意义，不管是染色体的延续还是思想的传承，都首先需要繁衍需要教育！创造力，我也觉得是人类区别于所有动物的重要标志。艺术也是创造力非常重要的催化剂。综上所述，教育和艺术都是人类发展的重中之重。

叶小文

张连起常委导读《人类的终极问题》一书时说，"疫情是全球性危机，不应是全球化危机。未来中国要做的，是进一步争取全球化信任，让人类命运共同体理念成为'暖实力'。"此乃金句。

今天，在"硬实力""软实力"之说后，美国又说唯他们才有"巧实力"，而中国只是"锐实力"。我们这个读书会有个新提法，就是"暖实力"。经历了这次大灾难的寒冬，不必言谁"巧"谁"锐"，全球都会看到，究竟谁才有"暖实力"。

中国是一只和平的、可亲的、文明的、宽厚的狮子，又是一只已经醒来、"满血复活"，拥有钢铁之师的人民军队的雄狮。你不必为它发抖，也不可对它小觑。它不会炫耀武力，不等于没有实力。它从不惹是生非，也从不怕事怕死。任何外国不要指望中国会拿自己的核心利益做交易，不要指望中国会吞下损害国家主权、安全、发展利益的苦果。中国绝不允许任何人、任何组织、任何政党、在任何时候、以任何形式、把任何一块中国领土从中国分裂出去。

导读2：人类到底能活多久？

◎张震宇[*]

一、本章观点

本书第二章从生物化学、基因理论、细胞理论、进化理论等方面介绍了关于长寿、衰老的各种研究成果和进展，追本溯源找到死亡源于高等生命进化的起点，指出了健康生活方式的重要，提出大脑无法永生、力求多做益事的理念。

（一）渴望长寿

1. 熵的概念引入生命体。科学意义上的长寿研究，只有不到100年的时间，因为此前的生物学家相信永生是不可能的，人的身体就像一辆小轿车，只要天天上路，早晚会出问题。物理学家薛定谔指出了上述逻辑的错误，生命会主动从环境中获取能量来抵抗熵的增加，只要能量供应不断，理论上有可能做到长生不老。

2. 由抗氧化到长寿基因。主流科学家认为生命的长短最终取决于自身的身体修复能力。于是主流的长寿研究，着力于提高各种抗压能力、抵抗外部伤害能力，大家熟悉的抗氧化风潮就这样兴起了，最后无疾而终。20世纪90年代以来，科学家陆续在线虫身上发现了多个长寿基因，最高可把线虫的绝对寿命提高10倍。但后续研究表明，动物越高等，单个长寿基因所起到的作用越有限，长寿基因的研究对延长寿命作用有限。

---

*第十三届全国政协常委，民进中央常委、河南省委主委，河南省政协副主席。

3.方向由长寿转为延长健康寿命。后来长寿研究的方向由单纯的长寿转为延长健康寿命。目前，癌症、心血管疾病和阿尔兹海默症，是人类致命的三大杀手。这三者均随着年龄的增加，而呈现出爆发式的增长。有一点是可以肯定的，就是人脑是不可能长生不老的，因为神经细胞不会分裂，而不会分裂的细胞寿命肯定是有限的。只能通过替换的方式让其永生，但人脑神经元的连接方式，决定了我们每个人的个性所在，如果替换了他们，我就不存在了。也就是说，即使发明了长寿药，最多只能让我们的身体活得更长，但我们的精神是无法永生的。就告诫我们，大脑无法永生的话，身体永远长寿是没有意义的，真正的永生应该是多做有意义的事情，让世界记住你的贡献。真正的死亡是世界上再也没有一个人记得你了。

（二）抗击衰老

科学家研究的重点转为抗击衰老。本章重点介绍抗击衰老领域的最新研究成果。

1.研究的底层发现：饿治百病。科学家通过小鼠实验、猴子实验等，发现适当的饥饿，可以保持健康、延缓衰老。但持续的饥饿疗法会让人很痛苦甚至抑郁。于是有人发明了折中方案，那就是轻断食。轻断食就是不必坚持长时间节食，而是阶段性的减少饮食中包含的卡路里。

2.模拟饥饿状态。饥饿太过痛苦，于是科学家把研究重点改为找寻一种神奇药片，吃下它可以达到模拟饥饿状态的效果。至于饥饿疗法为什么能够延年益寿，有两套理论，一种理论认为饥饿疗法降低了新陈代谢，减少了体内自由基，而自由基正是导致衰老的罪魁祸首。后续实验进行了证伪。第二套理论认为繁衍重于日常维护和更新，外部条件不好，生物会提高新陈代谢率、减少浪费、停止细胞分裂，从而延年益寿。但并未找到有用措施。

3.新的研究方向：衰老细胞理论。该理论认为衰老细胞是导致多细胞生物衰老的罪魁祸首。细胞内的DNA每时每刻都在发生基因突变，大部分突变是中性的，但如果发生了坏的突变，导致细胞无法工作，它就成为衰老细胞。衰老细胞，会通过一种细胞凋亡程序，自动分解。但随着年龄增长，大量衰老细胞自杀未遂，积累甚至癌变。依据该理论，衍生出了找寻可以灭掉衰老细胞小分子化合物的研究思路。目前尚未有新成果。关于返老还童的问题，目前研究比较火爆的是干细胞技术。日本科学家发现了人工诱导干细胞的方法，即任何体细胞理论上都可以被诱导成全能的干细胞，这就为培养干细胞成为人工器官，提供了潜在可能性。最大的问题是难以克服神经系统的衰老。根据目前研究结果，大脑神经细胞从生下来开始就基本固定了，不大会再更新，终将脑死亡。

4. 二甲双胍的抗衰老研究。目前，有科学家依据二甲双胍可提高患者对胰岛素的敏感度，在进行二甲双胍的抗衰老研究。

（三）测量衰老时间

年龄是固定可测的，但，生物年龄，也就是衰老程度，之前一直无法被准确测量。直到美国一个科学家发现了DNA甲基化生物钟。通过他的这套方法，基本可以准确地测量生物年龄。甲基化和基因突变有一个很大的不同，那就是甲基化理论，理论上是可以逆转的，基因突变是DNA分子本身的变化，修正起来极其困难，这也就是基因疗法如此困难的原因，但甲基化只是DNA分子的外部修饰，可以通过酶反应将其逆转，这个领域目前尚处于研究阶段，这个思路听上去很有前途，拭目以待。

（四）线粒体——一切的根本

1. 40亿前到20亿年前的地球只有原核生物。生物可以按照细胞的不同分为原核和真核这两大类，但细胞内部的构造却出奇的相像，几乎可以肯定，源自同一个祖先。所有细胞能量全都来自跨膜质子梯度，即细胞膜两侧的质子浓度差异产生的渗透偶联反应。单位体积的细胞所能分配到的细胞膜表面积和细胞直径成反比，也就是说细胞的体积越大，细胞内部每个细胞器所能分得的能量就越少，这就限制了原始细胞的大小及在进化上的想象力。

2.真核细胞之根本——线粒体。由原核细胞进化出真核细胞，用了20亿年的时间。这一转变关键在于真核细胞内部出现了线粒体。线粒体是专门为真核细胞提供能量的微型发动机，也通过化学渗透偶联反应为细胞提供能量。因此线粒体所产生的能量同样和线粒体膜的表面积成正比，每个细胞内都有成千上万个线粒体，这就大大增加了膜总面积，比仅依靠细胞膜产生能量的原核生物多得多。

3.线粒体来自何方？线粒体的产生学说叫内共生学之氢气假说，该假说认为第1个真核细胞是由一个古细菌（古细菌跟细菌是两个完全不同的英文词）吞噬了一个细菌后，两者共生导致。后来古细菌进化成真核细胞，被吞噬的细菌进化成线粒体。线粒体不断分裂，为真核细胞变大提供可能。

4.没有线粒体就没有性生活。为了提高繁殖效率，处于劣势的原始线粒体把自己的大部分基因整合进入宿主的基因组内，但保留了一小部分重要的基因。为了保持基因交流，真核生物选择了有性生殖，通过有性生殖进行基因重组，去劣留强，促进进化。但在有性繁殖过程中，受精卵内的线粒体，全部由卵子提供，精子只负责提供核染色体。

5.兴也线粒体，亡也线粒体。衰老是怎么回事？该理论指出，衰老的核心就是核基因组和线粒体基因组的不匹配。这就是为什么只有真核生物才有衰老，而原核生物都是永生的。人类线粒体的工作效率非常频繁，繁殖速度非常快，突变率也大大提升。已知的人类线粒体基因组的突变率达到了核基因组的 10 ~ 50 倍。于是人类体细胞中的线粒体变异的可能性变得非常高。人类的卵母细胞在女性胚胎发育的早期就被保护起来了，成年后，每次排出的卵，都是从这几个被保护起来的卵母细胞分裂出去的，其中的线粒体质量有保证。当线粒体工作效率下降时，自由基便会泄漏出去发出信号，触发一系列生化反应，细胞死亡。线粒体的健康极限就是真核生物的寿命极限。这套理论解释了为什么饥饿疗法、锻炼身体和低碳水化合物会延缓衰老，原因都是自由基。在以上状态，线粒体的工作效率会提高，自由基就不容易泄漏。大自然为什么没有进化出另一套能量方式？杜绝核细胞和线粒体基因组之间的不匹配现象呢？这个结果恰好说明进化是没有远见的，缺乏顶层设计，走一步看一步，出现一个问题就解决一个问题，然后再去迎接新的问题，生命就是这样一步步走到今天的。

二、感悟与启示

（一）通过学校课程、各类媒体、各类讲座等多种渠道呼吁人们保持健康生活方式。通过作者综述的近百年来关于健康长寿的研究，我们知道几乎没有单靠药物减缓衰老保持健康这种可能性，保持健康的生活方式、过好当下每一天是每个人最现实最负责的选择。据预测，根据现状到2030年，预计将有一半的公共医疗开支被用于对付各种老年病，整个社会将不堪重负。健康生活方式几乎是让现代人保持健康、延缓衰老的唯一选择，这既是对各人自身的健康长寿负责，也是为社会减轻负担、对国家民族的负责。平衡饮食、适当轻断食、减少主食摄入、保持合理运动、规律作息、保持良好人际关系、保持平和的心态，等等，总之要让自己尽可能处在一种平衡状态。中国传统养生理论和最新的基因理论、共生理论都证明了健康生活方式对延缓衰老和健康长寿的重要。

（二）向死而生、活在当下。人类关于永生的一切研究都绕不开脑神经细胞生而不分裂从而不得不走向衰亡这个宿命，大脑的必然死亡导致肉身长存的毫无意义。真正的长存是为自己留下记忆，为后人留下故事。作为个体生命立定目标，找准兴趣，持续奋斗，为人类浩瀚的文明贡献一点正能量，为人类对未知的开拓尽一份绵薄之力，用对他人、对社会的每一个善举让世界变得更美好。

（三）坚定道路自信、理论自信、制度自信、文化自信。整个生物界都是自然演化的结果，人类的一切文明与成果也遵循着自然演化的法则。自然选择的目的并不是让最强者生存，而是让每种生物各自找到适合自己的小世界，其结果就是我们看到的多姿多彩的生物圈；人类文明推演的结果不是演化出唯一的制度与文明，而是各个不同国家或民族依照自己不同的历史与环境不断探索、选择、完善出最适合自己的制度与体系。中华民族经过历史的探索选择中国共产党作为领导国家的政党是中国人民的最优选择。中国共产党带领中国人民在中国这片土地上探索并不断完善出的道路、理论、制度是符合包含全体中国人民在内的中国这个有机整体的最优选择。生命的底层是基因的复制与传承，各类生物体都有优先保护生殖细胞的机制，以使自身基因代代相传。民族文化类似民族基因，中华民族的优秀文化是历代中国人民完善传承下来的民族基因，我们没理由不对中华文化保持全部的自信，这是我们生而为中国人的底层基因。进化都是靠筛选好的基因突变来达成的，我们要传承发展好我们的民族文化。

（四）坚定人类命运共同体理念。基因分析表明，现存的所有人类都有一个共同的母系祖先，也都有一个共同的父系祖先，人类只是为了适应环境的需要一步步演化出了不同的体貌，全球人类本质上是一家人。这次新冠病毒肺炎疫情让我们看到，在对全人类的灾难面前，没有谁是局外人，只有团结合作才可能战胜灾难；如果把新冠疫情中所有国家的集合比作铁桶理论的铁桶，那么应对能力薄弱的国家就是铁桶理论那个短板，这个短板的存在随时会让全人类国家构成的铁桶漏水不止，只有团结协作共同补齐短板，人类大家庭才能携手前行。近段时间以来欧美股市以股灾的方式宣告经济危机的来临，人类只有携手合作才能走出经济下滑的泥潭。数万年的人类进化史之于40亿年的地球生命史连万分之一的比重都不到，在这40亿年的生物进化历程中恐龙等多种曾经统治一时的动物消失殆尽，宇宙环境和地球自身环境的潜在巨大变化都无时无刻不在提醒着人类巨大灾难就在看不见的未知时刻，作为已经发展出如此高度文明的现代人类，有必要思考如何迎接潜在的灾难以传承这宇宙中最高等的文明与基因了。

（五）坚定绿水青山就是金山银山发展理念。40亿年前地球环境合成了第一个生命体，20亿年前一个偶然诞生了第一个真核细胞，仅仅数万年前才有了人类。我们是这个星球最新的来客，却对这个可能唯一适合我们存活的星球给予了它诞生以来最大的非自然改变。城市文明应该是宇宙或者自然乐见的，这代表了自然演化最多彩的可能和成果；但，对动植物和自然环境等非必要的破坏一定是大自然所厌弃的。新冠疫情让我们不得不审视人与自然的关系，人类不能对大自然有王者心态，而应该以谦卑之心、敬畏之心与自然和谐共处。爱护动植物，与自然和谐共生才是人类长久发展的最优选项。

本章金句

1. 如果大脑无法永生的话，身体的长寿是没有意义的，所以真正的永生应该是多做有益的事情，让世界记住你的贡献。

2. 自然选择的目的并不是让最强者生存，而是让每种生物各自找到适合自己的小世界，其结果就是我们看到的多姿多彩的生物圈。

3. 人类的长寿带来的诸多好处，人类的婴儿大脑可以有足够的时间发育，成人可以有足够的时间去发明创造新的技能，最终我们演化出这样一个曼妙万千的世界，人类成为地球的主人。

4. 长寿研究的重点从提高绝对寿命转移到了提高健康寿命上来。

5. 长生不老是一个可望而不可及的目标，延缓衰老才是大多数人的希望所在。饥饿疗法是目前唯一确定能够延缓衰老的方法。

6. 所谓轻断食，就是不必坚持长时间节食，而是阶段性的减少饮食中包含的卡路里。阶段性饥饿产生的好处会被身体记住，同样能够带来长寿的效果。

7. 饥饿感能够导致使用者体内发生一系列有益的化学变化，这才是延缓衰老的原因所在。饥饿疗法降低了新陈代谢的速率，减少了细胞内的自由基，后者正是导致衰老的罪魁祸首。

8. 幻想用抗氧化剂对抗衰老充其量也只是一种治标不治本的方法，也很难奏效。

9. 二甲双胍的作用和人瑞们的新陈代谢特征非常相似，也可以看作是饥饿疗法的一种药物模拟。

委员读书笔记

戚建国

　　震宇委员导读的4个问题，简明扼要，讲得很清晰，说明读进去了。9条金句，每句都选在关点上，9句话搞清楚了就掌握了本书第二章的重难点，说明是想明白了。5条体会感想，尤其是向死而生，活在当下点明了人生观价值观，这是对待生死问题的核心，说明是跳出来了。

叶小文

　　读了张震宇常委对《人类的终极问题》第二章的导读，首先感到导读中几次出现的这段话，确是震宇之言：

　　"我们的大脑无法永生的话，身体永远长寿是没有意义的。真正的永生应该是多做有意义的事情，让世界记住你的贡献。真正的死亡是世界上再没有一个人记得你了。"

　　曾读过日本天皇的老师高濑武次郎写的《王阳明详传》。我很好奇，一个日本人，为什么对王阳明如此感兴趣，500年后还"记住"了一个中国人？高濑武次郎认为，王阳明立言、立功、立德，皆居绝顶。他终身遭遇磨难，但其所作所为所言却成为后人磨砺心胆、锻炼性情的一面明镜。他本为文臣，却建立了盖世武功，名垂千秋。凡聪明敏捷，能洞察秋毫，又能妙计频出者，是为有智之人；凡天真恻怛、感愤人间之不幸、感慨国家之悲运者，是为有情之人；凡豪情勇猛、处事不惊，临大敌而无所惧者，是为有意之人。这三者，有两者已属难得，而王阳明三者皆具。

　　其实，在我们的当代中国军人中，也有能"让人记住"的"三者皆具"之人。从戚建国常委军在线上读书的多次发言中，你就能找到、能记住那"有智、有情、有意"的"三者皆具"的中国军人之军魂！

 蒋作君

人的理论寿命是生物学问题，人的实际寿命，涉及因素太复杂。关于"寿命理论"，我在卫生部工作时出版的书中有论述：有海氏定律、有哺乳动物生长期和发育期倍数理论、有负熵理论、有端粒体理论、有自由基学说，还有其他一些学说，如慢性炎症、基因突变、细胞能量枯竭、激素失衡、钙化作用、脂肪酸不平衡、非消化酶不平衡、消化酶不足、血液循环衰竭等等。

地球上万物都有一个发生、发展和逐渐消亡的过程，人类当然不例外，连地球本身也不例外。现在的问题是，人类虽不可奢求长生不死，但人类连应有的"天年"也未能享受到。人类应该延缓衰老，争取应有的"天年"。

若超出生物学范畴谈"终极问题"，例如死亡，则不同的学者可赋予其不同的定义或内含。生物学家认为，死亡是生命的结束；医学家认为，死亡是大脑神经元功能的彻底丧失；生理学家认为，死亡是人体整体稳态不可修复的破坏；化学家认为，死亡是维持生命所必需的化学反应的终止；物理学家认为，死亡是直线脉冲，是系统熵的最大化；哲学家认为，死亡是肯定后的否定；文学家认为，死亡是江郎才尽；科学家认为，死亡是没有创新；军事家认为，死亡是不会走诡道。

张柏春

纵观中外社会发展史，公共卫生方面的风险确实有可能成为一个国家或地区的颠覆性风险。

公共卫生是科技问题，也是社会治理问题。重大公共卫生事件是对科技能力和社会治理能力的严峻挑战。

当年伍连德主持扑灭鼠疫，就是在科学上认识正确，治理上都应对得当，措施执行比较有力。

面对新的疫情，科学认知以及将科学认知变成措施和药物的能力是至关重要的。现在，正是考验我国科学认知能力、技术创新能力（将科学认知和技术转化为产品的能力）时候，是科研团队和创新企业攻坚克难的时候。

 **戚建国**

从人类终极问题谈以人为本

《人类的终极问题》是个大问题。该书从生命科学的维度探索三大基本问题：人类是从哪里来的？人类到底能活多久？人类的创造力是从哪里来的？介绍了世界上现有的科研成果，使我们懂得了从生物学入手，科学家是如何寻求三大问题的答案，是一次很好的科普知识学习。正如昨天作君委员讨论所言，对此应从不同维度进一步解读。我主要从哲学角度，结合学习理解中国优秀传统文化、马克思主义的人民观和抗疫斗争实际，谈谈以人为本问题，与各位学友交流学习体会。

美国哈佛大学教授杜维明认为："中国文化关注的对象是人"，可以说主要是一种"哲学人类学"。从总体上讲，古希腊文化，注重人与自然的关系；希伯莱文化、印度佛教文化，注重人与神的关系；中华文化关注的对象是人，注重的是人与人、人与社会、人与自然的关系。无论是儒、道、佛等文化，本质上都是一种人文哲学。

其一，以人为本是中华传统文化的主要思想。张岱年老师指出："以人为本是相对于宗教家以神为本而言的，可以称为人本思想"，"以人为本的思想，后汉思想家仲长统讲得最为鲜明"，仲长统说"人事为本，天道为末，不其然与？"他提出"人事为本"，是儒家关于"人本"思想最明确的表述。所谓以人为本，不是说人是宇宙之本，而是说人是社会生活之本。张岱年老师认为"宋明理学中，不论是气本论、理本论或心本论，都不承认灵魂不灭，不承认鬼神的存在，而都高度肯定精神生活的价值。"受儒家文化影响的中国学界，有一个以道德教育代替宗教的传统，孔子更认为应重视生的问题，对于鬼神持存疑态度，这种思想观点可以说对中国数千年文化的影响是非常深远的。

其二，以人为本是党的初心使命的集中体现。为人民谋幸福、为民族谋复兴、为世界谋大同，是深刻理解和全面把握习近平新时代中国特色社会主义思想的金钥匙。这一思想坚守中国共产党人为人民谋幸福的初心，彰显了以人为本、人民至上的价值取向。从思想理论上应把握三点：一是人民性是马克思主义最鲜明的品格。马克思主义第一次创立了人民实现自身解放的思想体系，为最终建立了一个没有压迫、没有剥削、人人平等、人人自由的理想社会指明了方向。马克思主义博大精深，归根到底就是一句话：为人类求解放。二是群众路线是我党的根本路线。贯彻了一切为了群众，一切依靠群众，从群众中来，到群众中去的基本思想。群众路线是党的生命线，归根结底就是一句话：人民群众是真正的英雄。三是以人民为中心是新时代坚持和发展中国特色社会主义的根本立场。坚持人民主体地位，充分调动人民积极性是中国共产党立于不败之地的强大根基。以人民为中心内涵丰富，归根结底就是一句话：全心全意为人民服务。

其三，以人为本是着眼抗疫斗争实际的根本要求。中国式抗疫与西方国家抗疫最主要、最本质的区别就是4个字：以人为本。体现在战略指导上，把人的生命安全摆在第一位，体现在战略决心上，以抢救人的生命为第一原则，全国下好一盘棋，齐心协力支援武汉；体现在战略部署上，以尽可能减少病毒扩散为第一要求，及早形成以武汉为内圈，以湖北为中圈，以湖北周边疫情较重的省市为外圈的三环隔离部署；体现在战略全局上，以人类命运共同体为第一理念，向世界各国提供抗疫的中国模式、中国方法、中国物资和中国医疗人员。为什么同是一个病毒，公开了答案，有的国家还是抄不了中国作业，说到底是以人本为中心，还是以资本为中心的问题。一种疫情两种抗法，是人的生命重要，还是选举的政治生命重要，孰是孰非，历史检验将是无情的，世界公认将是公平的。在这场史无前例的世界大抗疫中，人们真能感受到百年未有之大变局，将会给人类社会带来什么，从中可以看到疫情前、疫情后两个不同的世界。

导读3：人类的创造力是从哪里来的？

◎郭媛媛[*]

《人类的终极问题》一书中探讨"人类是从哪里来的？""人类到底能活多久？"之后，第三章讨论"人类的创造力是从哪里来的？"这是对人之"来"、之"去"终极思考后，用创造力为人之"在"的注释。"在"是当下，是过程，是人如何通过创造——尝试新东西、新方法让自己更好活下去的人类价值、意义，以及存在的模样和状态。跨越亿万年的地球生物演进态，追溯洪荒亘古人类生命进化史，如作者所言，"不但把人类的创造过程梳理了一遍，而且把生命定义成大自然最伟大的创造，然后把人类和生命的进化能力联系在一起，论证两者在原理上的相似性：它们全都不需要上帝的参与就能实现。"

一、本章主要内容

（一）创造力广泛存在于社会方方面面

创造力是多阶段进阶、多要素协同、多层次体现和多思维运用的复合体系、动态系统，体现并运用于科学、艺术及社会生活方方面面。

1. 多阶段进阶：美国心理学家米哈里·希斯赞特米哈伊（1976）提出"创造力五阶段"——"准备期、酝酿期、洞悉期、评价期、制作期"（可简化为知识储备、洞悉时刻和价值评估三阶段）。

2. 多要素协同：符号规则文化、创新的人、评价专家是"创造力三要素"。

---

[*] 第十三届全国政协委员，首都经济贸易大学文化与传播学院教授、副院长。

3.多层次体现：日常健谈者，喜欢体验新奇事物的人，创造全新知识或艺术改变社会的人。

4.多种思维应用：发散性和聚敛性思维等。如果说生物进化过程中以基因改变帮助生命适应大自然，社会文化进程中人类用创造力应对灾难。

（二）创造力与宇宙创造生命一样不需要提前规划

创造力的出现与宇宙创造生命大部分机制同理、同向，都要在液态混沌中以变化应对进化不确定性然后逐渐进化；需要有不同基因（知识储备），再通过基因突变或者杂交产生新组合（洞悉时刻），最终由大自然（创造者或者公众）负责筛选，优胜劣汰；本质都"只需一个信息自由交换的平台，以及一个允许一定范围内试错的机制"。

1.宇宙创造（生命出现）。违反通行的熵增定律（宇宙熵值将会不停地增加，导致越来越无序），宇宙创造出了唯一一个例外：有序的生命；因为生命具有两个最基本并互为因果的特征——新陈代谢和基因复制，其中，新陈代谢为基因复制提供能量，基因为新陈代谢提供蓝图；一万年前智人——有智慧的人出现。

2.生命诞生（生命组成）。在0℃~100℃温度范围内能让不同种类分子随机碰撞、让新组合保持稳定性的液态水，以及能和四个不同原子相结合的"超级连接者"碳原子，再组合氢氧氮硫磷等辅助性原子组成了碳基生命——有机物。

3.物种进化（生命演进）。35亿年前最早生命出现：所有生命源于同一祖先"卢卡"，分为细菌（bacteria）和古细菌（archaea）两支，通过更新适应不断变化的环境；20亿年前一个古细菌吞了一个细菌：活下来的细菌和宿主彼此依赖、共生，并演变成专门提供能量的线粒体，带来古细菌体积扩大上万倍变成真核细胞；5.5亿年前寒武纪物种大爆发：第一个多细胞生物出现，细胞间合作成为常态，当今地球绝大部分生物原型出现，进化速度指数级增长，生命迎来质的飞跃。

美国进化生物学家斯图尔特·考夫曼（2002）曾提出生物进化的"相邻可能"原则，他指出复杂生命不能从简单生命直接进化，只能一点点改变、进化到原来相邻的地方。这也由此规定了人类创造力受环境限制、持续继承才能创新的特性。

（三）创造力是人类与生俱来的本性

创造力是根植人类生命的根本天性和初始基因，存在、生长、伴行于应对环境变化、渐进进化的从猿到人整个进程。

1.人人都有创造力。人类都有智慧的大脑，专门收集、汇总来自感官的环境信号，运算处理后向运动器官发出指令，指挥身体应对；大脑具有"重复抑制"机制，为减少应变创新的能量损耗，在发现事物规律或无影响环境因素，大脑会自动降低关注度、简化处理程序或放进"潜意识"；因为善找规律人类得以从动物界脱颖而出；一生被保守（寻找规律自保、节约能量）和扩张（探索、冒险，从危险中获得快感）两种指令影响。

2.从树上到草原。（1）森林塑造人类肉体和精神，促进大脑成熟：

行为、肉体变化	进化效果
手指灵巧	方便抓牢树干
拇指对应四指	方便制造工具，促进从猿到人
双眼移到脸的正前方	准确判断树枝位置和距离
色彩感知力提升	辨别果实是否成熟
视觉中枢变大	处理复杂视觉信号，精确感知客观细节
"臂跃"	计算动作结果进化出计划能力，为想象力、抽象思维能力出现奠定基础

（2）草原加快人类社会化进程，促进创造力提升：

行为、肉体变化	进化效果
直立行走	能量使用效率高，适合长距离跋涉
褪去毛发、只留头发	提高散热功效
视野扩大	大脑信息量成倍增加，提高了处理信息能力
上肢闲置	制造工具，与黑猩猩走上不同进化之路
集体行动	700万～500万年前，群体数量扩张，人类脑容量、智商飞跃
脑指数居首	需要更多肉食，主动捕猎需高超智商和团队合作分工协作，促进人类成为社会性动物，而获得营养后脑容量进一步增加
直立行走使骨盆不能太大	婴儿需在子宫外完成身体和大脑后天发育最终发育，大脑的可塑性带来适应性极强的后天学习系统，奠定创造力出现基础
分娩后母亲照顾婴儿	改为一夫一妻制，让每个成员在族群中地位平等，创造力开始进步

3.石器时代。70万年前需预先设计、五六套工序的"阿舍利石器"制造，以协同进化方式刺激大脑形成高级思维；工具制造也促进了人类语言向精确描述复杂、抽象的事情进化；当人类思想传承保真度超过一定阈值，出现的大规模的思想交流为创造力大爆发做好了准备。

4.火焰点燃创造力。火加工食品、消毒、防身、取暖等根本改变人类生活；走出非洲、征服世界的人类，因不同族群协调合作、交流信息和基因，提升了智力水平、促进创造力迸发；1万年前发明农业、人类定居，促使创造力大爆炸，现代智人出现。

（四）实现创造力需要外部环境激发

即使是创造力惊人的天才，天赋等遗传特质能促进其从小对某个领域产生兴趣，更早接触相关领域边界。想有所突破同样需艰苦的知识准备、探索试错；新创造是为社会服务、被社会评价的，当然需要外部配合、支持，"天时、地利与人和全都齐备，缺一样都不行"。美国计算机科学家克里斯托弗·朗顿（Christopher Langton）提出"液态网络"理论，即建立严格秩序和彻底混沌之间的中间地带——"混沌的边缘"，促进创造力实现。如作者言：气体彻底混沌，新结构随时出现但又随时瓦解；固体严格秩序，虽结构稳定，但杜绝新结构出现的可能性；只有液体，既能让新鲜事物顺利出现，又可以让好的创新稳定下来，并不断扩大边缘，探索"相邻可能"。对人类创造力来说，建立"液体网络"就是提供信息流动，促进文化传承，支持打破边界，实现渐进创新。

（五）实现创造力需要激活新连接

人脑是宇宙间最复杂的"液体网络"，善于建立新连接、保存有用连接，所以人类具有非凡创造力；灵感是一组从前未曾联系的神经元突然连接，或联系不够紧密的一组神经元被强化，如连接有用，就上升到意识层面成为创新。设法激发大脑神经元创新连接，是促进创造力实现的捷径。那么，如何激发创造力？散步、浇花或做家务等简单事情、放松心情，聊天或看闲书、记笔记。另外，社会应尊重创意、容错，有组织能承担试错的成本。信息共享时代到来，带来了人类创造力的大爆发；交流、依存、合作、共进，才是作为自然创造物、社会创造者的人类生命应有的正确姿势。

二、感悟与建议

（一）阅读感想

1. 从原理上看："天人合一"，即顺应宇宙、自然运化是人类应该遵从的最基本原则。（1）宇宙创造生命来自液态混沌，创造力来自液态混沌；营造与液态混沌类似的环境、规则，寓有序于无序、寓刚性于柔性、寓边界于无界，类似"生命母胎"的"液态网络"，更有利于激活、激发人类生命原始创造活力。（2）创造才有生命，创造是生命本身，没有创造就没有生命的存在和未来。

2. 从人与创造力关系上说：（1）既是人类天性，创造力发挥和实现与否，在于每个主体有意、无意选择和内、外部环境的激发。（2）既是人之为人的根本特质，是否激活、激发创造力，事关人类存在价值，以及"活"的质量。（3）既是人类更好"活"的体现和表达，激发创造力可以成为个体或群体存在的理由、依托和终极目标。（4）一个有发展潜力和远大未来的社会，必定是具有持续激发、有效激活每个成员创造活力环境、体系、机制的社会。

3. 从创造力激活上谈：激活社会创造力，需要：（1）提供更多的信息流动；（2）促进更多人群、更广范围的交流与互动；（3）形成更多的共同面对、协同合作；（4）构建鼓励、推动社会创新的社会体系与机制，营造追求创新、允许试错也容错的文化舆论环境与氛围，秉持政府主动为创新担责、负责的取向与立场。

（二）建议

1. 创造力源自连接和信息共享，开放、互动、合作能促进、提升一个国家和民族的创新活力。面对当前日趋复杂、紧张的国际局势，中国的发展，一方面必须坚持开放、合作、共享，一方面要充分评估经济、社会等多方面风险，划出底线，提前预案。

2.创造力的培养与激发，需要在实践中完成。为培养大专院校学生的创新素质和能力，建议建立、完善大学生志愿服务社会的工作体系和机制，将社会志愿服务活动，纳入全体大学生人才素质培养必修学分体系中。

3.创造力的激活和激发，需要信息流动，以及主体间交流互动，这也是互联网的技术特性和本质属性；"5G""大数据""人工智能""物联网"等"新基建"的加速建设，必将带来更广泛、更快捷的不同种类网络的联网互动。以稳定、开放、交流、包容为原则，摒弃更多人为手段的传统行政管理方式，国家互联网管理部门应加快探索基于区块链等新技术信用元素为支持的互联网管理"液态网络"机制；要改变立法为基础的管理思维，健全、完善以网民媒介素养为基础，媒体（企业、平台）监管为约束，行业他律为支持，网络法为底线的互联网管理模式、体系与机制。

本章金句

1.生命不需要神来创造，只要提供一个能够让不同的原子自由交流的液态环境，就有很大的概率创造出生命。

2.生命的进化过程说明了一个道理，那就是相互合作才是创新的最佳途径。真正伟大的创新，都是由若干个不相干的领域彼此融合后产生的，光靠一个人单打独斗是不行的。

3.人类这个物种到底能否延续下去，就看我们的创造力能否跟得上了……想尽一切办法将这种天性发挥到极致，帮助我们渡过必将到来的难关。

4.尝试新的生活方式是需要冒险的，如果生存条件恶劣，动物们最好的应对方式反而应该是守旧，因为它们没有资本去冒险。人类也是如此，只有对失败的惩罚力度变小了，人类才有闲心和勇气去尝试新的东西。

5.创造力的进化和生物进化一样，都不是事先规划好的，而是修修补补、见招拆招的结果。

6. 旅行会强迫一个人离开自己的小圈子，扩大自己的知识边界，从而更好地探索"相邻可能"，创造力就是这么来的。

委员读书笔记

 戚建国

读了媛媛委员的导读，对创造力有了进一步的认识。

一是，创造力是人的本能。是人之所以成为人的关键。恩格斯曾讲过：劳动创造了人。在人类进化过程中，创造力是推动力。

二是，创造是一种能力。创造不仅仅是一个过程，更是一种能力，既是先天赋予的，也是后天努力的。天才有天赋的因素，更重要的是后天的实践。实践出真知，就是大道理。

三是，创造力是一种综合。人的创造力是知识、智力、能力及个性品质等复杂因素综合优化构成的。要创造必须要有知识积累，必须要有智力和能力去点燃心灵的火花。

四是，创造力是一种心理活动。从学科分类讲，创造力属心理学的范畴。人的创造活动，是一系列连续的复杂的高水平的心理活动。不是每个人看到苹果落地，都能发现地球引力，创造来自准备好的人。

五是，创造力来自培育。创造力是教育、培养和实践的结果，这就对教育提出了要求：是授人以鱼，还是授人以渔。

蒋作君

"道通天地有形外，思入风云变态中。"读书会是一个沉思畅想、悟道笃行的好地方。

谈谈"负反馈调控"。负反馈调控，在电学中是一种技术，在社会生活中是一种治理，在经济运行中是一种调节，在生物种群中是一种规律，在生命活动中是一种机制。

现仅谈谈生命活动中的负反馈调控。在生命活动的所有调控中，负反馈调控尤其重要，甚至可以说，没有负反馈调控就没有生命。哪里有生命，哪里就有负反馈调控。

负反馈调控的实质是抑制性调控。在人体维持生命的生物化学反应中，反应的终末产物抑制该生化反应起始步骤的酶，以减缓或终止这一生化反应速率，使终末产物维持正常生命活动所需的适宜浓度。因此，身体各项生理、生化指标都有一个正常值。如果人体自身调控不了，就需要服药治疗，如高血糖、高血脂的治疗。

 **叶小文**

《人类的终极问题》第三章谈"人类的创造力是从哪里来的"。尽管创造力不需要提前规划，创造是人类的天性，实现创造力却需要外部环境的激发。创造力是多阶段进阶、多要素协同、多层次体现和多思维运用的复合体系、动态系统。

讲"复合体系"，就涉及体制问题；讲"动态系统"，就涉及机制问题；讲"复合体系和动态系统"的良性运转，关键是制度问题。

制度是管长远的，带有根本性。"制度好可以使坏人无法任意横行，制度不好可以使好人无法充分做好事，甚至会走向反面。"让好人充分做好事，就是充分发挥创造力。社会主义的优越性，就在于它能最大限度地解放生产力，最充分地激发创造力。

我们正是"扭住完善和发展中国特色社会主义制度这个关键"，"为放手让一切劳动、知识、技术、管理、资本等要素的活力竞相迸发，让一切创造社会财富的源泉充分涌流，不断建立充满活力的体制机制。"放手让两个"一切"，就是要激发无限的创造力。

所以，"摆在我们面前的一项重大历史任务，就是推动中国特色社会主义制度更加成熟更加定型"。

胡　卫

总览全书，掩卷长思，本人觉得该书至少给我们带来了以下三点有益的启发：

一、万物相生，我们应该努力构建"人类命运共同体"。自然界的绝大多数生命都是相互依存的关系。袁越老师告诉我们，很多研究表明，人这一物种诞生于非洲，后来历尽艰辛、九死一生分三次走出非洲，扩散到世界各地，并逐步进化成高级智慧，20万年前是一家，今天人类都是同一群非洲人的后代。人类这个物种要想在宇宙间长久生存下去，就必须学会相互合作，把创造力用在正确的地方，齐心协力面对已经、正在或将会出现的各种风险和挑战。当前，新冠肺炎疫情正在全世界大流行，全球累计确诊病例已超百万，蔓延至全球200多个国家和地区。全球治理失衡。崔天凯大使说，环球同此凉热，建设人类命运共同体，唯有合作才能共赢。我赞成这样的观点，人类社会发展到今天，从部落、家庭、民族、国家到社区，主要是协同合作的结果。中国要力所能及帮助他国抗疫，帮别人就是帮自己。我们为世界争取了两个月的时间，很多国家把它浪费了。现在世界又给我们留出了时间，我们要好好利用全球留给我们新的时间窗口，来研究我们下一步该怎么办，如何战胜危机抓住机遇，进一步扩大开放，深化改革，创新发展，补好社会治理短板。这也是我们反思人类终极问题的意义所在。

二、创造需要宽松的环境和空间。"液态网络"告诉我们，人脑是一个液态网络，创造是两个神经网络的连接，新想法是一个此前没有出现过的连接方式，灵光乍现就是新的碰撞。创造越来越依赖于集体智慧，而不是个体劳动。从目前世界各国创造的成果看，公益创新是主流，利用市场机制的创新也越来越多。灵感来自丰富的信息，影响液态网络构建的主要问题，是对信息的不恰当管制。只有营造积极的液态网络，让信息公开、透明，并流动起来，创造才能触类旁通，不断站在前人肩膀上。

　　三、活着就要奉献，长寿的意义在于提高生命质量。人人都爱追求长生不老，中国人更是认为"好死不如赖活"。但是，如果很长时间躺在病床上，既难以做出贡献，生活又不健康。如果大脑无法永生的话，身体的长寿是没有意义的，所以真正的永生应该是多做有益的事情，让世界记住自己的贡献。生命的意义有两个，一是繁衍下一代，让人类生生不息；二是让生活更有质量，为社会做出更大贡献。身体的长寿目的在于多做有意义的事情，让婴儿有充足时间发育；让少年儿童有足够的时间去学习，发掘潜能；让成年人有足够的时间去发明创造，最终为社会为人类做出更大贡献。

戚建国

　　读书全在于应用，光靠泡在书堆里跳不出来，是干不出事业的。谈创造力，应该联系中国创造的历史和现实，尤其是现实来反思，怎样才能激活社会创造力；谈风险，应该联系当前抗疫面对的可能风险，提出有实用价值的对策建议。

　　胡卫委员的三点提议看似朴实，实则富有哲理。一为世界抗疫需要合作，合作需要心诚，不能冤冤相报，这是没有出路的；二为创造需要宽松环境，创造需要活力，活力来自宽松，人的思想活了，才有创造力；三为活着就要奉献，奉献出财富，财富出质量，人人都奉献，生活多美好。

李　灿

　　这次疫情给人类的警示是，道高一尺魔高一丈，随着人类越来越聪明，病毒的花样也会不断更新，所以，有科学家预言：人类与各种病毒的博弈将会常态化进行下去。

　　另一方面，人类生存的生态环境随着物质文明的进程而江河日下，直接危及人类的生存发展。2019 年全球极端天气和自然灾害达到百年来最严重的一年。由于突降新冠病毒，人们的注意力被转移。而病毒的产生根本上也是人与自然未能和谐相处的一个恶果。

疫情期间的读书和讨论使我们必须思考的不仅是一个国家、一个地区的问题，而是全人类繁衍生息的大问题，希望这次疫情过去后，全人类能够吸取教训，反省人类自己的行为，保护人类地球家园的生态环境，与地球家园和谐相处，推动人类命运共同体生态文明的建设。

孔铉佑

对中国来讲，未来 30 年是最有希望的 30 年，也一定是最难的 30 年，所谓"路到半山坡更陡"。能不能走好未来 30 年的路，关键在于我们自己。只要能像这次抗疫中的表现一样，国人都能万众一心，就一定能做到黑云压城不足惧，泰山崩于前不变色！

戚建国

何谓创造：

围绕一个主题：源头活水。活，是出创造力的关键。这是我国改革开放的大实践，破除"两个凡是"，引来思想解放。

抓住一个关键：活而有度。不能一放开就乱，一封住就僵。需要的是发展进步后活，不能搞社会倒退后活；是科技创新的活，不是不讲科学的活；是风清气爽的活，不是搞乱风气的活。

提出一个实招：活出于制。从国家治理体系和治理能力入手，解决活的问题，这是管长远、管方向、管基础、管根本的"活之灵丹妙药"。

叶小文

关于"搞活",建国提出要"三活"的见解,我们"需要的是发展进步的活,不是社会倒退的活;是科技创新的活,不是不讲科技的活;是风清气爽的活,不是搞乱风气的活"。这里,就提出了"搞活"的价值取向问题。

"液态网络"理论似乎没谈价值取向,"创造力"必须有价值取向。今天大家仍然重视五百年前王阳明的"阳明心学",就因其中蕴含的"创造力",是重价值取向、有价值取向、靠价值取向生发开来而生机勃勃的"创造力"。阳明的"心即理",讲心之定力;"事上练",讲心增定力;"致良知",讲心聚定力。在一个"心"字,皆是确立、凝聚、强大、坚韧内心之定力。他讲了一辈子心学,千言万语,临终汇集一言:"此心光明,亦复何言。"

有价值取向的"创造力",此力永续,亦复何言。

中国共产党人的始终"不忘初心,牢记使命",功必至伟,亦复何言!

有价值取向的"活力",无论风高浪急,不断颠簸,总能以"活"治"活",动态平衡;无论来势汹汹,势在颠覆,总能以"力"打"力",化险为夷。以有价值取向的"活力"来防范、抵御、化解中华民族复兴进程中的"颠覆性风险",是为一招,符合不断在多重调节中维持稳态的生命的法则,契合天之道,损有余而补不足的智慧。

胡　卫

叶小文和戚建国委员的搞活观点有新意。搞活就是流动,流动就有生命和活力。促进人流、物流、钱流,还要重视信息流。这是创新的土壤和环境。当然疆界,规范必不可少,如同提倡自由,当个人自由损害他人自由时,那就越过了边界,就需要加以限制。

郭媛媛

此次防控疫情中各国及政府的表现，造成西方大国在我国民众心中一定程度上的"祛魅"。对国家带领国民坚定走自己的路，带来了更多的凝聚力。

管尔东西南北风，做稳、做实、做对、做好自己的事是第一要务，这是定盘心；其次，继续查漏补缺，并迅速补短板、强弱项，这是当务之急；保持高度警惕，以更加谨慎的态度，做好全方位预备；最后，退无可退，迎难而上！

戚建国

其一，从哲学思想层面理解阳明心学与创造力。讲心、讲良知，核心是"吾心光明"，光明之心，当可照亮创新之路。

其二，从伦理道德层面理解阳明心学与创造力。良知就是道德，一个品质高尚之人，当可挑起革新传统观念的重担。

其三，从历史文化层面理解阳明心学与创造力。阳明心学从历史维度看，呼唤思想解放，这是从朱子之理到阳明之心的一次思想自救，更加强调人的主体性、进取心和执行力，这是创新的原动力。

朱永新

人类具有非凡创造力，源于拥有宇宙间最复杂的"液体网络"——善于建立新连接、保存有用连接的大脑。激发、激活创新连接能促进创造力的实现。为更好促进社会的创造、创新，要有允许试错和容错的社会"液态网络"，要在宽容、自由的环境、氛围和制度下，从内、从外激活每个主体的创新活力。郭媛媛委员在导读中说得好，人类本来就是有充满着创造力的基因，儿童的好奇心就是创造力最初的源泉，

我们的教育是摧毁它还是呵护它，决定了我们的创造力是否旺盛。好的教育，就是一个鼓励探索，鼓励批判性思维，鼓励多元化思考的教育。

胡 卫

由终极问题引申到当前经济，大家都忧心忡忡。担心疫情引发产业链搬迁之声不绝于耳。昨天和我一位在美工作的同学探讨相关问题，他的观察角度不大一样，认为，这次危机其实会放慢贸易战以来产业链的搬迁趋势，而非加快。原因有二：

一、搬迁意味着新投资，但全球衰退阴霾无人愿投。经此一疫，欧美经济估计需要两年才能恢复原有的元气，中国以外的拉美、东欧、东南亚新兴市场不乏薄弱环节，易被疫情、汇率、债务三杀成多米诺骨牌，因此跨国企业未来一段时间的重中之重是保留现金、减少投资，而非新资本开支。调研发现，原本一些公司在疫情前打算在中国以外投资设新厂，或者在其本国加大自动化投入，这些意向当前纷纷被延期。

二、以 TMT 产业链为例，全球龙头企业几乎都认为，中国在复工上展现的管理能力，进一步验证了它相对于其他新兴市场的制造业优势：在封城之后仅仅两个月内，疫情受控，生产能力几乎满血复活，不论是红黄绿码技术应用，还是体温、口罩、食堂隔断等公共卫生管理，以及员工的配合度，都远胜于其他潜在搬迁目的地如东南亚，后者目前正经历更坎坷的生产停摆供应脱臼。至于疫情之后的世界（所谓 AC）如何，大家当前都是揣测，但有一点在跨国企业调研结果中较为明显：疫情促使下一阶段的产业更重视数字基建，即云服务、IoT、远程等。中国恰巧正在 5G、数据中心、IoT 等数字基建上加速，未来的商业基础设施或许优势得到加强而非削弱。正如各位讨论中提到的，有危一定有机。关键我们要利用好这难得的窗口期，扩大开放，补上短板，推动改革再出发。仅供参考！

戚建国

胡卫之言有理。当前，在世界抗疫大背景之下，人们的危机意识加重了，这是大势所趋。一时间论点多多，大体三点：一为世界经济大衰退，二为战略地缘格局大调整，三为孤立主义大抬头。这三点从不同角度看，都有一定道理。我则认为：大疫情不同于大战争，也不同于金融大危机，是一场大灾害，对世界政治、经济、军事、文化和大国关系，将会产生重大影响。但也要透过疫情看世界，人类赖以生存发展的物质基础依然存在，大灾害影响之大前所未有，灾害之后恢复之快也会前所未有。但也要看到，这场大灾害带来的深远影响，将是世界战略格局的大调整，同时推动世界规则大调整，促进国际产业链大调整。

朱永新

《论大战略》的作者认为，人的思维往往处于狐狸型和刺猬型两种思维方式的对抗之中。刺猬型思维重视对战略目标和愿景的规划，强调目标的单一性和纯粹性，但缺乏灵活性和手段的配合。狐狸型思维重视对自身能力的评估和调控，关注环境的变化和对自身能力的评估，但容易模糊自己的目标。所以，战略的艺术，其实就是两者的有机结合，目标与能力的平衡。

张连起

从最近和各界人士的交流看，人们最大的担心除了经济复苏，就是疫情会不会成为全球化的转折点，从此开始"去全球化"，"脱钩"？从开放渐渐走向封闭，从合作渐渐走向分离。我们无畏挑战，要为可能出现的各种挑战做好准备，但更要防止战略误判，不要把"脱钩"

简单化、扩大化，变成一种思维范式甚至"政治正确"。

如同《麦肯锡中国报告》（2019）指出的，现在的情况是，"中国对世界经济的依存度在相对下降，世界对中国经济的依存度却相对在上升"。我们坚持底线思维，保持定力，顺势而为，以我为主，锚定发展，不负历史给予的时间之窗。

当前常态化疫情防控的政策思路是注重恢复生产生活秩序，保中小企业、保就业、保基本民生，如期完成脱贫攻坚目标任务。一揽子经济复苏方案正在制定中。我国统筹疫情防控与经济社会发展工作凸显政治优势和制度优势。尽管治理体系和能力有短板，但经此一疫，补短板的驱动力更强。

赖　明

此次新冠肺炎疫情是新中国成立以来在我国发生的传播速度最快、感染范围最广、防控难度最大的一次重大突发公共卫生事件。在以习近平同志为核心的中共中央坚强领导下，经过全国上下和广大人民群众共同努力，疫情防控取得阶段性重要成效、形势持续向好，经济社会秩序加快恢复，积累了许多宝贵经验，集中体现在以下十个方面。一是彰显中国共产党领导和中国特色社会主义制度优势；二是战"疫"依法科学有序；三是压实属地管理责任；四是联防联控切断传播途径；五是强化基层治理筑牢社区（村）防线；六是弘扬同舟共济优良传统；七是综合统筹精准施策；八是强化现代信息技术战"疫"利器；九是注重中西医结合并用；十是深入开展国际交流合作。抗击疫情积累的宝贵经验、凝结的可贵精神，必将成为决胜全面建成小康社会、夺取新时代中国特色社会主义伟大胜利、实现中华民族伟大复兴的中国梦的巨大财富和强大力量。

 **郭媛媛**

战疫还在过程中，国际上围攻中国的舆论战、法律战正烈，大国博弈，军事隐忧同在；国内，战疫付出巨大，常态防控疫情同时，历经停工、停产，中小企业的生存，经济发展指标的实现，就业、民生等的稳定，扶贫攻坚任务的最后完成，社会公共卫生和国家重大灾难应急应对等体系的亟待完善……风险重重，困难重重。

作为负责任的大国，我们在国际上，需要担当，这是走向复兴的中华民族应有的姿态。同时，通过疫情大考，我们也看到担当不仅需要胸怀，担当还需要不断增长并强大的实力——所以我国的经济建设、国防建设、社会建设、文化建设等一个不能松；担当需要担当，担当还需要承受——所以中国社会的建设、发展以至心理必须有足够的韧性和张力！

这也是疫情大考考出的一个需要解答的问题！我们在经济、军事、外交、社会、文化等建设、发展的体系、结构以至相关实体，是否能经住大风大浪的考验？是否存在一击即破、即垮的脆弱部分或环节？包括我国组织机构和国民，是否有大国自觉，在面对非议、面对攻击、面对险峻、面对复杂，还能立定自己的本位、本职，处变不惊，从容、扎实地做好分内的事。

习惯大国身份，直面所有问题。我国国力的增强，始终都是依靠党的领导、科技助力、人民奋力才渐进得以积累。时至今日的中国，没有选择，唯一要做的就是以更加积极、智慧、强有力的政策、措施，在继续改革开放、推进"一带一路"建设中，立定心神，使中国社会全方位质密、质优、质重，使国家、国力、国民的承受力持续提升、强大，使人民有一天不再因任何国际杂音、噪音出现而有不安！

🖋 戚建国

这场大疫情当是人的一次自我大认知。当病毒不认人之时，人不仅又一次认识了自我，也深刻地认识了他人，认识了社会，再往大处也认识了世界。此时此刻，如果让孔子沉思，答案是仁者，爱人也；如果让老子来沉思，答案是道法自然；如果让阳明子来沉思，答案是致良知。

其实在先贤大师的字典里，唯有一个"诚"字，这既是仁爱之本，也是天道之本，还是良知之本。在资本的无情驱动下，人心至诚似乎蒙上了些许阴霾。这场抗疫，是至诚回归，从医者仁心的奋斗者身上，不是闪耀着人间大爱的至诚精神吗？从00后的志愿者身上，不是看到雷锋又回来了吗？从基层一线的领导干部身上，不是看到了焦裕禄的影子吗？其实，在每个人的内心深处都有道德标准，随心而行，随意而为。我们需扪心自问，疫情过后，人们还会把握住内心的良知吗？

中国是一艘驶向理想彼岸的巨轮，正行驶在浩浩荡荡的世界洪流中。决定中国命运的不是巨轮本身，而是舵手、击楫者、乘船者，我们都是一分子，也就是说中国之前途命运掌握在我们自己手中。在民族复兴的征程中，唯有众志成城，才能共同担起社会责任。人要知敬畏，对古圣先贤之经典不可不知不尊；人要知天地，在与自然相处中不可不顺不惧；人要知社会，在命运共同体中不可不和不合；人要知文明，在日常生活中不可不律不戒；人要知教训，在病毒再袭时，不可不警不鸣。

🖋 蒋作君

既然防疫是"持久战"、常态化，就要做好阶段性的总结。目前在没有疫苗和特效药的情况下，认真总结"武汉保卫战"的临床救治经验尤为重要。

我思考了一下，至少有 10 条经验：

1. 定点医院与方舱医院的结合；

2. 基础医学与临床医学的结合，根据尸检发现调整治疗策略；

3. 中医与西医的结合，90% 重症治疗采用中西医结合；

4. 老药新用与恢复期血浆的结合；

5. 核酸检测与影像诊断的结合，缩短了诊断时间；

6. 药物治疗与心理干预的结合；

7. 军队与地方的结合；

8. 前线救治与后方支援的结合，如利用视频交流会诊；

9. 医疗与护理的结合，重症患者七分靠护理；

10. 临床与管理的结合，医院实行"战时"管理体制。

戚建国

赞同元竹的意见，大变局将改变人类对历史进程的认识，大抗疫将改变人类对全球一体化进程的认识，大变革将改变人类对生产方式和生活方式的认识。

从读书谈战胜自我

读了《生命的法则》《人类的终极问题》和其他相关的书，使我加深了对人的认识，引发了一些思考。对于人的认识，古往今来是一个永恒的主题。人类社会发展史表明，文明进步既要靠科学技术的力量，也要靠思想道德的力量。科技只有不断创新，才能创造未来；人类只有战胜自我，才能不断新生。战胜自我，既是一场思想革命，也是一场科技革命，还是一场社会革命。所谓战胜自我，不是讲一般意义的改造思想，是指努力使人类认识自己的能力来一次划时代的革命，既要战胜自然意义上的自我，也要战胜精神意义上的自我。战胜自我包括三个层面：一为战胜个体的自我，二为战

225

胜团队的自我，三为战胜人类的自我。围绕战胜自我，谈点学习体会，与各位学友交流。

其一，从哲学层面战胜自我，通过揭示人的本质去认识自我。哲学家关于"什么是人的本质"的认识，是照亮战胜自我的思想火炬；关于"什么是人的智慧"的思辨，是战胜自我的动力源泉。苏格拉底总是自称一无所知，一生都在为认识自我而不懈努力。以儒、道为主干的中国传统文化，是一种伦理本位的文化，提倡尚德、尚善，强调约束自己、服务他人、敬畏天地、家国情怀。孔子希望大家都学周礼，学礼之后懂规矩，自然天下就太平了。老子希望大家能够无私，不敢为天下先，才能成其先，这样天下就太平了。墨子希望大家要有敬畏之心，举头三尺有神明，做事安稳本分，少干非分之事，这样天下就太平了。冯友兰在中国哲学的精神一章中认为："由于哲学的主题是'内圣外王'之道，所以学哲学不单是要获得这种知识，而且是要养成这种人格。"冯友兰提出"人生四重境界"：自然境界——随波逐流，顺着本能做事；功利境界——追求名利，为自己做事；道德境界——超越自我，为社会做事；天地境界——自然而然，为天地做事。读书学习的过程，是一个感悟人生，修身养性，战胜自我，培育为社会、为天地做事思想境界的过程。人贵有自知之明，改造思想，寻求光明，创造新生，这就是哲学意义上的战胜自我。

其二，从生态学层面上战胜自我，通过揭示人与自然的关系去认识自我，这也是政协这次倡导开展读书活动的目的所在。在读《生命的法则》和《人类的终极问题》之后，使我们进一步认识了我是谁？我从哪里来？我向何方去？这些人的基本问题。在生态学层面战胜自我的过程，是一个认识生命、认识生态、认识自然的过程，是一个树立绿色发展方式和生活方式的过程。马克思认为："动物只是按照它所属的那个种的尺度和需要来构造，而人却懂得按照任何一个种的尺度进行生产，并且懂得处处都把固有的尺度运用于对象。""按照任何一个种的尺度来进行生产"，指的是人在生产实践中应遵循客观规律。正如习近平总书记指出："自然是生命之母，人与自然是生命共同体，人类必须敬畏自然、尊重自然、顺应自然、保护自然。"生态环境问题归根结底是发展方式和生活方式问题。推动形成绿色发展方式和生活方式，是发展观的一场深刻革命。在全社会牢固树立生态文明理念，培养生态道德和行为习惯，这就是从生物学意义战胜自我。

其三，从认知科学层面战胜自我，通过揭示人的智力本质去认识自我。《人类的终极问题》第三章，围绕"人类的创造力是从哪里来的"论述了创造力的问题，指出创造力是人类区别于动物的最关键的特质。在此基础上，运用人工智能技术研究人类智能问题，人工智能说到底就是让机器系统具有人的智能，这是一个具有时代意义的大课题。目前在感知智能领域取得重大突破，比如语音识别、图像识别、语义理解等，部分智能已超过人类智能。难点在于认知智能，让机器系统像人脑一样去思维，这是一个世界级难题。尽管在深度学习领域取得重大突破，"阿尔法狗"战胜了围棋领域顶级高手，但仍然是在弱人工智能阶段的探索，还缺少人类智能的"悟性"，面对不确定性，还不能完全做到随机应变。强人工智能阶段的目标，就是了解人的认知功能，探索人的"体悟"特征，推动人类的认知革命，努力用智能之光照亮人类战胜自我。习近平总书记指出："人工智能是新一轮科技革命和产业革命的重要驱动力量，加快发展新一代人工智能是事关我国能否抓住新一轮科技革命和产业变革机遇的战略问题。"抢占新一代人工智能技术发展的战略制高点，是一个原创性的世纪工程，需要一批有志向的科技工作者，抱定科研初心，牢记报国使命，培育甘愿"长期坐冷板凳"的志向情怀，潜心从事"十年磨一剑"的基础研究。这需要彻底摆脱功利主义的影响，必须只认事业，不认名利，若终日被虚名所困，不可能干成这项事业；这需要彻底摆脱浮躁风气的影响，必须静下心来，耐住寂寞，若终日受市俗所扰，不可能久久为功成就大业；这需要彻底摆脱形式主义影响，必须不做虚功，专务实业，终日被无用之功所累，不可能在背书抄书中点亮科技火炬；这需要彻底摆脱"官本位"的影响，必须追求真理，不求官位，终日被"官帽"所惑，不可能在科学殿堂拥有一席之地。抱定平生追求科学精神，擦亮"实事求是"的思想底色，这就是从生命科学意义上战胜自我。

面对世界百年未有之大变局，面对世界战略重心大调整，面对新一轮科技大革命，面对与时俱进的社会大变革，面对形形色色的病毒大来袭，我们唯一的选择：努力在学习与实践中，不断战胜自我，不断创造新生。

保护人类创造力应对突如其来的危机

——《人类的终极问题》作者袁越谈撰述缘起及思考

新冠肺炎疫情在全球暴发，仿佛将人类又一次推到了一个需要回答 "To be or not to be" 的关键时刻，也让我们更深刻体会到人类命运的休戚相关和构建人类命运共同体的重要意义。不久前，由三联书店出版的《人类的终极问题》受到读者的欢迎，很多人通过阅读，深入思考一些问题。书中，作者提出并娴熟地运用科学知识回答了三个人类关切的"终极之问"，即：人类来自哪里？我们为什么会变老？创造力究竟是怎么来的？对于我们普及知识、启迪思考和促进社会治理具有一定的参考价值。在 4 月 23 日第 25 个"世界读书日"到来之际，《人民政协报》文化周刊特别采访了书的作者、《三联生活周刊》特约撰稿人袁越先生，请他谈谈成书过程及思考，以飨读者。

1. 用一本书，回答三个问题

文化周刊：《人类的终极问题》原本是您发表在《三联生活周刊》的三期关于人类主题的文章，是哪些因素促使您将它们结集出版？这本书的成书过程是怎样的？

袁越：2017 年初，中国科学家在河南发现了两件新型古人类化石，引起国内外学术界和媒体的极大关注。我与《三联生活周刊》的主编商量，能不能做一期介绍人类进化研究成果主题的封面故事。选题从采访到成稿进行得比较顺利，文章发表后也产生了一定影响。之后，我又做了一期类似的，讲述抗衰老的封面故事，效果也不错。因为社会反响比较好，我想，就再做一个，可刚好组成一个"人类三部曲"。于是又选择了"创造力"这个主题，做了第三个封面故事，汇成了"人类三部曲"。

"人类三部曲"发表后，三联书店认为内容不错，打算结集出版。成书之前，因为一些研究领域又取得了新的成果，于是我在内容上做了适当调整。

文化周刊：您在文章的采访和撰写中是如何进行史实梳理、科学判断的？您的成长经历与专业背景给这本书或给这些关乎人类自身的问题提供了哪些帮助？

袁越：我是学生物学遗传工程的，之后在美国留学读硕士。有这样的专业背景和教育经历，在研究人类进化和人类抗衰老等问题的时候，可能有一点优势。不管是人类进化还是人类抗衰老的话题，都涉及大量的专业的研究成果和论文，这确实需要有一定的专业背景；加之有些研究成果和论文是英文的，我有这样的教育背景，采访和写作相对顺利一些。虽然撰稿涉及"创造力"的话题，我也并非专业研究心理学的，但在此之前的采访中对艺术领域也有所涉猎和积累，比如对罗大佑、徐冰等文艺界人士的作品比较熟悉，对他们也有过深入采访，所以这方面内容的撰写也还得心应手。

2. 用科学的观点，解读生命的复杂演化

文化周刊：这本书旨在探讨"人类是从哪里来""人类到底能活多久""人类的创造力是从哪里来"的终极问题，围绕这三个问题，您思考的出发点和落脚点在哪里？

袁越：几千年来，哲学家们一直在思考"我是谁？我从哪里来？我到哪里去？"的哲学命题，这是人类的终极命题，这本书的三个章节其实也是围绕这样的命题展开的。比如，人类怎么抗衰老这个主题，核心其实是生命怎样从无到有；人类进化这个主题，核心是高等智慧

是怎么进化出来的；最后这个创造力，更是包罗万象的一个话题，无论是生命还是智慧，都是创造出来的，遵循同样的规律，我试图在当代背景下，寻找和描述这个规律，再用它来推测未来。

书的最后我引用了达尔文的观点——去年也刚好是达尔文诞辰210周年，达尔文的进化论解释了世间这些复杂生命的演化。一个普通人看地球上无机物和有机物的差别会非常明显，比如无机物沙子、水、土、空气等，它很简单，人一出生好像就能看到它们，它们也一直都在；但遇到有细胞的生命，如植物，它的结构很复杂，可以从种子长到参天大树，从无到有，跟无机物的差别很大。在科技匮乏的时代，古人是无法理解这样巨大的鸿沟是怎样被填平的，只能用上帝来解释生命的进化。而如果看了"人类三部曲"，你就会发现这里有一个符合进化论的解释：有机物和无机物之间的鸿沟是可以按照某些原则，尤其是创造力那部分提到的原则，一步一步变成现在我们所看到的世界的，而且这个过程还将会继续延续下去。

文化周刊：您作为作者，可否给读者一些建议，例如如何来阅读这本书？有没有什么样便捷的阅读方法和思路？

袁越：这三个问题都是宏大的命题，每个问题背后也都有很多专业的书籍从不同角度进行的深入分析。《人类的终极问题》就是把与这三个问题相关的历史进行了梳理，形成一个五六万字中等篇幅的导读框架。在这样一个框架里，读者花费一两天读完对于一个问题的梳理，就可以大致了解一个领域是一种怎样的状况。在读这本书的时候，读者可以对自己感兴趣的某一部分进行阅读，之后如果感兴趣，还可以去继续查阅相关书籍或论著，深入了解这一领域的内容。我想"人类三部曲"起到的就是这样一个"导读"的作用。

3. 地球是人类的家园，人类是命运共同体

文化周刊：通过这本书，您最想传达给读者的是什么？

袁越：写"人类三部曲"，就是想通过这组文章向大家传递这样

一个信息,那就是今天世界上的所有人,在几万年前都是一家人。今天,人类虽然被人为地分成了很多"部落",彼此之间经常发生各类冲突,但我们事实上,是在共享地球这个生态系统,每个人的利益事实上都是联系在一起的,是一个共同体,我们必须清醒地认识到这一点。

这个"共同体"的概念甚至可以扩展到整个生态圈,因为从生物起源的角度看,地球上所有生命都源自同一个祖先,生命和生命之间相互依存,每一种生命都不可能独立地存在。进化绝不是你死我活的生存竞争,互助才是进化的主旋律。甚至,已经有越来越多的证据表明,银河系内几乎没有可能存在高等文明,我们人类是宇宙的幸运儿。换句话说,人类只有这样一个地球,它是我们唯一的家园。如果大家都能打心眼儿里理解这一点,这个世界一定会变得更好。

文化周刊:新冠肺炎疫情在全球蔓延,很显然,这已经不是一个国家或几个国家的事情了,它关乎整个人类。在构建人类命运共同体的当下,您认为思考这三个问题,有着怎样的现实意义?

袁越:病毒没有国界,疫情不分种族,这充分说明了人类是一个命运共同体。"人类是从哪里来"讲述的是整个人类的起源,从全球角度看,地球上的人类不分你我,大家都是一个紧密联系的整体;从生物学的角度,人类是最具有创造力的灵长类生物,面对疫情,我们应该携手相助、团结合作,积极发挥创造力,抗击疫情。在构建人类命运共同体的当下,再来思考这三个终极问题,可以帮助我们从科学的视角,更好地理解它的重要性。

文化周刊:也对应了您所说的:"人类只有这一个地球,它是我们唯一的家园。如果大家都能打心眼儿里理解这一点,这个世界一定会变得更好。"这很适合当下构建共同面对疫情的积极心态。宏观上讲,它还应该包含着一种怎样的人文关怀?

袁越:人类是最高级的生命物种,这一点毋庸置疑,这也是三个终极问题所要强调的一点。在面对共同的"敌人"时,人是最重要的。

比如，我们提倡的以人为本，在疫情面前以人民的生命安全为重等，这都包含着人文关怀。同时，我们还要意识到，人类在几万年以前是一家人，差别很小。举个简单例子，不同种族的人相互通婚，都会生出一个健康的孩子，这说明人类本身就是一个非常接近的族群，它不同于其他动物族群。读完这本书，这种感觉会更强烈，也就会更加理解人类要相互团结的真正意义。

文化周刊：能不能这样理解，您虽然写的是关于人类的整个生态问题，但也是人类的命运问题？

袁越：当然。这不仅是生态问题，也是人类的命运问题。比如，我写"人类的创造力是从哪里来的"这一章，我想说的是人类进化、发展到现在，其实经历过很多危险时刻，最后都是靠人类自身的创造力解决的。创造力，是人类应对危机的唯一武器。为什么我们最初面对新冠肺炎疫情会恐慌、会不安？是因为它是个新的问题，之前我们从来没有经历过。而面对新的、不熟知的对象，在恐惧、不安的同时，我们需要积极发挥自身所拥有的创造力去解决它，就像人类历史上所有遇到这种情况的时候一样。比如流感，它在人类生命过程中运行了很多年，以至于即使到了现在所谓的流感季，我们照样要遭遇，但我们已经没有最初的时候那么恐慌，是因为我们已经有了应对之法。人类的创造力是无限的，要保护我们的创造能力，或者尽快发扬创造能力，以应对每一次突如其来的危机，这样才能保证人类不断生存、延续下去。

（原载《人民政协报》，2020年4月20日）

《生命的法则》

作者：〔美〕肖恩·B. 卡罗尔 著

贾晶晶 译

出版社：浙江教育出版社

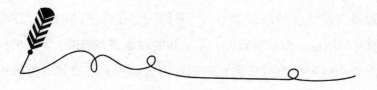

导读人：

吕忠梅　丁元竹　刘华杰　潘碧灵

郑秉文　杨忠岐

导读1：重读《生命的法则》的思考

◎吕忠梅*

之一：从法学对"rule"一词的理解和运用
看不同学科的差异

我们知道，英文中的"rule"是一个多义词，并且有多种不同的使用方法。《牛津辞典》将作为名词的"rule"解释了六种含义：1.规则，规章，条例；2.建议，应做之事；3.习惯，常规，惯常的做法；4.定律，规则；5.统治，管理，支配，控制；6.尺，直尺。《柯林斯词典》也解释了"rule"一词的四种含义：1.规则，规定，章程，条例；2.行事准则，指导方针，应做的事；3.（语言或科学中的）规律，法则；4.普遍情况，常规，惯例。

《生命的法则》一书英文名为"The Serengeti Rules"，译者将"rule"一词译为"法则"。在该书中，能够看到作者从基因、细胞、组织、器官、个体、种群和整个生态系统中揭示的生命运作规律——塞伦盖蒂法则，由此生发对生命、对自然的敬畏之心，理解保护生态环境对于人类生存和发展的意义。但是，不同学科背景的读者，可能读出对"rule"更多含义的理解，得出相同、相似或完全不同、不完全相同的结论。

一、对"rule"一词理解的两种思维方式

作为一个环境法学研习者，我在读《生命的法则》时，对"rule"

的理解，有着两重含义。一是作者的原来含义，即从副标题"在塞伦盖蒂草原，看见万物兴衰的奥秘"来看，规律意义上的"塞伦盖蒂法则"；二是法学意义上的含义，即治理或管理意义上的"统治规则""管理规则"。前者是作者明确表达为"法则"的内容；后者是作者以"八条宝贵经验""应对挑战的三项原则"方式所表达的内涵。

这两种理解，其实是自然科学和社会科学对"rule"一词赋予的不同内涵，也是两种思维方式的"跨学科"对话。

自然科学和社会科学，都需要观察和认识世界并得出规律性结论，但是，它们的出发点和归宿是不同的。从指向上看，自然科学研究的对象是自然界；社会科学研究的是人及人类社会。从方法上看，自然科学更多的是解释（Explanation）世界——把自己变成思维机制看世界，通过归纳演绎，建立模型和体系，思考和呈现事件之间的关系，寻求超越当时当地的规则。社会科学则更多是诠释（Interpretation）世界——从我出发理解世界，基于自己探求意义并构建改造世界的方案。

在自然科学的研究中，我们对世界的知识不改变规则本身；而在社会科学领域，我们对世界的知识是要构成并型塑社会事实。比如，《生命的法则》中的"塞伦盖蒂法则"，与许多生态学者提出的生态规律并无本质差异，作者也告诉我们："塞伦盖蒂法则"也可以适用于任何一个生态系统。这意味着，不同的人可以描述同一现象、得出同一结论，生态规律并不因为研究者的描述方式而改变。因此，在自然科学中，人的想法不改变世界的机制，"世界本身"和"你对世界的理解"是两回事，互不干涉。

但社会是人造的，我们理解社会的方式改变社会，上一代的想法多少会成为下一代的社会事实；一些理念、价值也会改变我们所生活的社会。比如，一百多年前马克思的科学社会主义理论，成就了我们今天的很多社会现实。人类自有文明以来就有法律，但是，有关生态环境保护的法律是20世纪60年代才开始产生，原因是我们对人与自然的关系有了全新的想法，从过去的"人定胜天"转变为了"人是自然的伙伴"，这些想法逐步转变为法律制度、经济制度、社会制度等象征符号，为更多人接受，从而改变资源分配方式，并培养新的生态观和实践。在中国，"美丽中国"从提出到成为宪法规定的国家目标，也是一个生动的事例。

值得注意的是，人类在经历了农业革命、工业革命、信息革命以后，自然科学与社会科学逐渐从分立走向融合，特别是在当今"绿色革命"时代，围绕生态环境保护正在形成以问题为导向、多学科汇聚的"领域性学科"，许多不同背景的学者为"解决生态环境问题"而共同努力，推动形成了许多跨学科研究成果。《生命的法则》呈现了这种新型学科特点，才有了两种形式的"rule"并存的情形。

二、法学对"rule"的运用彰显智慧

法学上，"rule"一词，除了有"规则""统治"等字面含义外，更重要的是在运用中的不同理解。在英文中，有 rule of law 和 rule by law 两种用法，代表着两种不同治国理念和方式。

党的十八届四中全会做出的《关于全面推进依法治国若干重大问题的决定》（以下简称《决定》），英文翻译使用了"rule of law"。The rule of law needs the CPC's leadership while the CPC's rule depends on the rule of law.（法治需要中国共产党的领导，而中国共产党执政也离不开法治。）

在《布莱克法律辞典》（《Black's Law Dictionary》）中 rule of law 释义为：1.A substantive legal principle…；2. The supremacy of regular as opposed to arbitrary power…；3. The doctrine that every person is subject to the ordinary law within the jurisdiction…；4. The doctrine that general constitutional principles are the result of judicial decisions determining the rights of private individuals in the courts…；5.Loosely, a legal ruling; a ruling on a point of law…。这些含义意味着法律作为规则尽管具有某些功能性作用，

但并不是一种纯粹的工具，暗含了对人的价值和尊严的尊重。

Rule of law（法律的统治）的意思是：The rule of law（also known as nomocracy）is the legal principle that law should govern a nation，as opposed to arbitrary decisions by individual government officials.（所谓法治，英语亦称 nomocracy，是指这样一个法律原则：国家应该由法律来统治，而不是由政府官员个人意志决定。）这意味着，法治（rule of law）的意思就是没有人能够高于法律。

而 rule by law（用法律来统治）的意思是：Rule by law is completely different than rule of law.Unlike rule of law，which states that no citizen is above the law，rule by law，involves arbitrary government rule，by using the law to implement their decisions.（rule by law 与 rule of law 完全不是一回事。后者表示没有人能在法律之上，而前者则可以指政府用法律施行专制统治、推行其决策。）这意味着，rule by law 的意涵是：The law is a tool of the government.（法律是政府的工具。）

有专家认为，中国古代法家提出的"以法治国"，可以译为 rule by law。因为在当时的语境下，"以法治国"强调的是为君主专制统治服务。

可见，"法治"的英文译法上，看似只是一个小小的介词问题，而其背后的"水"着实不浅。

在中国特色社会主义制度下，有着不同于西方国家"三权分立"的法治道路，中国的"Rule of Law"既有国情特征也有普遍意义，如美国《纽约时报》网站刊登的题为 What China Means by "Rule of Law"的文章说，中国推进的"法治"并不是单纯用以维护社会稳定的工具，也是对政府自身的约束：

China's leaders see improving the legal system as a way to constrain government itself，not just to control society and contain social unrest.

之二：以"人与自然""人与人"双重和谐之道
理解生态文明

重读《生命的法则》，在加深生态规律理解的同时，也思考了书中存在的一些不甚周延乃至相互矛盾之处。比如，作者在第260页提出："文明发展程度的度量是人与人之间的相处之道。"就明显表现出将"人与自然的相处之道"置于文明之外的思维方式，这种观点既不全面，也与作者自己在前面所提出的由于人类活动导致生命的"稳态"不断受到冲击、需要人类总结控制风险的经验以及建立迎接挑战的原则的观点相矛盾。作者用了从塞伦盖蒂大草原的生态系统到实验室基因研究的大量事实，想要告诉我们，正是既有的"人与人的相处之道"对生态环境造成的巨大破坏，人以自我为中心不尊重自然规律的种种行为才导致了威胁人的生存和发展的灾难，因此人类只有遵循"生命的法则"才能实现可持续生存。但是，如果继续坚持只用"人与人的相处之道"来衡量文明的程度，依然是"人是万物的尺度"的哲学思想，与生态文明所建立的"人与自然共生共荣"的生命共同体世界观相互背离。因此，对于这种观点，我们需要保持清醒。

在亿万年生命演进历程中，人类形成了对大自然固定不变的生理需求，这就是人类生存必需的生态环境。人类从诞生之日起，就是一个相互依存、协同活动的社会性共生群体，这也是人类生存必需的社会环境。在这个星球上，人类已经没有天敌，自身的和谐是这个群体存在的前提。当今时代，人类需要解决的根本问题，是通过建立人与自然和谐相处的规则达至人类自身和谐，实现人的生物性生存方式与社会性生存方式的"互融互通"。这也是中国提出"加强生态文明建设"并将其作为治国理政整体战略的哲学基础。

中国作为一个人口众多且资源有限的大国，以消耗资源、污染环境为代价的经济高速发展方式难以为继，残酷的现实提出了严峻挑战，促使执政党重新思考经济发展与环境保护的关系。生态文明概念从党的十六大报告提出，到十八大报告全面展开，十九大报告整体部署，经历了从全面建设小康社会的目标之一提升为"五位一体"总体布局，再上升为国家安全战略和全球环境治理方式的过程，不仅坚持了对环境与发展的统筹考虑，而且更加强调生态文明建设对经济社会发展的引领作用，标志着对环境与发展关系的认识达到了新的高度，环境在执政理念中获得了与发展"平等"的地位，为协调和平衡两者的关系提供了世界观与方法论。

政协委员资政建言，须深刻理解习近平总书记的生态文明思想，从"人与自然相处之道"和"人与人相处之道"双重和谐的标准，来理解"生态文明"的深刻内涵。

1. 山水林田湖是一个生命共同体的生态伦理观。人的命脉在田，田的命脉在水，水的命脉在山，山的命脉在土，土的命脉在树。如果种树的只管种树、治水的只管治水、护田的单纯护田，很容易顾此失彼，最终造成生态的系统性破坏。生态文明是工业文明发展到一定阶段的产物，是实现人与自然和谐发展的新要求。建设生态文明，不是要放弃工业文明，回到原始的生产生活方式，而是要以资源环境承载能力为基础，以自然规律为准则，以可持续发展、人与自然和谐为目标，建设生产发展、生活富裕、生态良好的文明社会。

2. 绿水青山就是金山银山的协同发展观。生态环境优势与生态农业、生态工业、生态旅游等经济优势之间存在着密切联系。必须克服把保护生态与发展生产力对立起来的传统思维，下大决心、花大气力改变不合理的产业结构、资源利用方式、能源结构、空间布局、生活方式，决不以牺牲环境、浪费资源为代价换取一时的经济增长，实现经济社会发展与生态环境保护的共赢。

3. 保护生态环境就是保护生产力的科学政绩观。让透支的资源环境逐步休养生息，给自然生态以必要的人文关怀和时间空间，使自然生产力逐步得以恢复；从生态系统整体性出发，统筹考虑生产、生活和资源环境需求，综合运用工程、技术、生态措施，促进生态系统步入良性循环的轨道。

4.良好的生态环境是最公平的公共产品的民生福祉观。森林是我们从祖宗继承来的，要留传给子孙后代，上对得起祖宗，下对得起子孙。保护生态环境，关系最广大人民的根本利益，关系中华民族发展的长远利益，功在当代、利在千秋，没有别的选择。保护生态环境、治理环境污染，是对人民群众、对子孙后代负责。

之三：以最严密的法治推进生态文明体制改革

《生命的法则》第十章，作者讲述了位于莫桑比克的戈龙戈萨公园在一个公益项目的支持下，遵循"塞伦盖蒂规律"、采取各种措施，"复活"生态系统的故事。本章的一个核心观点，是该项目的负责人格雷格博士总结的一个道理：建立完善规则和制度，比推陈出新更加重要，授人以鱼不如授人以渔。说明了人类建立符合生态规律的社会规则，对于保护生态平衡的至关重要性。在人类的各种社会规则中，法律是最正式、最具有权威的规则，是以国家强制力保障实施的最高社会规则。因此，以法治方式推进生态环境保护，是自 1972 年联合国第一次人类环境会议上达成的共识，成为这次会议通过的《人类环境宣言》的最重要原则。以法治手段保护生态环境，也是中国多年来一直坚持并付出巨大努力的目标和方向。

1972 年，中国派出恢复联合国合法席位后的首个代表团参加了斯德哥尔摩人类环境会议。1973 年制定中国第一个环境保护规范性文件，环境保护立法与世界基本同步展开。从 1978 年在《宪法》中规定"国家保护环境和自然资源，防治污染和其他公害"；从 1979 年制定《环境保护法（试行）》，到 2020 年，我国已经制定了以《环境保护法》为龙头，以海洋、大气、水、土壤、噪声、固体废物等污染防治法，森林、草原、矿产资源、渔业、野生动物等生态环境保护法为主干的近 40 部相关法律，中国的环境法律体系基本形成。

中国进入新时代，习近平总书记反复强调：只有实行最严格的制度、最严密的法治，才能为生态文明建设提供可靠保障。习总书记强调，要不断深化和推进生态文明体制改革，加强顶层设计。构建生态文明制度体系，需要推进一些重大的体制机制改革。生态文明建设正是通过社会体制的变革，改革和完善社会制度和规范，从而形成有利于生态文明建设的体制机制，为生态文明社会构筑强有力的法治保障。其中，有一些需要通过将改革措施以法律的形式加以固定，有一些需要通过法律制度创新加以引领，还有一些需要通过法律制度的实施来加以全面落实。

具体而言，法治对于促进生态文明体制改革的功能表现为三个方面：一是通过立法对体制改革的目标和措施加以引领和固化，保证能够给自然生态以必要的人文关怀和时间空间，使自然生产力逐步得以恢复；二是通过执法和司法将体制改革的措施加以落实和纠偏，真正做到从生态系统整体性出发，统筹考虑生产、生活和资源环境需求，综合运用工程、技术、生态措施，促进生态系统步入良性循环的轨道；三是通过法律的遵守，强化国家意志和全民行动，深化生态文明体制改革，改革生态环境保护管理体制，逐步恢复我国青山绿水、碧海蓝天、江河安澜的自然风貌。

按照"依法治国"总要求，任何改革都要做到"于法有据"。生态文明体制改革的"于法有据"，需要法律人和改革实施者来共同完成。法律人的任务首先是要从法理上说清楚为什么要对现行法律制度进行变革，其次是把抽象的法理变成具体可操作的法律制度。改革者的任务第一是要运用法治思维制定改革方案，第二是要运用法治方式推进改革实践。

在完成这个任务的过程中，至关重要的是如何把生态文明建设的政治话语转化成为法律话语，把"政治正确"变成"制度可实施"，这需要我们推进生态文明制度建设从"事理"走向"法理"，运用法律的价值取向、研究方法、概念体系和规范体系，建立生态文明体制改革的法律逻辑、法律语言、法律思维、法律制度，为改革提供"良法善治"的基础。

这意味着，建设中国特色生态文明法治道路，需要在立足中国国情、中国的政治发展道路的基础上，切实推进从政治立场到法律态度的转化、从政治逻辑到法律体系的转化，从政治话语到法律制度的转化、从政策语言到法律概念的转化。只有完成这样的转化，用法治思维和法治方式推进生态文明体制改革才不会变成一句空洞的口号。

中国生态文明体制改革，需要深刻领会和贯彻落实习近平生态文明思想，不断提升改革的系统性、整体性和协同性。运用法治思维和法治方式促进生态文明体制改革。当前，迫切需要解决如下问题：

一是通过制定和完善相关法律制度，建立新的管理体制，从单向推动转向整体推进，打破部门利益藩篱。比如，2020年全国人大常委会正在制定的《长江保护法》，作为中国第一部流域保护法，需要建立跨行政区划的"流域管理体制"。

二是从强调部门分工转向部门协同，建立权力协调、协同的监管体制。比如，2020年全国人大常委会已经启动的修订《野生动物保护法》，要在原有法律制度基础上，统筹林草、农业、渔业、动物检疫、市场监管等部门之间的关系，协同解决现行法律只保护"重点野生动物"、野生动物开发利用与保护脱节等问题。

三是实现从对抗式执法转向多元主体参与，完善社会动员机制、公众参与机制。比如，2020年3月4日，中办国办印发《关于构建现代环境治理体系的指导意见》，明确提出了我国的现代环境治理体系是党政、企、社会全民环境共治体系，按照这一体系，需要进一步建立健全相关法律制度，促进环境法治实现从"管理"重心向"治理"格局的转变。

只有在生态文明体制改革中真正体现法治理性，才能推动全社会

共建共治共享，建立多元共治的生态环境保护体系，实现建设"美丽中国""人与自然和谐共生"的社会主义现代化强国目标。

之四：从自然规律到社会规则：
人与自然和谐生存的唯一选择

《生命的法则》虽然是一本科普读物，但作者归纳的"塞伦盖蒂法则"揭示了自然的生命运作的规律。这些法则不仅适用于塞伦盖蒂草原，也适用于海洋、湖泊、陆地等各类生态系统。"塞伦盖蒂法则"的启示主要有两点：各种看起来无关的物种之间存在着广泛而具体的联系；当你了解并学会运用这些法则，就具备了通过调控其中的关键物种进而调整各种资源的能力。不可否认，"人"本身就是地球生态系统中最"关键"的物种，"人"首先需要认识自身与看起来无关的各种物种之间的关系；同时，也必须了解和学会将"塞伦盖蒂法则"运用到社会系统中去。如何使自然生命的规则和社会系统规则相互贯通，形成"人与自然生命共同体规则"并得到全社会的认同与遵守，是值得我们更加深入思考的问题。

一、"塞伦盖蒂法则"对人与自然关系的启示

"塞伦盖蒂法则"是从基因、细胞、组织、器官、个体、种群和整个生态系统中发现的自然进化规律，其中描述的各种看似毫无关联的物种之间存在的广泛而复杂的联系，对于我们认识人与自然的关系具有重要启示意义。

1.人类生存环境的不可替代性

人们将对大自然的各种幻想编成美丽动人的神话和童话，以表达人们对自然的奢望。但是，仔细想来，如果自然真的实现了人类的愿望，后果不堪设想。假如陆地是由黄金构成的，那么，人类会饿死；假如谷米、面粉铺满大地，河流中流动的不是水而是奶汁，人们不用劳动

就可以掬手取食，那么，超过人类繁殖速度亿万倍的各种微生物和小动物就会充满整个世界，人类将无立锥之地。万幸的是，大自然只是为人类提供了可以种植庄稼的土壤，人类必须通过劳动才可以不断获得新鲜食物，还有一个相对清洁的立身环境。

什克洛夫斯基在《宇宙　生命　智慧》一书中告诉我们：生命的出现绝非平凡，地球上导致出现人类的那一系列偶然事件的概率只有 10^{-8}。大自然经过艰辛而漫长的运动演化，为人类提供了精密调节的生存环境。我们生活的这个星球，与太阳保持着恰当的距离，使得它既不像水星那么热，也不像火星那么冷；大气层维护着热平衡的周期性适当波动的温和气候；均匀分布着多种有益于植物生长元素的土壤，同时把绝大部分危害生命的元素运动到一定区域的地层深处；进行着物质和能量循环的生物圈为人类提供食物。供人类饮用和灌溉的河流，供人类呼吸的含氧适当的空气，以及河流、海洋、陆地、两极冰山等构成适宜人类生存的环境所不可缺少的一切，都不需要人类劳动，就可以无偿地得到。大自然还为人类提供了可经劳动加工成生活资料的各种自然资源。

2. 人类与自然的息息相关性

"螳螂捕蝉，黄雀在后"，由各种看似不相联系的物种、生命支持物质共同构成的地球，是由食物链构成的一个物质循环、能量流动和信息传递的开放性系统。亨德莱在《生物学与人类的未来》一书中告诉我们："人生活在巨大的自然体系中，同时，也是这个巨大的自然体系中最主要的部分，虽然人的食物主要来源于仅仅大约 100 种植物和动物，但是有几千个物种，包括微生物，相互作用提供了主要食物来源所需要的环境。据估计，在美国至少有 15 万个动植物借吸收、转移日光来维持生命。另外，其中有某些种作为有分解能力的物质，分解废物和死的有机体，而制造出像碳、氮和其他能够为植物有效地再利用的要素并经过食物系统的食物链而供给动物。"

韦斯科夫在《人类认识的自然界》中也告诫我们："整个地球是

一个大的封闭系统，它是由许许多多细小的生产环节相互关联所组成；每一个小环节的产物或废物的输出也是另一个小环节的原料输入。人类也是这个庞大系统中的一个小环节。在此系统中，人们用之于斯，取之于斯。"

3. 自然对人类发展的有限性

我们都看过中央电视台的《动物世界》，片头是一只高速奔跑的猎豹正在捕捉羚羊，在猎豹的强壮与剽悍面前，羚羊毫无逃脱之力，给人以强烈的冲击感。但这个镜头仅仅是表现了动物生存状态的一个方面。印度猎豹获得超出 100 公里时速奔跑的能力，大约经过了 1000 万年以上漫长岁月的进化。在这个漫长的进化过程中，猎豹成了独居动物，并且只是短跑健将；虽然它可以追上羚羊，但眼神不太好，不能做到百发百中。否则，羚羊早就灭绝了。

人类在长期进化的过程中，失去了许多动物所应具有的生存本领。除人类以外的有足动物都必须一离开母体就能站立并且奔跑，以逃脱沦为"他人"腹中物的命运，要有灵敏的视觉和听觉，并且还要有抵御自然界各种恶劣条件的能力、有尽快独立摄取食物的能力，等等。但是，人类的婴儿至少要经过七至八个月才能独立站立，要一年左右的时间才学会行走；独立地为自己获取食物则需要十几年甚至几十年的时间。人的体力极为有限，其平均力气约为 100 瓦左右，即使是奥运会冠军，也不过时速 36 公里。如果人类没有其他生存本领，恐怕在完全的自然环境中根本无立锥之地。幸好在人类的长期进化过程中，形成了智力，人类可以依靠独特的理性才能，依靠智力探索知识，才可以用微小的体力掌握超过自身体力千万倍的能力。人发明的汽车，可以轻而易举地达到 100 公里时速，并且比猎豹更富有持久力；人类可以乘坐飞机在天上飞，也可以操纵潜艇比鲸鱼更加持久地在水中潜航；可以使用气相色谱仪，查出狗不能分辨的微量物质。其他动物需要进化几百万年、几千万年才能获得的一种或两种优越能力，人类用所掌握的知识在 300 年左右，就已获得了几乎是其他生物的所有的能力，甚至是凌驾于其他生物的能力。现在的每个人都拥有比他们的任何前人多得多的机械动力，从1900年至今，人均活动能力又增加了30倍以上……

智慧是人类进步的源泉，但若使用不当也可能成为毁灭人类的力量。假若人类随心所欲地向大自然索取而不知满足、毫无边际地开采自然财富，把构成自己生存环境的基本物质拿来作为"生活资料"或者为增加个人的"生活财富"而任意破坏人类的生存环境。那么，自然将使人类受到惩罚。人类会在追求最大富裕的道路上，实现最彻底的贫穷。

二、自然法律与社会规则的贯通

从《生命的法则》中总结的人类顺应"塞伦盖蒂法则"而成功恢复生态系统经验继续思考，不难发现，人类生活在两个世界里：一个是由土地、空气、水和动植物组成的自然世界，这个世界在人类出现以前几十亿年就已经存在，人类不过是其中的一个组成部分；另一个是人类为了自己而用双手建立起来的社会结构和极其丰富的物质财富的世界。在后一个世界里，人类用自己制造的工具和机器、自己的科学发明以及自己的设想，创造了一个符合人类理想和意愿的环境。这两个世界，科学家通常称之为有生命的"生物圈"和人类自己发明的"技术圈"。人实际上生活在这两个"圈"的互相联系与影响之中。自人类产生以来，其生存的社会形式和技术方面都在不断更新，但是人类社会与自然界关系却日益走向对立。环境污染、人口爆炸、能源危机、生态破坏、耕地退化、资源枯竭、气候变化、病毒暴发引起世界流行病等问题正在危及人类的生存，而这些危机制造者正是人类自己。同时，解决危机的钥匙也在人类自己手上，需要深刻反思人类的过去，形成对人类自身生存状态的理性认识，并通过建立新的社会规则，构建"人与自然生命共同体"新世界。

人类生存环境的不可替代性、人与自然的息息相关性、自然环境的有限性决定了人类的发展必须"自我克制"。人类生存的地球，不过是浩渺太空中一只小小的"飞船"，人口的无限繁殖、经济的无机增长都将最终耗尽"飞船"内的有限资源，人类生产与生活所排出的废物会造成"船舱"污染；如果我们把"飞船"的"舱盖"毁掉用来生产首饰或其他装饰品，就是自取灭亡。地球这只飞船要能维持全体"宇航员"长期生活，首先必须使每一个生活在其中的成员懂得生态系统对于人类生存和发展的价值、懂得自然规律，建立人类自我约束的各种规则：

——人类需要适宜的生存环境。必须控制人类活动对自然造成的严重污染，将人类的经济发展置于自然界的有限性考虑之中。

——人类的食物链需要生物圈保持良好的生态平衡。任何一个物种的增长或灭绝，都直接或间接地影响着人类的生态寿命。当我们在砍伐或捕杀某一物种时，必须懂得其在生态网络中可能造成的连锁反应和对人类直接或间接的利害。

——人类对自然资源的经济性开采，必须遵循自然界物质运动的基本规律和整体联系，使开采量和开采方式不至于影响资源的再生能力，不至于有害的物质形态叠加在构成人类生存环境的物质循环上。

——人类对能源的开采和使用，必须符合自然界能量的储存和流动规律。

——人口的增长，必须控制在生物圈的生态平衡以内。

……

这些规则，既要约束人的经济行为，也要约束人的社会行为，关乎一个国家的经济、政治、文化、社会等各个方面。在中国的传统文化中，"人生而有欲，欲而不得，则不能无求，求而无度量分界，则不能不争。争则乱，乱则穷"（《荀子·礼论》）。在中国进入新时代的今天，则是"把生态文明建设放在突出地位，融入经济建设、政治建设、文化建设、社会建设各方面和全过程，努力建设美丽中国，实现中华民族永续发展。"（中共十八大报告）

委员读书笔记

孙毅彪

《生命的法则》一书，告诉我们万事万物的运行发展都是有规律的，即"万物有法"。生命体内的细胞为何总是要维持在一个特定的值附近？疾病是怎么发生的？动物种类和种群为何会调节？世界为什么是绿色的？等等。塞伦盖蒂六大法则道出了它们的自然规律。

日常生活中，当我们在电视里看《动物世界》节目时，总以为"物竞天择，适者生存"是不变的天理，还往往会因为一个小生命的不幸而感到痛惜，然而《生命的法则》告诉了我们另一面的事实，那就是从生物界整体看，生态系统需要平衡，它有调节机制来进行自我修复和完善，从而形成了生物圈食物链的普遍联系和互为转化，亦即地球上的生命都是相互选择，共同进化的。因此，所有的生命活动只有建立在"稳态"的基础上，才能改善自身、影响环境、循序发展。

联系到现实，这次新冠肺炎疫情的暴发及在全球的蔓延，已夺走了无数人的生命，危及了正常的经济社会秩序，这种颠覆性风险的突发，是不是大自然在"稳态"上出了什么问题？或者说，大自然生物圈因某种原因无法使自身内部环境与外部互动保持相对稳定的态势？这次病毒来袭究竟会给自然界的生物安全、生态环境安全带来多大的挑战？

我认为生态平衡与环境安全至关重要。人类社会经过农业、工业革命和近百年来科技的飞速发展，貌似已强大到可以随意影响和改造自然，但此次新冠疫情却再次让我们警醒，无论是病毒、塞伦盖蒂草原上的动物还是人类自身，都只是生态环境的一个成员、一个因素，都要受到自然法则的制约。从全球看，为了生计和加快经济发展，地球村的人都在忙于开发自然资源，"太过分"必将导致太多或太少，致使生物多样性严重受损、种群数量日益减少、动物栖息地遭到不同程度的破坏和退化。这就产生了连锁效应或阶梯效应，破坏了生态平衡，也成为造成气候变化的主要原因。其实，自然资源开发与经济增长之间存在显著的非线性关系，以损害甚至破坏生态环境的发展模式，尽管换取了一时一地的经济增长，但付出的代价将是十分沉痛的，也必将带来颠覆性的风险。"绿水青山就是金山银山"，保护和改善生态环境刻不容缓。因此，我们必须坚持节约资源和保护环境的基本国策，像对待生命一样对待生态环境，敬畏自然，爱护自然，统筹山水林田湖草系统治理，实行最严格的生态环境保护制度，推动形成科学的绿色发展方式和生活方式。

张连起

知识点 1：成年人体内约 37 万亿个细胞大概可以划分为 200 多种不同的种类。由最初的一个受精卵到成熟人类的发育过程包括了细胞的增殖和分化，以及人类成年后不同组织细胞更新换代但保持数量不变的复杂过程。其中一个过程即为数以万计的 DNA 大分子的复制过程。基因突变即在复制过程中的错误。大部分基因突变无害，少数会影响到基因的功能，导致疾病发生。不同的癌症由不同点位的 DNA 突变引起。

知识点 2：在人类的约 2 万个基因当中，仅有 140 个基因的突变频繁发生在各种癌细胞里，其中一半为原癌基因，一半为抗癌基因。几乎所有的癌症都带有属于这 140 条易突变基因中的 2~8 个突变位点。

人物：罗伯特·潘恩

故事：马卡海湾扔海星实验，每月两次以及冬季每月一次，重复他的扔海星实验。

知识点 1：食物链，处在最底层的是可以降解有机残余物的分解者；

之上是植物生产者；往上一层是消费者，是食草动物；最后是真正的肉食者。

知识点 2：自上而下的效应在移除或转入新物种时对整个生态系统造成的影响，即营养级联效应。大多数的物种所处的食物链并不是单向线性的。其次所有的自然生态系统都在某种程度上受到自下而上的正向调节。营养级联是个动态概念。

定理：塞伦盖蒂法则 1，关键物种法则：众生并不平等，"关键物种"的影响更大。某些物种对其生物群落的稳定性和多样性具有重大影响，而且影响程度常常与它们的生物数量并不匹配。关键物种的重要性体现在它们的影响程度，而不是它们在食物链中所处的层级。

塞伦盖蒂法则 2，影响力法则：关键物种通过"多米诺效应"对食物链中低营养层级的物种产生重大间接影响。食物网上的一些物种可以自上而下地产生重要影响，而且影响程度常常与它们的绝对数量并不匹配，这种影响会波及整个生物群落，并间接影响低营养层级的物种。

人物：托尼·辛克莱

故事：坦桑尼亚内乱，关闭与肯尼亚的边境，他驾机考察时，被持枪的坦桑尼亚士兵扣押，关押几天后，成功驾机逃脱。

知识点 1：哈顿是赫胥黎的好友兼校友，他是旅行团的导游，也是猎手，他是凯伦的爱人，更因凯伦的回忆录和电影《走出非洲》中的形象而闻名于世。他的客人包括了未来的爱德华八世。他呼吁保护塞伦盖蒂草原。1930 年，塞伦盖蒂不再对公众开放。

知识点 2：东非草原是人类的出生地。我们祖先早在 300 万年前就生活在这里。

定理：塞伦盖蒂法则 3，竞争法则：对共同资源的竞争，导致了一些物种的种群数量减少。在对空间、食物以及栖息地等共同资源的竞争中，有优势的物种会导致其他物种的种群数量减少。

知识点 3：150 千克体重是分界线，小于此体重的物种其数量基本被捕食者控制，大于此体重的动物则不受影响。

定理：塞伦盖蒂法则4，体量法则：个头大小会影响调节模式。动物的个头大小，决定了它们的种群数量在食物网中被调节的机制。小型动物受捕食者调节（自上而下），而大型动物受食物供应的调节（自下而上）。

知识点4：动物种群数量的密度制约调节。塞伦盖蒂草原上，随着水牛、大象与角马的数量在不断增加，其增速也逐渐放缓，最终进入负增长模式。

定理：塞伦盖蒂法则5，密度法则：一些物种依靠它们自身的密度进行调节。

知识点5：雨量线刻画了角马种群的迁徙路线，这种生物每年追逐降雨，要在塞伦盖蒂草原上跋涉1000千米。

定理：塞伦盖蒂法则6，迁徙法则：迁徙导致动物数量增加。迁徙行为通过增加食物的可获得性（减少自下而上的调节），以及减少被捕食的概率（减少自上而下的调节）等方式来增加物种数量。

 戚建国

生命法则实质上就是普遍联系的法则，同处于一个相互关联的食物链中；就是相互转化的法则，有正向和反向，有从下至上和从上至下的相互作用，内因外因的法则，内因起决定作用，自然界具有惊人的自恢复能力。这就是天人合一的大道，从人的生命循环到大自然的生态循环，处处皆有矛盾论，时时充满辩证法。

培养青少年一代，确立科学精神、科学素养，倡导文明生活方式，既是长远大计，也是这次抗疫的经验教训。掌握生物安全知识，了解人与自然和谐相处的基本准则，养成文明生活方式的基本规范，应进入校园课堂，从幼儿园和小学开始培养，造就一代新人。

吕忠梅

新冠肺炎疫情防控对生态风险预防的启示

新冠肺炎疫情正在世界各地蔓延，其传染性和后果颠覆了常规，损害无数生命，扰乱经济社会生活，危及全球治理。科学家们早就警告过这种情况可能会发生，中国疫情发生后的积极行动为世界赢得了宝贵的时间，但这些都未引起大多数国家的重视，各国依然只能仓促应对。特殊时期，再读《生命的法则》，对比新冠肺炎疫情控制与生态风险预防，更加深刻地体会到人与自然的生命共同体和人类命运共同体之间的密切关联。

控制新冠肺炎疫情与应对全球生态破坏、气候变化、生物多样性减少等生态危机具有明显的相同之处，体现了现代风险社会的三个突出特征：

一是新冠肺炎疫情全球蔓延和生态危机都是在各国乃至国际社会应对能力有限的情况下呈现的指数级增长问题。病毒的危险在于感染人数超过医疗保健系统引发医疗挤兑；而随着环境污染和生态破坏造成的气候变化、排放量增加将超过人类处理干旱、洪水、森林火灾、生物灭绝和大规模人群健康威胁等后果的能力。

二是新冠肺炎疫情与生态危机都是人与自然关系的紧张与错位的问题。生态危机也是人类不合理的开发利用自然资源、污染和破坏生态环境而导致的后果。近些年来，病毒"侵袭"人类事件更为频繁发生，与生态环境恶化也有直接关系。

三是新冠肺炎疫情与生态危机的应对都出现了种种不利因素的干扰。新冠肺炎疫情发生后，中国在采取最严格的防控措施的同时，及时向世界发出了警告、分享了科研成果，为避免全球暴发赢得了时间。而目前，在地球已经发出多次生态失衡警告，气候变化等问题对人类生存和发展的威胁已日渐明显，中国和许多国家正在努力积极应对的情况下，同样有些国家不愿面对，有的国家因为种种原因"退群"甚至动员他国放弃。

由此，我们可以获得几点重要的启示。

一、新冠肺炎疫情的世界大流行表明，如果等到影响已经看得见，风险将变成无可挽回的灾难，应对生态风险必须有"预防"意识和能力。新冠肺炎疫情是一种重大突发公共卫生事件，其发展速度与危害程度都比生态危机来得更快、更猛烈，但与生态环境问题产生和发展的原理相同，如果一直等待到看见其影响时，阻止损害后果的发生已经没有可能。这也是《生命的法则》用各种事实告诉我们的风险应对"法则"，人类对生态环境的掠夺性使用和肆意破坏，对自然规律的蔑视，如果不能得到有效遏制，人类将走向自我毁灭。

二、新冠肺炎疫情的世界大流行告诉我们，有效应对风险，必须通过各种手段将社会意愿转化为政治意愿，约束人的行为。抗击新冠肺炎疫情，既需要医疗方案，更需要社会动员和组织能力，迅速将公共卫生资源和以前积累的经验运用到疫情防控过程，制定合理的公共政策、采取有力的管理措施至关重要，中国的抗疫经验和世界疫情蔓延的残酷事实告诉我们：没有对人的行为有效控制，就没有疫情缓解的可能。这也是《生命的法则》总结人类几十年的环境保护经验，提出的通过制定法律约束人类行为，以保护生态环境、恢复生物多样性的建议。

三、新冠肺炎疫情的世界大流行的严重影响告诉我们，应对系统性风险，必须以"构建人类命运共同体"的态度、以可持续发展为目标，开展有效的国际合作、采取综合性方案解决问题。新冠肺炎疫情正在或者已经成了全球性风险，其所造成的影响远远超过医疗卫生领域，对各国经济、政治、文化、社会以及国际治理产生的巨大影响显而易见，如果不能开展有效的国际合作并统筹考虑疫情可能带来的多层次、多领域影响，各种次生灾害可能给人类带来更沉重的打击。《生命的法则》告诉我们，生态风险属于全球化风险，没有国际合作、没有可持续发展的长远目标，就没有未来。

四、新冠疫情的世界大流行危中有机，催生的新生产生活方式有利于人类遵从生命法则，共建地球美好家园。全球应对新冠肺炎过程中，各国采取的防控行动都包括停航、停工、停产和减少聚集、保持社交距离等措施，带来了人类污染物排放和资源开发利用活动减少、野生生物活动空间增大的"意外收获"，也催生了"宅经济""远程办公""政府数字服务"等新业态，这些变化可能使得人类社会生存方式朝着节约资源、保护环境的方向更进一步，更有利于人与自然和谐相处，构建"人与自然生命共同体"。这也是《生命的法则》提示我们的，必须对人类的未来充满信心，保持乐观。

丁元竹

正在研读《生命的法则》，目前按照这样一个思路在思考：在卡罗尔看来，"生命的法则"所有生命系统都必须让自己的内部生态保持稳定，即"平衡"。"平衡"既是科学，也是艺术，既是自然状态，也是社会状态，它要求人类在与自然、与自己之间寻求一个平衡点，正确处理人与自然、人与人、心与心的关系，只有这样，人类社会才有可能获得圆满、持久、幸福、快乐的生活。

《生命的法则》中总结了八条宝贵经验，其中之一是，文明发展程度的度量是人与人关系的相处之道。福奇曾指出天花消灭的过程也是一个"文明进化"的过程，不仅是它解决了眼前的问题，也间接保护了子孙后代。

朱永新

人类不怕犯错误。人类就是从错误中学习和成长起来的。但是，人类最怕犯同样的错误。犯同样的错误是不可原谅的。

《生命的法则》的结语部分《遵从生命的法则，共建美好的家园》

值得细读。这是全书的结论部分，尤其是关于八条宝贵经验。

2011 年，比尔·福奇（消灭天花运动的重要成员）写了一本关于消灭天花的回忆录，总结了 18 条他认为可以扩展到其他公共医疗健康事业上的经验。作者在这本书中精选了其中的 8 条，结合作者的观点和我个人的理解，谈一些个人的想法：

1. 全球化合作是未来的方向。——人类面临的生态问题、病毒问题属于全球化风险。在全球化的时代，没有一个国家是孤岛。全球化的风险，必须全球各个国家共同承担、共同面对、共同合作。没有全球化的合作，就不可能解决人类的生态问题以及人类自身的安全问题。

2. 天花病毒的灭绝并不是偶然的。——50 多年前，人类每年还有 1000 万以上的人感染天花，200 万以上的人死于天花。当时，消灭天花被视为"不可能完成的任务"。但是，在全世界有识之士和有关国际机构、有关国家的共同努力下，天花被成功消灭了。这说明，只要有了"可行的计划和专注的计划执行者，我们就可以创造一个更加美好的未来"。

3. 团结就是力量。——团结就意味着共同利益至上，意味着天平的砝码不倾向任何单方面的利益。强调集体主义，推进共同目标的优先地位，是解决人类共同问题的前提。不允许任何唯我独尊，一国利益至上，把自己的国家、个人团体凌驾于别国、别的团体之上的行为，必须坚定不移地为了实现共同目标而努力。

4. 社会意愿无疑是重要的，它必须转变成政治意愿，并且最终得到表达。——自下而上的社会舆论和自上而下的行政力量需要汇成一体，形成共识与合力，两者缺一不可。社会意愿如果不能够转变成为政治意愿，就无法付诸真正的行动和变革。"任何科学建议都需要被政治行为填充才能变得完善。科学家们有义务让政治家们了解必要的知识，从而制定出合理的公共政策。同时，为了取得政治保证，科学家也应该积极的担任公职，发出自己的声音。"

5.完美的解决方案需要建立在过硬的科学理论基础上，而方案的实施则诉求于有效的管理手段。——每逢疫情，面对各种公共卫生危机或者重大灾难，我们都会表现出空前的本领恐慌，对于科学技术的需求也格外迫切。但是，科学家的建议、忠告，科学家的发明、创造，如果不能够得到很好的重视、落实，不能够成为有效地配置资源、调动力量的依据，缺乏有效的管理，也将一事无成。

6.国际化目标，区域化管理。——"全球化的努力意味着无数地方主动行为的集合"，应该防止"逆全球化"的倾向，防止弱化国际组织和国际专业机构的倾向，尊重每个国家的主权和选择权，分工合作。

7.乐观。——"选择乐观主义是因为这种选择是一个自我实现的预言"。乐观主义不是盲目地乐观和无为而治的等待，而是怀着积极的心态，以清醒的思维、科学的方法，去应对灾难、病毒、危机。

8.文明发展程度的度量是人与人之间的相处之道。——不仅仅是人与人之间的相处之道，其实也包括国家和国家之间的相处之道，都是文明发展程度的反映。在一定程度上，从天花的消灭到逼近的瘟疫，都是一个"文明化过程"。人也好，国家也罢，都要努力往文明进化。

 **戚建国**

从生命法则谈生态文明建设

卡罗尔的《生命的法则》，以稳态理念为核心，以塞伦盖蒂六大法则为基础，以遵从生命法则的八条宝贵经验和应对挑战的三大原则为支撑，构成了一个完整体系。被学者誉为大自然的天算，顶尖科学家的上乘之作。读了《生命的法则》，学习吕忠梅委员的导读，结合各位学友的讨论发言，我从学习《生命的法则》的体会入手，谈点对生态文明建设的学习理解。

其一,《生命的法则》从生物学的维度,对生态文明建设做出专业理论阐释。读了《生命的法则》,进一步加深了对推进生态文明建设时代意义的理解。习近平总书记提出生态兴则文明兴,生态衰则文明衰。生态环境是人类生存和发展的根基,生态环境变化直接影响文明兴衰演替的重要思想,既站在了文明社会发展的前列,也站在了生态建设领域的前沿。生态文明建设倡导保护自然就是保护人类,建设生态文明就是造福人类。同时,在学习中我还体会到:《生物的法则》是专业学者提出的生态学领域的法则,有待于进入人们的思想观念,有待于成为政府主导的建设规划,有待于推动形成国际社会协调一致的行动。而我国提出的生态文明建设,已经成为党的创新理论的重要组成部分,已经成为国家战略和发展规划,已经成为全民的行动。当然,通过学习《生命的法则》可以使我们更加坚定建设生态文明建设的决心,更加拓宽生物专业领域的视野,更加掌握世界前沿的知识。

其二,《生命的法则》所揭示的规律性认识,与金山银山理论的要旨相通。以卡罗尔为代表的一批学者,从塞伦盖蒂草原兴衰变化的大环境中,探索提出了六大法则,是一个立足于大自然的草原生态篇,从大草原剖析入手,提出了生命循环系统和生态循环系统的规律性认识。绿水青山就是金山银山的两山理论,阐述了经济发展和生态环境保护的关系,揭示了保护生态环境就是保护生产力、改善生态环境就是发展生产力的道理,指明了实现发展和保护协同共生的新路径,是中国版的青山绿水篇,提出了通过改革创新,让土地、劳动力、资产、自然风光等要素活起来,让资源变资产、资金变股金、把绿水青山蕴含的生态产品价值转化为金山银山。两山理论站位更高,视野更宽,落点更实,指向更明,目标更远。

其三,《生命的法则》提出保持生态系统稳定的概念,与统筹山水林田湖草系统治理的构想高度契合。《生命的法则》提出:自然界也存在可以调节动物种类和数量的生态法则。并且指出:这些法则不仅适用于塞伦盖蒂，它们也适用于世界上很多区域，从海洋、湖泊到陆地。这些法则既出人意料又意义深远：出人意料在于它们能够解释看起来无关的物种之间的具体联系；意义深远在于它们决定了大自然生产动物、植物、空气及水资源的能力，而这些都是人类赖以生存的自然资源。卡罗尔在提出这些规律性的认识之后，接着又谈道：令人遗憾的是，并没有人认真考虑过要把塞伦盖蒂法则真正用于处理人类现阶段所面临的问题。让我们带着卡罗尔的遗憾，来看看中国版的生态文明法则。习近平总书记提出：山水林田湖草是一个生命共同体。人的命脉在田，田的命脉在水，水的命脉在山，山的命脉在土，土的命脉在林和草，这个生命共同体是人类生存发展的物质基础。这是对大自然生态系统的理性表述，既十分清晰，又要素齐全，还语言生动，好记好懂好行好为。习近平总书记接着论述：生态是统一的自然系统，是相互依存、紧密联系的有机链条。要用系统论的思想方法看问题，从系统工程和全局角度寻求新的治理之道。同时提出"要实施重要生态保护和修复重大工程。"不仅提出了生态链的概念，还讲明了推进山水林田湖草系统治理的方法论，部署了重大生态建设工程。

试想，如果卡罗尔能够置身于中国治理库布奇大沙漠的伟大实践，读懂了中国版的《生命的法则》，可能也就减少了些许遗憾。但是，我们必须清醒认识到，生态文明建设是一个长期的战略任务，推动形成绿色发展方式和生活方式，仍需我们不懈奋斗。以上学习体会，供各位学友参考。

马萧林

读懂中华优秀传统文化，感悟其中蕴含的道法自然、天人合一，自强不息、守道务本，革故鼎新、与时俱进，仁者爱人、讲信修睦的文化精髓，能够深刻领会五千年中华文明生生不息、赓续发展的道理，也能够深刻理解中华民族越是在危难时期越能砥砺前行的原因。

 **郭媛媛**

读书会引导阅读、引导思考、引导提升、引导履职、引导作为。

读《生命的法则》后，应培育：

1. 生态系统的思维——生命友好，补上尊重生命和生态文明这一课。

2. 自然规律的意识——顺应自然法则，接受规定性，建立理性、科学的社会运行、治理体系、机制。

3. 体系稳态的观点——均衡适度原则，作为食物链顶端的有影响力的生物，人类社会需要自我约束和调控，才能更好生存、繁衍。

4. 个体定位的自觉——道法天成，知人、知事、知大势、尽全力。

导读2：平衡的人文生态也是生命的法则

◎丁元竹*

美国生物学家肖恩·卡罗尔的《生命的法则》一书把万事万物生存和发展的规律聚焦在一个草原上，带领读者重新理解生命。在卡罗尔看来，"生命的法则"所有生命系统都必须让自己的内部生态保持稳定，即"平衡"。"平衡"既是科学，也是艺术，既是自然状态，也是社会状态，它要求人类在与自然、与自己之间寻求一个平衡点，正确处理人与自然、人与人、心与心的关系，只有这样，人类社会才有可能获得圆满、持久、幸福、快乐的生活。

一、与自然相处的过程是一个"文明进化"的过程

《生命的法则》中总结了八条宝贵经验，其中之一是，文明发展程度的度量是人与人关系的相处之道。他说，"福奇曾指出天花消灭的过程也是一个'文明进化'的过程，不仅是它解决了眼前的问题，也间接保护了子孙后代。"

纵观历史，人类在历史进程中形成了不同的文化主体。文化主体具有排他性和群体归属感，也就是对其他文化的态度：排斥、接近、吸纳、融合，凡此种种。各个文化主体，一方面坚持自己的主体性，另一方面学习、接纳和融合其他文化，这是个永恒和持续的过程。

历史悠久的文明都有这样的一种内生力量，强调自己作为主体在面对外来文化、制度、思想等的过程中如何保持自己的主体性，同时

---

*第十三届全国政协委员，中共中央党校（国家行政学院）社会和生态文明教研部教授、原督学。

又能吸纳新的东西、新的内容。

不同文化之间永远会存在这样一种理解和界定，当然，各个主体如何去看这种"主体性"那只能靠"内省"了。换句话说，这是由民族国家的主体性的认知理念造成的一种文化心态。1947年，费孝通教授在讨论美国人的性格时就已经考虑到这个问题了，他当时说道，"如果我们不愿意人类自相残杀，以致消灭，很显然的，我们只有积极的促进这世界性社会的形成。我们也就得极力克服文化的个别性所造下的阻碍。怎么去克服呢？"各个民族在自己的历史和环境中形成的文化都有其必然性。但在一个互相交流和沟通融合的世界里，文化之间如何相处？费孝通当时给出的办法是，"我们如果要改变这种态度，只有充分发挥人们的理性，这就是我在上面所说的'民族自省'。在这件工作上，社会科学可以有它们极重要的贡献。"这里可以引申出两个问题，一是费孝通在晚年提出的"文化自觉"其实已经孕育在他早年对于美国文化和中国文化的认识与反思之中。文化自觉是发生在跨文化的比较中的一种内省。从这段论述已经可以看出他晚年提出的"各美其美、美人之美、美美与共、天下大同"这一至理名言的影子。二是各个民族的"文化自省"并不是一件容易的事情，从米德开始反思美国文化，进行对美国的"文化自省"已经快一个世纪了，各个主要文化体之间依然在"各美其美"中生活，走向"美人之美"还需时日。主要原因在于，每个民族都会认为自己的文化、人性、性格是"最标准"的，这是各个民族在坚定走自己发展道路进程中以应有的自信来维持自己文化的绵延的根本力量，"尤其是在战斗中，为了士气必得坚强自信。"在 个多元文化的世界里，环顾各个文明，去发现自己的特点和自己的不足，既不断增强斗志，又不断完善自己，这大概就是费孝通在晚年讲的"各美其美"的含义吧。

二、在各个文明寻找生命持续生存的最好习惯

什么是人类共同的、最好的习惯？各个民族和文化之间是否能够

找到评价最好习惯的标准？我想至少应当具备两个标准：一是普遍性，能够平等地、没有例外地应用到每一个人身上，是每个人都渴望的，例如，健康，对生命的珍惜；二是服务于整个人类的共同目标，对于各个民族、国家都渴望的。不同民族、国家在思维习惯上要相互理解、设身处地，理解对方为什么会这样思维？它的历史、地理、文化、政治、社会背景是什么？彼此理解和认同的社会习惯；相互欣赏对方的文化艺术习惯；彼此接受对方的社会习惯；在共同的工作中一致的有利于工作的工作习惯。个体的习惯是针对单个个体的生活和工作的，是个体自己的事情；群体的习惯是针对群体如何相处的，是心与心之间的关系。在此基础上，还需要探索人生的意义和价值，只有当全体人类找到了共同接受的人生意义和目的，个体才能安身立命，群体才能和谐共处。

培养全世界共同的、良好的习惯首先需要一种习惯的自省，各个民族和群体需要自觉地反思自己群体和民族中习以为常的那些习惯，这实际上是非常困难的，因为跨越文化界限的理解在当代依然存在巨大困难，这既适应于电影、艺术、宗教，也适应于当代政治，甚至深深嵌入几乎所有的领域，成为习惯。正如阿马蒂亚·森所言，"在当代印度，有一种日益增强的倾向，主张捍卫业已'抵制'了外来影响的本土文化，不过这一倾向既缺乏说服力，也缺乏可信度。"恐怕这种现象不仅存在于印度，也存在于其他。习惯在很多情况下是不自觉地、习以为常、理所当然的行为。对于个体来说，习惯可以决定命运；对于民族来说，习惯可以决定国运。在当今世界，如何建立一套与现代科学技术、现代经济体系相适应的文明制度、风俗习惯，是国家治理体系和治理能力现代化的基本内核，这是建设人类命运共同体必须跨过的一个门槛。

三、让每个个体以自己的方式为生命延续做出贡献

《生命的法则》中提出应对挑战的三大基本原则之一是，个人选择关系重大。每个人都有权决定以什么样的方式做出自己的贡献。一

是如果说，改革开放的前四十一年是通过完善市场经济体制来释放市场主体活力的话，那么，进入新时代，中国需要通过完善以市场为基础的经济所需要的制度完善来进一步提高生产效率，建立合理的利益格局，充分动员公众参与社会生活，通过公众参与使居民承担起更多的社会事务，减少政府在公共领域和社会领域的投入和负担，实现社会发展方式的根本转变。在中国这样一个世界上人口最多的国家搞现代化，如何使每个人都从发展改革开放中受益，最根本的办法是鼓励支持和创造条件使每个人参与经济和社会生活。社会领域发展的可持续性必须是全体社会成员的广泛参与，以及具备现代国家所需要的文化价值和社会行为规范。二是培育志愿机制，需要提升人们对志愿机制的认识。志愿服务是一种体现了社会活力的精神和行为，也是一个公民精神。在现代社会，社群的意志通过行为准则、民主、公众舆论、法律、法规公正无误地表达出来。在这样的环境中，生机勃勃、真正持久的共同体生活才能建立起来。正如习近平总书记说过的，"伟大时代呼唤伟大精神，崇高事业需要榜样引领。"社会要在榜样引领下，使每个社会成员都承担起社会的责任，建立起和谐的人际关系，创造友好的社会氛围，努力使志愿服务成为一种社会习惯，使志愿精神成为一种共同价值。当社会成员通过正式和非正式的途径参与志愿服务成为社会的主流，这就需要培育全体社会成员的共同理想、共同信仰和共同参与的意愿。

培育志愿机制需要做三件事情：

之一：倡导奉献精神、社会服务精神和服务于人类福祉的精神；团结合作、参与积极有意义的社会生活；培育感恩之心；

之二：建立和完善社会的评价机制来提高全体社会成员的参与公共事务热情，不断完善社会共同体，扩展公共生活，开展公共活动，衡量个人对家庭、社区的贡献，和他人的关心帮助；

之三：动员更多的社会成员参与志愿服务，激励措施非常重要，必须重新定义成就，消除仅仅视经济成功和财富多寡来评价个人和群体的成就观，拓展生活中的"好"的含义；把关注社会，关注人类面临的重大问题，有担当，有情怀，有情操，有格局作为评价"好人"的标准。

　　我们需要深刻理解这句话的内涵，"'我们生来便不只是为自己而活着；我们的国家、我们的朋友都和我们息息相关。'21世纪正需要我们承认这一担当。"国家或社会只有了解社会成员的内在动力并满足了他们的心理愿望，才有可能把更多社会资源动员起来去建设一个更加美好的社会。

委员读书笔记

 **戚建国**

从生命法则谈文化自觉

读了元竹"平衡的人文生态也是生命的法则"的导读，很受启发，很有同感，特别是文中提到费孝通老师"文化自觉"的思想。生命的法则，实质上是生物学家在认知自然规律基础上，形成的一种文化观念；生命的法则被人们认识接受的过程，是一种文明进步的过程；这种文明进步表现为一种文化自省，从而形成敬畏自然顺应自然的文化自觉。在元竹导读基础上，我结合学习体会，谈点对文化自觉的认识理解。

其一，文化自觉需要自知之明。

1997年1月4日，费孝通老师在北大作了《开创学术新风气》的报告，首次提出文化自觉的概念，费老指出：文化自觉只是指生活在一定文化中的人对其文化的"自知之明"，明白它的来历，形成过程，在生活各方面所起的作用并用著名的各美其美，美人之美，美美与共，天下大同16个字来总结文化自觉的历程。文化自觉的基础是文化自信，有了文化寻根才有文化认同。文化自觉和文化自信，是在各美其美的基础上美人之美，进而美美与共，天下大同，这才是我们倡导文化自觉的目的所在。正如联合国教科文组织在2001年11月发表的《世界文化多样性宣言》中强调的：文化多样性是交流、革新和创作的源泉，对人类来讲就像生物多样性对维持生物平衡那样必不可少。文化多样性是建立在各美其美基础之上的，维持平衡才能美美与共。当今世界，总有一些人、一些族群和一些国家只能各美其美，不能美美与共。形形色色的极端主义者总觉得自己美，他人丑，不仅如此，还要用自己的标准去强行为他人整容。英国著名学者罗素讲过：我希望我能期待中国人给我们一些宽容的美德、深沉平和的心灵，以回报我们给他们的科学知识。中华文化是一种强调天人合一、以人为本、刚健自强、以和为贵的文化，这是中华文化的基本观念，掌握理解基本观念才能做到自知之明，进而实现文化自觉。正如费老所言"我觉得，人类学也好，社会学也好，从一开始，就是要认识文化，认识社会。这个认识过程的起点，是在认识自己。我这个人作为一个生物体，是在既定的文化里边长起来的，一切离不开自己所属的文化。"费老的思想讲得很明确，就是从认识自我、认识社会、认识文化入手实现文化自觉。首先把文化根脉搞清楚了，才能深深植根于中国这块土地上，实现文化自觉。

其二，文化自觉需要兼容并蓄。

2004 年 9 月，许嘉璐、季羡林、任继愈、杨振宁、王蒙等 72 位著名学者，联名发表《甲申文化宣言》指出：文明多样性是人类文化存有的基本形态。不同国家和民族的起源、地域环境和历史过程各不相同，而色彩斑斓的人文图景，正是不同文明之间相互解读、辨识、竞争、对话和交融的动力。

这是《宣言》解读的文明多样性，同时《宣言》表示了中国学者对外来文化带来的文化冲击的忧虑，强调：我们确信，中华文化注重人格、注重伦理、注重利他、注重和谐的东方品格和释放着和平信息的人文精神，对于思考和消解当今世界个人至上、物欲至上、恶性竞争、掠夺性开发以及种种令人忧虑的现象，对于追求人类的安宁与幸福，必将提供重要的思想启示。《宣言》的忧虑是时代之忧，是一代中国学者代表，在全球化大背景下对文化多样性的理性思考。中华文化是开放的文化，在世界大国中莫过于中华文化之开放。在中国宗教中信仰之众者莫过于佛教，佛教是从印度传到中国的，反观佛教源头之地，信佛者甚微；马克思主义是十月革命一声炮响，为中国送来救国复兴之大道，反观世界唯有中国坚持高举马克思主义大旗。何以能够坚守，关键在于与中国实际相结合。中国当今之佛教是中国化的佛教，受众

最多的禅宗当为中国化集大成者；中国当今坚持的是中国化的马克思主义，并在实践中不断与时俱进。

其三，文化自觉需要守正创新。

正如习近平总书记指出：当代中国的伟大社会变革，不是简单延续我国历史文化的母版，不是简单套用马克思主义经典作家设想的模板，不是其他国家社会主义实践的再版，也不是国外现代化发展的翻版。讲得何等深刻，何等精彩，何等经典。世界处在百年未有之大变局，中国对百年大变局的影响不仅仅体现在经济发展上，更重要的是体现在以新理念新范式引领发展上。新发展理念是绿色可持续发展的新范式，这本身也是文化自觉。我们需要既坚守中华文化的根脉，又跟上时代前进的步伐，向世界展现中国理念，中国范式。这次抗疫斗争的伟大实践表明，救国民于危难之中，靠中国特色、中国意志、中国力量。我们坚信：伟大实践呼唤伟大理论，中国版的"新冠来袭"将引领世界抗疫之道。以上学习体会，供各位学友参考。

吕忠梅

谢谢丁委员的导读。从自然科学意义上的"生命法则"到人文意义上的"生命法则"，"以文化人"是最重要的桥梁和纽带！寻找持续生存的最好习惯、让每个个体以自己的方式为生命的绵延做贡献，培育社会的"生态素养"是必由之路！

导读3：《生命的法则》

◎刘华杰[*]

从长远看，人类最大的学问是生态学，现在并不被重视，因为它不展现为一种支配、征服力量，通过"生产力"无法计量。生态学源于古老的博物学（natural history）。博物学则扎根于"生活世界"，我们现在希望复兴博物学。

一、塞伦盖蒂法则

此法则并不神秘，其实就是大自然的一种调节机制。学过工程控制论的，容易搞明白，它相当于一种负反馈。大自然中为何有那么多负反馈？复杂、互相约束，线性增长不成立。生命系统从微观、中观到宏观各个层面，不同尺度，均有此法则，没有则不行！新冠病毒为何厉害？传染性强而致死率低，这是其聪明、成功之处。

现实系统中有正反馈也有负反馈。正反馈相当于马太效应，如钱能生钱，穷人翻身难。正反馈整体而论并不常见。《道德经》："天之道，损有余而补不足。人之道，则不然，损不足以奉有余。孰能有余以奉天下，唯有道者。"现代社会强调正反馈，人们经常希望正反馈，但大自然也在抗衡：（1）富不过三！（2）谁是成功的？发达国家人口生育率很低，欧洲、俄罗斯人生不出孩子！而欠发达地区生育率很高。这是天道平衡、自然公平，好事不能让一伙人都占了。

问题：作者为何选了非洲的一个地名塞伦盖蒂（Serengeti）来命名生命的法则？作者讲的是生态法则，存在于生命系统的各个层面，但

---

*北京大学哲学系教授，博士生导师。

在宏观层面才具有肉眼可视化。我们自己亲自到东部非洲走一趟就明白了，那里仍然保留有大量野生动物，多极了，它们达成了动态平衡，各占各的生态位。身临其境，更适合思索。非洲不够发达，但它是自然的、道德的、文明的！我们外界高度发达、文明，却是不自然的，从另一方面想也是不文明的！理解这个矛盾，才能理解卡罗尔说的生命的法则。

卷首引语（Thomas Henry Huxley）：下棋，棋子与规则，"不为人知"的自然法则。

点评：对于生物物种而言，知不知道其实都不重要，除人以外的其他生命，估计也不知道，至少不能像人一样清晰地表达出来，但是它们在做！它们在践行那些规则，人类社会大部分时间也如此，只是现在有些膨胀。人体不认那些规则，也不想遵守那些规则，后果是什么？人类受害，其他物种和环境也遭殃。人类目前的许多重大（自然）灾害都可以一定程度上做此生态学解释。自然两字可以去掉，现在几乎没有纯粹的自然灾害，特别是大灾难，都是人自己找的、自己创造的灾难。

11 页："几乎整个 20 世纪在世界上绝大部分地区，人类为了满足自己的私欲，毫无节制地狩猎、捕鱼、耕种，甚至破坏，却从未试图理解或是考虑过改变其他物种的生存环境或是打乱它们的生存方式，会给整个地球生态系统带来怎样的副作用。人类的数量已经暴增至 70 亿，我们为之付出的代价是要面对越来越多令人头疼的问题。"

点评：地球演化已经进入"人类世"（Anthropocene），但是全世界主流经济、政治体制对此视而不见。

二、人的控制力有多大？

14 页："人类仍然对我们共同的家园抱有一种盲目的乐观，完全无视在宏观世界里由粗放的行为模式所引起的更大的人类危机。这难道不是很讽刺的一幕吗？""就算是为了我们自己，人类也需要跳出自身的条条框框，全面了解更为广阔天地中的宏观法则。只有在更广义的层面上理解与运用生态学的法则，我们才能有一丝希望扭转目前的被动局面。"

点评：人类在近现代表现出一种短视的理性行为，不可持续，也可以说邪恶。每一步似乎都合理，不那么做就不行，其实不是。大家被少数人忽悠、牵着走。少数人是：资本、科技、权力的代表。

12 页："我们已经控制了万物——除了我们自己之外的万物。"

点评：新冠病毒来袭，我们看到并非如此，新冠病毒在宏观上并不显现，也不说话，但它真的厉害。如果此时采访卡罗尔，恐怕他也要修正一下。人这个物种的力量固然大，但是也受到各种约束。人类在整体上也很脆弱，大气臭氧层稍有变化、重力加速度稍有变化，都会影响巨大。生物圈 2 号失败是必然的。

三、微观生化过程与体内平衡

33 页："在他［坎农］看来，是神经系统和内分泌系统的许多行为阻止了剧烈变化的发生，从而使体内环境保持在一个围绕中心窄幅变化的范围内，包括体温、酸碱度、水分、盐分、氧气还有糖的含量都处于一个相对平稳的状态。"

点评：身体是具有智慧的，"身体智慧"。有趣的是，它不需要我们主体知道它，不知道也照样运行。细菌、臭虫、老鼠、猴子、猪、病毒，都是如此的。人体免疫系统也一样。有时反应过激，人体受不了。

39 页："令人不解的是，既缺乏自然天敌，又拥有超级胃口和消化能力，象群本应该占领非洲才对，然而事实却并非如此。"

点评：人试图超越象，却做不到。到头来，还不如象。

40 页："生物群体的生长和数量是有极限的，是受到控制的。"

点评：这是生态学的基本结论，政治家、经济学家却不认同或者有意忽视。

89 页："我们不能肯定的是，在低等生物里发现的诸如变构抑制过程、诱导过程以及阻遏过程等主流的作用机理，也能够被更高等的已分化的组织所运用。但毫无疑问，这些机理的本质决定了它们的普适性，无论是人类还是大肠杆菌的生命过程中都能发现它们的影子，哪怕涉及具体的功能上是如此的南辕北辙。"

点评：有还原论的倾向，但是却是对的，根本上讨论是系统。系统规则在不同层面重演，底层的规则高层自然可以使用，但还会增加新东西。

129 页："莫诺和雅各布在几十年前提出假说，认为癌症来源于细胞分裂抑制机制的失活。"

133 页："在人类的约 2 万条基因当中，仅有 140 条基因的突变型频繁发生在各种癌细胞里，其中约一半为原癌基因，剩下的一半为抑癌基因。"

137 页："我们能够了解自然和预测其行为模式的前提是，我们要充分地了解生物种群的调节机制。"

145 页：潘恩在博物学上有训练。

147—148 页：食物链金字塔上下均可发起调节活动。

148 页：史密斯、海尔斯顿和斯洛博金（简称为 "HSS"）三人的文章发表在《美国博物学家》上，"食肉动物会限制食草动物的假说现在已经被广泛地接受，人们称此为 HSS 假说或绿色世界假说。"

四、塞伦盖蒂法则（生态学、博物学）

160 页，法则 1：关键物种法则：众生并不平等，"关键物种"的影响更大。某些物种对其生物群落的稳定性和多样性具有重大影响，而且影响程度常常与它们的生物数量并不匹配。关键物种的重要性体现在它们的影响程度，而不是它们在食物链中所处的层级。

法则 2：影响力法则：关键物种通过"多米诺效应"对食物链中低营养层级的物种产生重大间接影响。

（181 页），法则 3：竞争法则：对共同资源的竞争，导致了一些物种的种群数量减少。

（184 页），法则 4：体量法则：个头大小会影响调节模式。动物的个头大小，决定了它们的种群数量在食物网中被调节的机制。小型动物受捕食者调节（自上而下），而大型动物受食物供应的调节（自下而上）。

（188 页），法则 5：密度法则：一些物种依靠它们自身的密度进行调节。

（190 页），法则 6：迁徙法则：迁徙导致动物数量增加。迁徙行为通过增加食物可获得性（减少自下而上的调节），以及减少被捕食的概率（减少自上而下的调节）等方式，来增加物种数量。

165 页，章首引语，Huxley 家族，父系更重视科学，母系更重视人文。UNESCO，WWF 创始人，跟他爷爷一样是博物学家。

169 页：特点："从生物学的角度来看，塞伦盖蒂的确有无与伦比的特殊性。这片 3600 平方千米的巨大的生态系统有着天然的边界。它是这个星球上最后一片巨型动物聚集的乐土，在其他大陆上，这些动物早已消失殆尽。我们人类也是这片土地孕育的种族之一，正如生物学家罗宾·里德（Robin Reid）所言，'东非草原是人类的出生地'。我们的祖先早在 300 万年前就生活在这里，与之同时代的生物还包括河马、长颈鹿、大象和犀牛。"

170 页：多样性、复杂性，承载量大。"辛克莱向所有人证明了自己。他并没有局限于任何一种动物，无论是鸟类还是水牛，只要是能带给他灵感，让他能弄明白塞伦盖蒂的形成和变化原因的，他都兴致勃勃。而所谓的塞伦盖蒂法则并不仅仅作用于水牛身上，所有的食肉动物和食草动物，甚至是植物，皆遵从于塞伦盖蒂法则。"

175 页：病毒有时也起着重大调节作用："牛瘟病毒的巨大影响显示，并不是只有捕食者才能扮演关键角色，病原体也可能对生态系统造成超比例的影响。就像捕食者一样，它们在生态系统中的出现和消亡会对整个生态系统产生级联效应。鉴于牛瘟病毒在塞伦盖蒂肆虐了 70 年，正如辛克莱后来发现的一样，反刍动物的井喷式爆发也给整个塞伦盖蒂带来了惊人的变化。"

180 页：适应："神奇的是，角马和瞪羚对于草原的影响并不完全是负面的。生态学家山姆·麦克诺顿（Sam McNaughton）发现，塞伦盖蒂的大部分草原地带已经适应了这种过度放牧的状况，甚至衍生出一种补偿机制，使草能够再度迅速生长。事实上，经历过度放牧的草原比被保护的草原更加水草丰茂，能生产更多的食物。按照这个逻辑，角马对草原系统的消耗反而导致了草原更加茂盛地生长，食物短缺的状况并没有出现。"

点评：但是，这需要一个漫长的过程，并且始终有风险。人类活动太快，想适应恐怕也来不及。

195 页："动物种群数量调节的失败，引发了动物世界里迄今为止最大的经济问题。"

五、工业化思维大大化简生态系统的运作，人类生存风险增加

201 页："被喷洒过杀虫剂的水稻植株上带有更多的虫卵、虫蛹以及成体褐飞虱！也就是说，正是杀虫剂将害虫的密度提高了 800 倍。事实上，杀虫剂并不能阻止褐飞虱；相反，它成了害虫横行的元凶。"

点评：工业化农业是懒人农业，省事、效率高，但是破坏土地，食品质量降低，但有市场优势。工业化农业以降低大自然复杂性、生物多样性为前提，不是顺从自然而是制服自然。短期行得通，长远肯定不行。理论上，美国的农业生产效率高却不值得中国学习，无奈我们跟着学。从机械、种子和除草剂开始学，越学越被动，那不是我们的方向！

207—208 页："是人类'太过分'的破坏行为导致了这一切：农场土壤里过量的磷元素，农田里过量的杀虫剂，以及对狮子、花豹和

鲨鱼的偷猎和过量捕杀，最终导致了既有生态系统平衡的破坏。由此产生的各种，或是间接发生的，或是不经意造成的，或是没有预料到的副作用都在越来越清晰地表明，现阶段人类粗暴野蛮的行为，其结果有悖于人类的远期利益。过去的数十年，我们可以把一切归咎于对自然规律的无知。但是现在，情况已经大不相同了。既然已经了解了这么多，是否能够以我们现有的知识去纠正那些曾经的错误呢？"

229 页：朱丽安·赫胥黎引语："人类不能摆脱政治，人类社会的一切活动都与政治有关。然而，野生动物及其生态环境被破坏是一个不可逆的过程。即便不是完全摧毁而是大幅减少，其恢复过程也将漫长而昂贵。"

点评：人是政治动物。但是近现代，在科技的支撑下，物质化落实。合作不够，恶斗有加，环境遭殃。

234 页："重建旅游业将是最好的切入点。卡尔很清楚，旅游业的支点在于拥有健康美丽的国家公园。而此时的卡尔，无论是对生态学还是自然保护区，都是个一无所知的门外汉。他开始恶补知识，阅读那些关于自然保护区的经典著作，如亨利·梭罗、约翰·缪尔、奥尔多·利奥波德、雷切尔·卡森，以及爱德华·威尔逊等人的作品。"

点评：这是重点，有兴趣者可以读我们写的书《西方博物学文化》，其中对梭罗、缪尔、利奥波德、卡森等世界顶级博物学家，书中各有一整章论述。此课题由国家社会科学基金重大项目支持。

257 页：天花病毒与牛瘟病毒的传染力都非常强，人类确实消灭了它们，但是不要评价过高。时空尺度还太小。长远看，要共处！

258 页："人类可以选择生活在一个没有瘟疫，没有暴政，没有冲突以及有健康保障的世界里。有了可行的计划及专注的计划执行者，我们可以创造一个更加美好的未来。消灭天花是一个明确的启示，我们没有必要勉强接受现状。世上无难事，只怕有心人。"

点评：过分乐观。与作者全书想法不吻合。

260 页："文明发展程度的度量是人与人之间的相处之道。"

点评：没错，但不全面。除了人与人，还有人与自然。两个方面才全面。目前的文明、财富观念忽视后者，经济活动没有充分考虑环境代价。卡罗尔全书结尾仅停留在疾病的控制上，这一点考虑得不很好，还是要扣到整个生态系统的维系上来才对。

委员读书笔记

 卢传坚

《生命的法则》告诉我们：从生物界整体看，生态系统需要平衡，它有调节机制来进行自我修复和完善，从而形成了生物圈食物链的普遍联系和互为转化，亦即地球上的生命都是相互选择，共同进化的。因此，所有的生命活动只有建立在"稳态"的基础上，才能改善自身、影响环境、循序发展。

这与中医学讲的整体观是相通的，中医自古认为：人与自然界是一个不可分割的整体，人体自身也是一个整体，整体中各方面的和谐、稳态是生存的关键，因此强调对外天人相应、顺应自然，对内阴阳平衡、以平为期！

 **戚建国**

从生命法则谈抗疫之道

卡罗尔在《生命的法则》的最后一章，以"遵从生命的法则，共建美好家园"为标题，提出了推动《生命的法则》付诸实现的"八条宝贵经验"，应对挑战的"三大原则"。人类如何共建美好家园，概括起来就是六个需要：需要全球化合作、需要顺应自然规律、需要政府支持、需要科学管理、需要全社会参与、需要率先行动起来。结合这次抗疫实际，谈点学习体会，供学友参考。

其一，必须顺应天道。坚持用"天道"约束"人道"。卡罗尔提出保护生态环境，关键在于约束人类自己。引用了罗伯特·潘恩的严肃提醒："虽然人类是生态系统中超主导性的存在，但是，如果不遵从自然法则并继续肆意破坏生态环境，人类最终会成为最大的输家"。人类必须认识到：数千年形成的传统观念，以人的意愿随意改造大自然，最终将受到大自然的严重惩罚。在这场前所未有的新冠病毒大流行之时，我们需要扪心自问：为什么进入 21 世纪之后，科学技术不断创新，人类一次次宣布取得征服未知领域的重大胜利，反而一次次受到病毒来袭？人类需要彻底反思现行的生产方式和生活方式，在人类一次次征服大自然时，是不是把"顺应天道"放在一边，缺少对大自然应有的尊重，大自然无情开出了罚单。如果人类能够在这次灾难中警醒，把"顺应天道"作为基本准则，使推进绿色发展方式和生活方式入心入脑，就是划时代的伟大进步。

其二，必须顺应规律。坚持用自然法则为人类立规。卡罗尔的《生命的法则》始终围绕探索自然规律，阐释一个基本道理："我们一直尽最大能力描写自然，但是大家都知道，自然不是那么容易掌控的。我们要从纷繁复杂的表象和体系中提炼普遍法则。但是塞伦盖蒂法则是生命遵循的真理，任何生命物质的数量都是受到制约的：无论是人体血液中的胆固醇分子，还是稀树草原上成群的角马。"以卡罗尔为代表的一批生物学家，数十年深入塞伦盖蒂大草原，经过几代人的努力，走进大自然，体味大自然，认识大自然，苦苦探求自然规律，总结形成的《生命的法则》，核心就是还大自然本来面目，按照调节法则的内在规律，对生态系统被破坏做出精确的诊断，从而找到解决问题的办法。这次中国抗疫之道概括起来就是 4 个字：实事求是。在我国抗疫之初，果断定下决心：武汉封城，坚决采取隔离措施，这是切断病毒传播最管用的招；抗疫之中，坚决实行"四早"防控要求和"四集中"救治要求，这是对付病毒最实用的招；抗疫转换，坚持从实际出发，实施精准分类，分区域防控、分类型复工，这是防疫、发展两手抓最有效的招；抗疫持续，适时将防控重心，从境内防扩散转到境外防输入上来，这是着眼变化最及时的招；抗疫全程，坚持打好联防联控的人民战争，这是相信和依靠人民群众最具优势的招，这也是夺取抗疫胜利的关键所在。这五招体现了充分发挥社会主义制度的大优势，体现了举国之力打好武汉会战的大局观，体现了一方有难八方支援的大团结，体现了按规律办事的大逻辑，体现了人民群众是靠山的大基础。中国抗疫之道的核心，就是一切从实际出发，一切按客观规律办事。

其三，必须顺应民意。坚持把以人为本作为根本准则。抗疫是拯救人类生命的斗争，必须把人民群众生命安全摆在第一位，这是中国抗疫的全部意义所在。卡罗尔是西方学者，在《生命的法则》中，难能可贵地提出拯救自然环境时，要考虑当地民众的利益。卡罗尔在"卡尔的善心"一节写道："非洲大陆无与伦比的美丽与非洲人民严重的贫困"，"要想改变莫桑比克的现状，必须在建设基础设施的同时发展产业，创造就业机会"，"既完成了环境保护的使命，又促进了经济发展和人文建设"。这种兼顾民众利益的做法，仅仅建立在科学家个人出于善心的基础之上。这次世界抗疫实践，检验中美抗疫之试金石，就是对待人民群众生命的态度。我国抗疫时值春节，在正月初一的中共中央政治局常委会上，习近平总书记明确提出"要把人民群众生命安全和身体健康放在第一位"。中国抗疫实践表明，不惜一切代价，拯救人民群众生命，始终是抗疫的总要求，坚持一切服从服务于"生命重于泰山"，一切服从服务于人民群众根本利益。为了武汉人民群众生命安全，需要医护人员，调集全国医疗力量；需要科技人员，全国顶级专家直赴一线；需要物资器材，最大限度调配资源；需要生活用品，全国支援武汉；需要经费，国家足额调拨保障。这就是中国共产党人的以民为本，这与美国抗疫的经济利益、政治利益高于民众利益形成鲜明对照。这是世界头号大国，凭借领先的经济、科技和医疗体系优势，反而位居病毒感染之首的根本原因所在。

生命的法则就是顺应天道、敬畏自然的法则，也是顺应规律、尊重自然的法则，还是顺应民意、保护自然的法则。以上学习体会，供各位学友参考。

顾建文

我们对大自然敬畏，遵循自然规律，所有的生命是通过遗传信息从 DNA 传递给 RNA，再从 RNA 传递给蛋白质，即完成遗传信息的转录和翻译的过程。也可以从 DNA 传递给 DNA，即完成 DNA 的复制过程。形成生命发展的中心法则。随着现代生物技术的革新不断涌现新的基因表达机理，这是所有有细胞结构的生物所遵循的法则。同时在某些病毒中可以进行 RNA 自我复制（如烟草花叶病毒等）和在某些病毒中能以 RNA 为模板逆转录成 DNA（某些致癌病毒）。所以对大自然的千百年演化平衡，我们要心存敬畏，不能随意去突破自然稳定的平衡。更多的要道法自然、顺势而为。

大自然是一个平衡体，我们要始终铭记，人类再强大也只是大自然的一个小小的组成部分，无论怎样生存，都要以敬畏自然，顺应自然，尊重和保护自然为前提，就像孕育在母体中的婴儿要敬畏子宫一样，因为他始终懂得，那是给予他一切的地方。对生物系统过度的干预和采取错误的措施，是人类有史以来最大限度地自作聪明。大自然的智慧远比我们想象的要高得多，它的自我调节和自我平衡机制是我们几百辈子也学不会的高级技能，如果把草原狼都杀死了，草原上黄羊和野兔就会泛滥成灾，啃光草皮，破坏水生态，最终给人类带来不可预估的灾难。

对于疫情的防控问题：我们要借鉴全球的地域现状和经验。比如春天来临季节炎热，新冠病毒是否消失？蚊虫是否会作为传播媒介？需要认真研究。卡罗尔：对蚊子传播疾病的解释是，我们进入了它们的食物链。人类数量激增，已经超过了 74 亿，对以吸血为生的昆虫来说，没有比人类这种直立行走的动物更好的攻击目标了。现在野生动物数量骤减，但是人类无处不在，因此成为蚊子的最佳选择。蚊子已经适应了在靠近我们的水库繁衍，以吸食人血为生。我们处于很多食物链的顶端，但因为人类数量众多，也进入了蚊子的食物链。之前的埃博拉病毒止步于非洲，缘于其烈性致死性传播被阻断。2003年非典型肺炎在全球也没有广泛传播，因此难以对比。

而今天新冠病毒全球暴发，不同地区呈现不同季节表现。今天的非洲就处在夏季。参照非洲疾控中心发布数据，截至北京时间7日，非洲已有52个国家报告了新冠肺炎确诊病例，累计超过10000例，达到10075例，其中有487例死亡，913例治愈。

而今天，北京时间7日内罗毕、开罗气温是15 ～ 27℃，已经进入夏季。这能不能作为我们下一步对疾病发展趋势的参考呢？如何稳定大自然疾病传播平衡，需要我们深入思考。

从宏观的生态系统到微观的生物分子级的生命调节机制。从大肠杆菌到大象，遵循着同样的生命法则，同样的逻辑原理。"一切都像设计好的，处于被调控的状态下。"而疾病通常就是这些严密的调节机制发生了异常，例如癌症就是细胞不受控制地增殖。从宏观上来看，人为地破坏自然的调节机制，后果也是灾难性的。正向调节，负向调节，双重负向调节和反馈调节。四种调节机制如何运行？在这本书里，很多地方都体现出系统理论。自然或人体都要作为一个整体来看，割裂开来就容易造成偏离运行的恶果。

导读4：《生命的法则》阅读笔记

◎潘碧灵 *

一、本书内容概要

高尔基说，书是人类进步的阶梯。今天，我与大家一起阅读一本书：《生命的法则》（The Serengeti Rules）。这本书的作者是美国科学家肖恩·卡罗尔，他是美国国家科学院院士、美国艺术与科学院院士、威斯康星大学分子生物学和遗传学教授、富兰克林生命科学奖获得者。他也是一位著名的科普作家。

一次游历非洲坦桑尼亚塞伦盖蒂草原的经历，卡罗尔发现，微观和宏观生命系统之间的区别其实只是表面上的，它们本质的规律是相同的，这就是——生命的法则，简而言之就是在大自然中有一双看不见的手，在平衡着植物、食草动物和食肉动物的整体比例，无论是大象的数量，还是大肠杆菌的数量，都受制于生命的法则，其实，在复杂的生命现象背后，隐藏着一个规律，所有生命系统，都有一种让自己内部环境保持稳定的趋势，大道至简，只有两个字——"稳态"。如果在某一区域，生物种群的数量不断增加，但大自然能够供给的食物有限，大自然不会让种群数量无止境地上升，会通过饥荒、瘟疫、战争等方式，调节种群的数量，回到平衡状态。

不仅是大自然，人的身体也暗自遵循着一种相似的自我调节机制。著名生理学家坎农的"内稳态"理论告诉我们：神经系统和内分泌系

---

* 第十三届全国政协常委，民进中央常委、民进湖南省委主委、湖南省生态环境厅副厅长（正厅长级）。

统的许多行为阻止了剧烈变化的发生，使我们的体内环境保持在一个围绕中心小幅变化的范围，比如说，我们的体温就稳定在 36℃ 上下，酸碱度、水分、盐分、氧含量、糖含量，也都稳定在一个有限的范围内。一个内部环境稳定的生命系统就是一个健康的生命系统，如果稳定被破坏，那这个生命系统就会出现各种各样的毛病，甚至走向崩溃。如果我们长期暴饮暴食、作息紊乱，刚开始身体还能自主调节，一旦坏习惯击垮了这种调节能力，身体就会跟我们算总账，爆发顽疾。如在分子层面上，过高的胆固醇会导致心血管疾病，基因突变会导致各种癌症，从本质上看，它们都是与调节失控有关的疾病。

作者以"稳态"为灵感写下了这本书，强调我们只有遵从生命的法则，才能修复被破坏的生态环境，共建人类美好家园！

二、本书主要观点

深入塞伦盖蒂草原，作者还产生了对不同层级生命系统一般规律的深刻认识，总结出了适用于地球上任何生态系统的法则——"塞伦盖蒂法则"。塞伦盖蒂法则一共有六条：关键物种法则、影响力法则、竞争法则、体量法则、密度法则和迁徙法则。

关键物种法则：大千世界，动物的地位并不平等，关键物种的作用举足轻重，对生物群落的稳定性和多样性具有重大影响，它们的影响会向下延伸至更多的营养层级。关键物种的重要性体现在它们的影响程度，而不是在食物网中所处的层级。把握这些关键物种，特别是拯救濒危的动植物关键物种，对于重造我们美好家园显得尤为重要和迫切。

影响力法则：关键物种通过"多米诺效应"，对食物链中低营养层级的物种产生重大间接影响。食物网中的一些物种可以自上而下地产生重大影响，而且影响程度常常与它们的绝对数量并不匹配，这个影响会波及整个生物群落，并间接影响低营养层级的物种。分子层面和生态系统中的调节都遵循着同样的普适逻辑——正向调节、负向调节、双重负向调节和反馈调节机制无处不在。

竞争法则：对共同资源的竞争导致了一些物种种群数量减少，在对空间、食物以及栖息地等共同资源的竞争中，有优势的物种会导致其他物种种群数量减少。"物竞天择"，一个地方的生物群落通过一定时间的竞争会形成"稳态"，但一旦有外来物种入侵，尤其是优势物种入侵就有可能打破这种平衡。如1981年福寿螺引入中国，因个体大、食性广、适应性强、生长繁殖快、产量高，肉质细嫩鲜美，中国各地均有养殖。由于福寿螺的体内可能有管圆线虫等寄生虫，若食用前不彻底加热的话有可能导致食用者患上管圆线虫病，可引起头痛、发热、颈部强硬等症状，严重者可致痴呆，甚至死亡。福寿螺现已被列入中国首批外来入侵物种，在全国形成了对福寿螺的全面围剿。因此，生物安全我们任何时候都不能掉以轻心。

体量法则：个体大小会影响调节模式，动物的个头大小决定了它们的种群数量在食物网中被调节的机制，小型动物受捕食者调节（自上而下），而大型动物受食物供应的调节（自下而上）。

密度法则：一些物种依靠它们自身的密度进行调节，一些动物种群的数量是通过密度制约因素进行调节的，这些因素有稳定种群规模的倾向。不管是什么原因导致某个物种数量增加了，在增加到一定程度时都会有制约这一物种数量增长的因素出现，从而导致物种数量的增长缓慢或者是负增长。反过来也是类似的道理。

迁徙法则：迁徙导致动物数量增加。迁徙行为通过增加食物的可获得性（减少自下而上的调节），以及减少被捕食者捕食的概率（减少至上而下的调节）等方式来增加物种数量。每年在塞伦盖蒂和毗邻的马赛马拉草原重复上演的东非动物大迁徙就是一个例证，人类最早的祖先从非洲走向欧洲、亚洲的迁徙也是为了追寻更有利的生存环境。中国古代的都城从黄河流域逐步向长江流域的迁徙也是因为江南物产的丰裕。

塞伦盖蒂法则指导着自然界芸芸众生繁衍兴衰，它们通过不同途径，各自反映出生态系统维持稳态的机制，向我们展示了自然运行普遍而又朴素的基本原理。

三、感悟与启示

1981 年 12 月 31 日，中央电视台开播了一档栏目《动物世界》，通过专家的讲述、优美的画面、感人的故事去告诉观众认识动物，打动观众保护动物，已故著名主持人赵忠祥具有辨识度的声音解说受到海内外广大观众的喜爱。30 多年过去了，《动物世界》仍是中央广播电视总台的热播栏目，纪录片中的许多镜头就来自坦桑尼亚塞伦盖蒂和肯尼亚马赛马拉草原，现在每年在塞伦盖蒂和毗邻的马赛马拉草原上演的东非动物大迁徙中央广播电视总台都会专门报道，随着国人生活水平的提高，中央广播电视总台的节目已经满足不了广大人民群众对野生动物世界的好奇，每年已有不少国人踏上了非洲之旅，专门前往坦桑尼亚、肯尼亚现场观看东非动物大迁徙。

从每年的 5 月中后期开始，塞伦盖蒂国家公园就迎来了它的旱季，青草被逐渐消耗，食物变得越来越少，在这期间，公园的水草不能满足大量食草动物们的需求，所以食草动物们开始向塞伦盖蒂的西北面迁徙，只为了追赶青草和水源，草原上的动物会长途跋涉 3000 多公里，上演地球上最壮观的动物大迁徙场面，它们从坦桑尼亚境内的塞伦盖蒂公园南部，迁徙至肯尼亚境内的马赛马拉野生动物保护区。参加大迁徙的兽群分为前中后"三军"：打头阵的是 20 多万匹野斑马，紧跟其后的是百万头角马，殿后的是 50 万只瞪羚。因为斑马喜食高层新草，中层嫩草正好是角马的食物，而底层短草便是个头矮小的瞪羚的美味了。紧跟食草动物之后，便是成群结队的非洲狮、猎豹、豺狗等凶猛食肉动物。

从 10 月份开始，非洲的塞伦盖蒂大草原重新迎来了雨季，在雨水的滋润下，青草开始返青。同时，面积只有塞伦盖蒂约十分之一的马赛马拉国家公园并不足以维持数量庞大的食草动物们。当到达终点之后，由于气候的变化，短短两三个月之后，这 200 多万只食草野生动物组成的远征大军将再次不辞辛苦地追寻青草返回塞伦盖蒂，整个过程大概持续一个月的时间，基本结束在每年的 12 月，动物们回到了家园，开始繁衍后代、休养生息，逐渐补充在路途中失去的同类数量，为第二年做准备。在长达近 3000 公里的非洲大迁徙过程中，杀机四伏，危险重重，不仅要穿越狮子、豹埋伏的草原，还要提防随时有可能出没的豺狗以及在狭窄的马拉河两畔聚集的鳄鱼，这些食肉动物随时准备分享即将到来的盛宴。在这数以百万计的迁徙队伍中，只有30%的幸运者能够回到出发地，而跟随它们一起回来的，还有 40 万在惊险旅途中诞生的新生命。大约会有 25 万只角马死去，但角马依然乐此不疲，新生的小角马都会加入往返坦桑尼亚和肯尼亚之间这永无止境的循环，聚众长途跋涉，涉水迁徙。周而复始，每年大自然都会上演同样的故事。

作为一个大学学习自然地理和生态学的学生，尽管毕业后并没有专门从事生态学的研究工作，但亲近自然，关注动植物世界的基因已经融入血液里，脑海里时常浮现的是茂密的热带雨林和野生动物的世界，当我来到巴西亚马孙河原生态的热带雨林时，我看到了心目中的热带雨林，因此也对非洲野生动物世界充满了期盼和向往。2012 年 8 月，我来到了肯尼亚马赛马拉国家公园，尽管过去在书籍中、电视里对非洲的野生动物世界有所认知，但当你看到茫茫大草原上数百万头狮子、大象、犀牛、野水牛、猎豹、斑马、羚羊、河马等野生动物，尤其是超过 150 万头的角马，30 万头左右的斑马时，仍然会被那声势浩大的壮观场面所震撼。我们来到狭窄的马拉河畔，亲眼看见成群角马、斑马等野生动物远征大军，冒着被鳄鱼吞食的生命危险，再次不辞辛苦地追寻青草，返回塞伦盖蒂，有一种视死如归的壮烈，还有我们随意之间追逐到的猎豹和狮子。我当时以为马赛马拉就是世界上最大的野生动物园，但当我从《生命的法则》中得知马赛马拉自然保护区的面积只有塞伦盖蒂自然保护区十分之一左右时，塞伦盖蒂作为这个星球上最后一片巨型野生动物聚集乐土的高大形象迅速呈现在眼前，再次走进非洲，走进野生动物世界的冲动油然而生。

　　走进非洲不仅仅是为了观光旅游，更重要的是追寻生命的法则和人类可持续发展之路。

　　《生命的法则》记录了大自然里一个现象，在 20 世纪 50 年代，整个塞伦盖蒂草原只有 40 万只动物，但过了 15 年，动物的数量就增加到了 150 万。莫桑比克的戈龙戈萨地区也出现了同样的情况，大型哺乳动物的数量从 2000 年的 1 000 增加到 7.1 万。研究发现，瘟疫控制是大型捕食者动物迅速增加的主要原因，这是自然界的生命法则。

　　人类作为生态系统中的一员，对自然界不断地进行着正向调节和负向调节。东非的肯尼亚是一个经典的案例。肯尼亚 20 世纪 60 年代前是英国的殖民地，曾经是英国富人狩猎的天堂，60 年代从英国人手中独立，1964 年 12 月 12 日成立肯尼亚共和国，之后，沿袭历史的传统，肯尼亚成了欧洲富人狩猎的天堂，但几年之后野生动物数量大幅下降，生态平衡受到极大冲击，肯尼亚领导人充分认识到了野生动物保护的重要性和紧迫性，在全国开始全面禁猎，并将过去的狩猎场改为国家公园。1972 年 6 月，联合国召开第一次联合国人类环境会议，决定成立联合国环境规划署（UNEP——United Nations Environment Program），肯尼亚首任总统乔莫·肯雅塔（1964 年 12 月 12 日至 1978 年 8 月 22 日在任）主动提出个人捐赠 100 公顷土地将联合国环境规划署设在肯尼亚首都内罗毕。此后，第二任总统丹尼尔·阿拉普·莫伊（1978 年 8 月 22 日至 2002 年 12 月 30 日在任）又捐赠了 30 公顷土地，将 2002 年 1 月 1 日成立的联合国人居署总部也设在了肯尼亚首都内罗毕，这是全球仅有的两个将总部设在发展中国家的联合国机构之一。当我来到联合国环境规划署总部了解到这一情况时，对肯尼亚两任总统的敬意油然而生。现在可持续发展在肯尼亚不仅仅是领导者的战略谋划，而且已经逐步在变成人民的自觉行动。2004 年，诺贝尔和平奖首次把环境保护列入评选议程，肯尼亚环保主义者，环境和自然资源部副部长旺加里·马塔伊因在可持续发展方面的贡献成为第一位获得诺贝尔和平奖的非洲女性。她 1977 年发起了非洲植树的"绿色带运动",致力于提倡生物多样性,这一项目目前已栽下了 3000 多万棵树。诺贝尔委员会主席姆乔斯说:"这是我们为和平注入了新的内容。我们希望为改善非洲生存环境工作。"肯尼亚 40 多个国家公园及野生动物保护区现在成了世界各地游客亲近野生动物的天堂。但肯尼亚野生动物保护区却实施着最严厉的法律,不允许硬化道路,严格保持原生态,通过 100 美元的高价门票,控制游客进入的数量。当我们从马赛马拉返回内罗毕的途中,看到并不富裕,甚至是贫困的马赛人的时候,我们的心中再次升起了敬意,肯尼亚人民、许多非洲人民为世界可持续发展做出了积极的努力和重大的贡献。我们人类最早的祖先在 300 万年前就已生活在非洲大陆,尽管现在非洲还相对贫困和落后,我们对这片孕育世界文明的土地和保护地球家园的人民应该给予致敬,应该给予支持和帮助,追求经济的增长不能成为我们不重视生态文明的理由,为了我们的生存环境和子孙后代,我们应该更加重视可持续发展,更多地参与绿色"一带一路"建设,为全人类美丽的家园建设做出我们应有的、更大的贡献。

50 年前,地球的人口总量为 30 亿,人类活动每年消耗地球年生产量的 70%,这个数据 1980 年达到了 100%,现在已经上升到 150%,也就是说人类需要 1.5 个地球才能养活自己,但遗憾的是,我们只有一个地球。人类作为食物链顶端的重要生物,我们应该敬畏自然,懂得节制。如果我们不懂得珍惜和节约各种资源,地球上的各种资源都枯竭了,人类将会被自己所毁灭。

生物多样性包括生态系统、物种和基因三个层次,是人类赖以生存的条件,是经济社会可持续发展的基础,是生态安全和粮食安全的保障。保护生物多样性,就是保护人类的生存与发展。地球上约有 1500万 ~ 3000 万个物种,已登记的约 150 万种,自然灭失率每年是 1 个物种,但现在由于受人类的影响灭失速度提升了 1000 倍,不少动植物已濒临绝迹。世界各国正在采取一致行为以共同应对日益严重的全球性生物多样性危机。1992 年,在巴西里约热内卢举行的联合国环境与发展大会上签署了《生物多样性公约》，196个缔约方在所签署的《地球宪章》中指出，"人类的福祉依赖于：保护一个拥有所有生态系统、种类繁多的动植物、肥沃的土壤、纯净的水和清洁的空气的健全的生物圈。资源有限的全球环境是全人类共同关心的问题。保护地球的生命力、多样性和美丽是一种神圣的职责"。中国作为最早的缔约方有责任和义务保护濒临灭绝的动植物和地球上多种多样的生物资源。1994年，我国就发布了《中国生物多样性保护行动计划》，确定了七大目标已基本实现，26项优先行动，目前，生物资源的有效保护和拯救濒危野生动物工程初见成效。但任务依然十分繁重，容不得半点懈怠。如长江拥有独特的生态系统，是我国重要的生态宝库，但由于长期受到多种人为干扰的影响，长江流域的水生生物资源已经严重衰退，如今"四大家鱼"（青鱼、草鱼、鲢鱼、鳙鱼）种苗发生量与20世纪50年代相比下降了90%以上，产卵量从最高1200亿尾降至最低不足10亿尾，2003年，最大体长可达7米的长江白鲟最后一次出现在人们视野，习近平总书记在深入推动长江经济带发展座谈会上指出："长江生物完整性指数到了最差的'无鱼'等级"，"无鱼"二字可谓振聋发聩！国家已决定从今年起实施10年全面禁捕。从这里，我们更加深刻地理解了习近平总书记关于长江经济带"共抓大保护、不搞大开发"重要指示精神的重要性、紧迫性、针对性、及时性。

生态系统的"稳态"即是生态平衡，大自然有着一种看不见的力量调节着生态以达到平衡。比如现在朝鲜半岛三八线附近以及切尔诺贝利核电站附近的生态环境就恢复得很好了，还有2008年我国南方地区暴发了冰灾，不少树木树枝被打断，只剩下了树干，变成了"牙签"树，但几年之后，由于封山育林，生态很快就得到了恢复，这些年国家大力推进了退耕还林、封山育林和"三北"防护林建设，我国自然生态环境发生了积极的变化，明显的成效体现在西北地区遏制住了"沙进人退"，昔日沟壑纵横的黄土高原开始披上了绿装。因此，如果我们能尊重自然、顺应自然、保护自然，坚持人与自然和谐相处，人与自然就能共生共荣。但如果说我们釜底抽薪，彻底破坏了生态，那就难以挽回。"生态兴则文明兴，生态衰则文明衰"，人类文明发展的历程已经用不少事例警示着我们，如生态环境衰退特别是严重的土地荒漠化导致了古代埃及、古代巴比伦衰落，我国古代一度辉煌的楼兰文明已被埋藏在万顷流沙之下。现在地球生态系统已处于亚健康状态，需要我们共同来修复地球家园，决不能再用粗暴的态度和粗放的行为对待地球家园，否则，会引发更大的人类危机和生态灾难。

当今世界正处于百年未有之大变局，由于受疫情影响，全球经济不确定性明显增加，我国经济也面临下行的压力，越是在这个时候越能检验我们的执政理念，考验着我们的执政能力和水平，古老非洲大陆可持续发展的努力和成效值得我们借鉴，我们一定要认真学习领会习近平生态文明思想，贯彻新发展理念，始终保持生态文明建设的战略定力，坚持力度不减、方向不变，重视生态平衡，加强生物多样性保护，努力建设人与自然和谐相处的美丽中国。

委员读书笔记

 **王建国**

自然的法则，生命的法则，人们只能遵循，而不能任意践踏。

 **王林旭**

"抗疫"要全球协力奋战

截至 2020 年 4 月 7 日，全球新冠肺炎确诊病例已近 130 万，死亡人数已突破 7 万，这场罕见的新冠肺炎疫情正在全球蔓延。当下全球抗疫是世界各国不可回避的大问题，新冠肺炎病毒是全世界共同的敌人，生命至上是全人类共同的目标。针对这一全球性的新冠肺炎疫情，目前还没有特效药和疫苗，如何应对当下的疫情和疫后的生产、生活是全世界共同思考的问题，当务之急是总结成熟、有效的防疫做法，及早研制有效药和疫苗，尽可能地挽救生命。大疫当前，各国应加大应对力度，积极合作，应对当下的挑战！面对看不到、摸不清的病毒风险和多元社会里不同的利益需求，应该用好"国家力量"，发挥宏观调控作用，包括实施有效的财政货币政策，保持货币和金融市场的稳定。中国抗击疫情已见成效，经验就是发挥制度优势，统筹协调联动；科学决策，集中力量，全民动员；联防联控，公开透明；中西医相结合，诊疗、治疗方案科学推进。抗疫中的中国方案和中国经验为全球提供了一份宝贵的经验，体现人类命运共同体的力量和精神，树立了中国作为一个负责任大国的新形象。因而，只有发挥好行政管理的力量，精准决策，集中医疗救治和科研攻关，疫情防控效果才明显有效，否则，就会出现疫情加重、加剧的被动局面。如何应对疫情防控和个人自由的问题上，中国给出了答案——居家隔离，这是当下防疫的共识，已在很多国家的疫情管理中显现出来。有识之士普遍认为：当生存与生命安全受到威胁，自由将不可避免地受到更多约束。严控边界、减少接触是必要的。过度强调个人自由，无疑会影响防疫防控，会危及更多的生命安全，这是不可取的。世界卫生组织总结中国经验，推广中国做法，分享防疫信息，肯定中国为其他国家抗疫赢得了时间，受到广泛的赞誉。同时，如何有效管理网络信息，去伪存真，让新冠肺炎疫情防控和社会治理不被各种谣言和不实信息干扰，也成了各国需要直接面对的一个复杂的考验。真相会让人们了解实情、助力抗疫，而谣言和歧视则会加速"心理病毒"在全球的扩散，制造矛盾和纷争，干扰抗疫防控的国际合作。本土危机必将带来的是全球性的危机。如何控制疫情、稳住经济求发展，是当下世界各国面临的最大考验。站在世界立场和人类命运共同体的立场上，以全球思维应对疫情，真正携手合作，才是明理之举！病毒没有国界，病情不分种族和信仰。国际社会只有团结协作，凝聚合力对抗疫情，才能战而胜之。世界卫生组织总干事谭德赛多次呼吁："团结！团结！团结！这是人类与疾病之间的对抗，病毒是人类的共同敌人，而不是国家与国家之间的对抗。"国际社会有识之士纷纷呼吁，面对危机必须跨越唯我独尊、以邻为壑或者零和游戏的陈旧思维和陷阱，构建合作共赢的人类命运共同体。美国彼得森国际经济研究所高级研究员玛丽·洛卡利认为，鉴于新冠肺炎疫情正变成一种全球的现象，这将推动一种更多元化的全球化而不是打折的全球化。美国哈佛大学国际关系教授斯蒂芬·沃尔特认为，世界各国政府需要采取各种措施来应对这场流行病的危机，中国的应对措施非常有效。新加坡学者马凯硕更是指出，未来的中国将在全球化中发挥更大作用。人类社会正面临着巨大的威胁和前所未有的挑战，世界各国需要坚定信心、齐心协力、团结应对，全面加强合作，凝聚起战胜新冠肺炎疫情的强大合力，赢得这场全球战"疫"的胜利！

戚建国

为王建国委员"像山那样思考"点赞。热爱生命的艺术家，才能自强不息，用劲健刚强的品质在九天神游，写出赞美生命的颂歌；热爱土地的艺术家才能厚德载物，在大地植根，写出充满人情的华章。利奥波德的土地共同体理念就是大自然的天道，既是一种道德，也是一种艺术，还是一种信仰。

为林旭委员"抗疫要全球协力奋战"点赞。疫情发展到今天，已经危及全人类的生存，此时此刻应该呐喊：人类安危已到最危险的关口，只有全球合作才能拯救人类；此时此刻应该惊醒：往昔恩怨皆不重要，只有齐心协力才能拯救人类；此时此刻应该行动，疫情如虎似狼，只有众志成城才能拯救人类。

为碧灵委员《生命的法则》导读点赞。导读是全景式引导，可谓四节在手，全章皆有；导读是要旨式阐述，可谓法则逐条，用心细雕；导读是联系式思考，可谓是结合实际，有议有思。

从这次抗疫的实践看，抗疫一线的力量有三大支柱：一是科技人员，二是医护人员，三是联防联控人员包括志愿者队伍。他们身上都有一个共同的特点，就是军人的牺牲奉献精神。在钟南山、李兰娟、陈薇院士身上可以看到军魂风骨，这是一个民族的宝贵财富，应倍加珍惜。

朱永新

和平时代的雷锋精神，疫情时期的小汤山精神，战争时期的上甘岭精神等等，军人总是在国家和人民最需要的时候及时出现，不怕苦难，无惧死亡，感人至深。

顾建文

《生命的法则》一书中的道理，适用于生命的每一个尺度，不止能描述当前恶化的环境，还能说明人为什么会生病。生态系统的稳健，关键在于其可以生生不息的循环。当生态系统的平衡被破坏，需要做的是重新引入那个关键的节点，从而重新建立能自我维持的调控。看一项创新是打破还是强化了原有网络中的调控链条。回归生态田园则是当前的环境治理重中之重。回归生态田园的重要措施应该是节能减排、遏制污染。

导读 5：学习《生命的法则》体会

◎郑秉文 *

一、关于看不见的手的法则

贯穿于这本书的一个基本命题就是看不见的手，它在背后"操纵着"万物。归纳这本书对看不见的手的论述，我觉得有这样三个要点：一是自我自动平衡功能。从具体某个生物内部的生理机能，到大自然的法则，小到人体里大肠杆菌的数量，大到草原上大象的数量，也是数量金字塔，这是一件很奇妙的事情，书中说为什么一个地方只有 1 只老虎、50 只鹿、1 万只老鼠、4 万棵树？二是自我修复功能。书中说，生命机理、生态系统也会生病，对亚健康来讲，或进入疲劳期之后，系统具有很强的自我修复功能。比如，狩猎、捕捞和过度收获等都对物种有惊人的减少作用，很多物种处于灭绝的边缘，但秃鹫、灰熊、海獭、海牛等都会"卷土重来"。20 世纪 50 年代人们来到塞伦盖蒂草原时，只有 40 万只动物，此后的 15 年里增加到 150 万只；10 年前大型动物的数量只有 1000 只，现在是 7.1 万只，这就是自然的自我修复能力。三是周期功能。草原经常要经过繁荣—衰退—繁荣的过程，也有干旱季节和雨季的轮替，生命体里有细胞增殖、糖代谢、排卵、睡眠等周期性功能。

上面是我对看不见的手的归纳，对此，书中列出了四个普适调节法则：正向调节、负向调节、双重负向调节、反馈调节。书中还列出

---

* 第十三届全国政协委员，中国社会科学院世界社保研究中心主任、社会保障实验室首席专家。

了6个塞伦盖蒂法则：关键物种法则、影响力法则、竞争法则、体量法则、密度法则、迁徙法则。下面再具体论述。

该书认为，世上万物，纷繁复杂，但那都是表象，其本质都遵循一个普遍法则或普适法则。这就是塞伦盖蒂法则，这是一只看不见的手，一切大小生物，一切大自然，都受制于这只看不见的手，无不有这样一只手在操纵这个世界。

我的学习体会是：从经济学的角度看，道理几乎完全是一样的。自现代国家出现以来，人类经历了商品经济发达的资本主义社会，各国的实践百分百地说明，市场经济发展受制于看不见的手的制约，或者说，如果要发展经济，就要发挥市场的作用，就要让这只看不见的手发挥作用，这是1776年亚当·斯密出版《国富论》创建微观经济学的最大贡献，一直到今天还是适用的。其间，各类思想家出现不少，从500年前的托马斯·莫尔的乌托邦，到200多年前的圣西门、傅立叶、欧文的空想社会主义，再到100多年前的诺贝尔文学奖获得者罗素的无政府主义和诺贝尔经济学奖获得者米德的社会红利思想，再到20世纪80年代初苏联、东欧计划经济改良主义学者布鲁斯、兰格等，他们都想跨越市场机制和商品经济。其间，各种非市场机制也有过社会试验，比如，从英国1795年试行的斯宾汉姆兰德制，到法国1871年巴黎公社的试验；从1917年苏式社会主义，到其他所有中东欧曾经实行过计划经济体制的国家和中东欧以外的国家实施的计划经济，包括中国1978年以前实施的计划经济，等等，最终被证明都是不成功的，最根本的原因就是没有实行商品经济，违背了看不见的手的法则。

人类社会至今的实践证明，要想发展经济，只有实行市场经济这一条路，没有第二条路。要走好这条路，只有不折不扣地敬畏、遵循、执行这只看不见的手的法则。看不见的手的法则有两条非常关键：一是对待私有制要用平常心。计划经济时代几乎没有"私"的概念和形式，"公"占绝对统治地位，连人（劳动，不承认劳动力是商品，不承认劳动力有价格）都是公有制和土地（农村）的附属品。改革开放，逐渐有了土地承包，有了个体商贩，有了乡镇企业，有了小型私企，有了大型民企。改革开放就是引入"私"的过程，一定要用平常心对待"私"，它既不是上帝，也不是敌人，平等对待即可，因此，任何国进民退的论调都是倒退，让它们平等竞争！

二是发挥市场配置资源的决定性作用。我们经历了让市场发挥作用、让市场发挥基础性作用、让市场发挥决定性作用的发展阶段，历史一再证明，只要对"私"用以平常心，市场配置资源就发挥效果，就一定是有效率的。昨天，中共中央国务院发布了《关于构建更加完善的要素市场化配置体制机制的意见》，再次强调"充分发挥市场配置资源的决定性作用"，如果还要用行政干预来配置资源，那就必有腐败，必有低效，政府的作用就必定不能发挥好。

只要能做到这两条，就是对看不见的手的起码尊重！我们的经济生态就能迅速修复。

二、关于"内稳态"的法则

书的第 33—34 页、第 54—56 页、第 146—147 页、第 164 页，谈到这个问题。什么是内稳态？内稳态的本质意义就是调控，这种精准的调节能力叫作"内稳态"（homeostasis）。根据书里的内容，我将"内稳态"的含义梳理归纳为五个层次的内容：

第一层次：身体的平衡是内稳态的结果。身体器官活动是受到神经系统信号调节的，通过体内的一些生理过程，调节和维持身体机能，使其稳定在一定范围内，例如，血液需要的 pH 值是 7.4，降到 6.95 人就会发生昏迷甚至死亡，反之升到 7.7 就会发生抽搐和癫痫。

第二层次：草原的平衡是内稳态的结果。在草原上也同样如此，更多的物种通过食物链被链接起来，第 49 页手工画的那张图展现了这个内稳态。动物的区域性数量调节和平衡就是这样实现的，所以，动物数量的调节激励，在理论与实践中都具有重要意义。

第三层次：草原内稳态的结构平衡。根据营养等级划分和每一等级所消耗的食物种类，共有四个层级：最底层的是分解者，就是那些可以降解的有机残余物的分解者，比如，真菌和蠕虫等；再往上第二层是依赖阳光、雨水、土壤营养的植物生产者，例如，植物和藻类；再往上第三层是食草动物靠吃植物获取能量的消费者，牛、羊等动物；最高层是捕食者，就是肉食者，捕捉食草动物的食肉动物，虎、豹等。这四个层次不同物种、种群的数量是存在一定比例关系的，处于内稳态之中。

第四层次：人类社会的平衡也是内稳态的结果。作者从动物的社会经济学角度出发，把人类与动物种群做了比较研究，认为动物也能组成复杂的社会，就算与人类做比较，动物社会也同样精彩，同样让人充满了欲望，在这一切的背后，你还能够发现经济学法则的影子。"自然经济学"的寓意在于，与人类社会类似，动物群落是由生活在不一样的环境中、扮演不一样的角色却又相互影响的生命组成的。

第五层次：内稳态的动力是什么？书里最经典的一句话是："食物就是动物社会经济中的'现金'。"对任何动物而言，最基本的动力都是找到充足的食物，食物最容易引起动物社会当中的争端与冲突，而动物社会的结构与社会活动都是以解决食物供给问题为先决条件的。

我对经济体的"内稳态"的体会如下：经济体的内稳态大致有三种：静态的内稳态、结构的内稳态、动态的内稳态。

第一，静态的内稳态。就是指某个时点上的内稳态，看价格信号是否发挥作用，如果是价格信号发挥作用，或是价格信号发挥作用的结果，那就是处于内稳态状态。否则，如果是过度的行政干预的结果，有可能处于暂时的稳态，有可能连暂时的稳态都不能存在。塞伦盖蒂草原的价格信号就是食物，食物就是它们的现金，经济体的价格信号就是反映在货币数量上的单位货币衡量标准。

第二，结构的内稳态。如同塞伦盖蒂草原的四个层级受食物现金数量的调节处于均衡状态，经济体的价格信号发挥调节作用，使各个不同层次的经济关系处于均衡状态。如果行政干预过度，引入时间的因素之后，结构就可能受到破坏，就要逐渐或立即反映到价格上。比如，去年底以来猪肉价格飙升的结果；再比如，广东聚集了全国四分之一的流动人口，从高端到低端的都有，这是市场经济下劳动力流动的自然结果，如果广东省干预人口流入结构，强行驱赶所谓的低端人口，那么过段时间就会立即反映在价格上，日常消费服务市场的价格（理发、洗车等等），影响区域性市场价格平衡。恢复流入人口结构也好，恢复养猪也罢，弥补的成本是非常高的，正如书中有几个地方描述的对破坏的草原营养级联要恢复起来很难，美国内政部长亲自给黄石公园投放灰狼（投放 31 头灰狼，10 年后灰狼总数仅为 301 头，远远不够，没有达到目的），威斯康星州连年制订预算给门垛塔湖投放鲈鱼，美国慈善家卡尔花费巨资为遭受破坏的莫桑比克戈龙戈萨草原投放大量水牛，用了整整 10 年时间才有所恢复。再比如说，在四层结构中，我们不能忽视最底层的那些可以降解的有机残余物的分解者，比如，真菌和蠕虫等，只关注经济体中高大上的较高层次的植物消费者和最高层次的食肉的捕食者，一个经济体如同草原生态平衡那样，如果没有底层的小商小贩，没有广大的中小微企业，就不可能满足多样性的就业者的需求，再发达的国家，也不都是由工程师组成，也肯定有小商小贩，如同英国首相在感染新冠之前去买食品的地方就是马路边一个只有几平方米的小食杂店。

第三，动态的内稳态。不同的经济发展阶段，有不同的内稳定水平。比如，20 年之前，中国经济增长每年是两位数，6～7 年前降到 7% 左右，这个水平就是目前的稳态。未来还会继续朝着"稳态"发展，去年就有学者打赌 2020 年是否会破 6%。所谓的稳态，早晚有一天，中国也会像发达国家那样进入一个 2% 左右的稳态发展阶段，这是规律性的结果，必然的结果，世界上没有一个经济体的增长速度永远是两位数，那才不是稳态。这也是书中关于"内稳态"的一个含义。

此外，内稳态的动力是什么？经济学是建立在一系列假设前提基础之上的，其中一个最基本的基本假设是人是自私的，人是经济人，追求利益最大化的原则，人生产的目的本来不是利他的，而是出于利己的初衷，正如亚当·斯密举例面包师那样，其目的不是为了做好事当雷锋，为了填饱别人的肚子，而是为了填饱自己的肚子，这是人类的基本特征，但这是值得赞美的特征，因为正是出于这样一个利己的特征，在客观上起到了利他的功能。当所有人都是这样出于利己的目的进行生产的时候，社会生产就产生了，起到了利他的效果，市场机制就是这样一个机制，并由此建立起经济学大厦，从亚当·斯密1776年出版《国富论》建立经济学开始，一直到今天，都是这样的。这个假设是市场经济机制那只看不见的手的基础。正是这个基本假设，正是这个基本动机，推动了社会向前发展，推动了资本主义发展。

三、关于 6 个塞伦盖蒂法则的经济学理解

书中列出了 6 个塞伦盖蒂法则，它们分别是关键物种法则、影响力法则、竞争法则、体量法则、密度法则、迁徙法则。其实，在经济生态中，大致也可以找出与之相对应的一些法则，它们的含义大同小异，例如：

关键物种法则——财产权的规则；

影响力法则——法制精神的规则；

竞争法则——竞争中性的规则；

体量法则——企业家精神的规则；

密度法则——第三方生态体系规则；

迁徙法则——要素流动。

下面逐一谈谈我的体会：

第一，财产权的规则。该书中在写到"关键物种法则"时，曾提到要寻找"关键"，在塞伦盖蒂草原上就是角马。在经济生态中，关键是明晰财产权，它就是经济生态中的角马，塞伦盖蒂草原的关键种群。计划经济的最大问题是效率与浪费以及由此产生的腐败问题，这是因为计划经济的关键没有明晰财产权，财产所有权是虚拟的。科斯

定理显示，只有财产权是明晰的，经济就是有效率的，并且以两个牛场、牛跨界吃草为例来解释这个简单的道理。所以，在这个问题上，无论产权是公共的（public），还是私有的（private），只要是明晰的，就是有效率的。目前的情况是，财产权要明晰，要有实质性的法律保护，这是对产权明晰的最佳解释，其他的，都是苍白无力的。这是目前我国的经济生态的"关键"，是塞伦盖蒂法则中的关键物种法则。

第二，法制精神与法制环境。该书中"影响力法则"的本意是，关键物种通过多米诺效应对食物链中低营养层级的物种产生重大间接影响。在经济生态中，影响食物链的是法制环境，只有法制环境稳定，在食物链上各个生物种群都是各得其所，各有空间。书中说的塞伦盖蒂草原的关键是角马，几百万头，由此形成了影响力，奠定了生物链的基础，3000公里的春去秋来的大迁徙打下了食物链的几个格局，在这个格局和环境下，不同种群都有各自的发展前途。"没有角马，就没有塞伦盖蒂"，因为角马的数量直接或间接影响着草场、山火、树木、捕食者、长颈鹿、草本植物、昆虫以及其他食草动物。在明确和保护财产权的基础上，我们的经济生态应该有几百万头角马，数量多，影响力就大，就能奠定一个法制的格局和环境，久而久之形成传统、形成文化，成为一个铁打的规律和制度，没人敢破坏它，在这个游戏规则下，各个经济主体开展平等竞争。我们的经济生态没有那么多角马，没有形成"气候"，有几个角马存在也是胆战心惊，不是退休，就是移居，更没有形成文化和传统。我们的问题是，各个法律都制订了，该有的都有了，是一个"法制社会"，但执行的很少，谈不上是一个"法治社会"。

第三，竞争法则。书中说的竞争法则是塞伦盖蒂草原法则之一，就是物竞天择，没有特权，这就是塞伦盖蒂法则。这跟经济生态中的竞争法则几乎一样，各路好汉都可以容纳，不管是国有的资本，还是私有的，或是合资的，或是纯粹外资的，不要问出身，只问参与竞争要遵守规则就行，这就是竞争中性的规则。

第四，企业家精神的规则。体量法则就是企业家精神，每个企业家都知道自己在产业链中的位置。动物的生活就是捕食和被捕食，在草原上基本没有流行病的干扰，所以，动物种群的数量调节方式基本为两种：首先是吃什么（自下而上的正向调节），以及被什么吃掉（自上而下的负向调节）。其实，企业家何尝不是如此？一个真正的企业家每天考虑的也是这两件事，也要考虑吃什么就是寻找好项目，要有前瞻性，防止被吃掉，洞察市场，防止被同行吃掉，打理产业链的上下游，盘算自己的流动性，精明的企业家还要考虑"双重负向调节"以便占先机，实现跨越式成长，甚至"反馈调节"的问题。如果不考虑这些，就不是企业家，就没有创新，那就是命令经济下的"工作者"。所以，没有企业家的经济生态就不能称为市场经济，这种生态不进则退，进一步就成为市场经济，退一步就回到命令经济形态。或说，判断一个经济生态，就看是否有真正的企业家。企业家是市场经济的灵魂，塑造自己的体量，给自己定好位，体量法则在经济生态中就是企业家精神。

第五，第三方生态体系规则。塞伦盖蒂草原的种群是依靠自身密度进行调校的，当一个种群的数量大到一定程度时就会出现制约它的因素，这就是密度法则。企业发展的规律也有类似情况，当一个企业规模大到一定程度时，它就会对第三方生态体系产生影响，比如，它对第三方供应商提出要求，甚至重塑产业链上的第三方供应商；再如，规模大到一定程度时，它会寻求政治代言人，对政治产生影响。相反，如果不能做到影响第三方生态体系，或者与第三方生态体系格格不入，这个企业或这个行业就会自己受到影响，甚至影响到企业本身在这个领域的进入或退出。

第六，迁徙法则。塞伦盖蒂草原的迁徙是未来提高食物的可获性，为了种群的生存和种群数量的壮大，经济生态中也有迁徙法则，几乎完全一样，这就是要素流动。为什么劳动力的空间分布都是从内地向沿海、东北向广东，而没有反向的？企业的迁徙同样也是这个道理。

劳动力往高处走，是往工资相对水平高、生活成本相对低的地方去，所以，东北人去广东的多，很少有广东人到东北来的。企业也是这样，广东的财税政策灵活，社保费相对低，所以吸引企业流入。发达国家的跨国公司的生产性企业很多分布在发展中国家，苹果手机大部分在中国组装，富士康在中国设厂，不可能在欧洲设厂。除了成本和收益的考虑，还有综合的基础设施、上下游的供应链、社会治安等等，都是企业迁徙的原因。要素流动和配置，大型企业是全球的配置，中型企业是全国的配置，小型企业是区域性的配置和流动。

四、关于"地球承受力"的一个磋商

书中第 12 页提出了地球承受力的问题："50 年前，地球上的人口总量为 30 亿，人类活动每年消耗地球年生产总量的 70%。这个数字到 1980 年达到 100%，现在已经上升到 150%，也就是说，人类需要 1.5 个地球才能维持现有的一切。很遗憾，地球只有一个。"

首先，书中提出的"地球年生产总量"是个什么概念？是什么度量单位？人类活动每年消耗地球年生产总量的百分之多少是极限？如果搞不清，如何度量 1980 年人类活动每年消耗地球年生产总量的 100%，现在上升到 150%？那么，作者是分子生物学家和遗传学家，从这两个专业角度如何理解？但不管怎样，我们可看出，作者有点悲观。

从经济学的角度来衡量的话，有 GDP、粮食、资源、环境、能源等。但书中的含义显然不是这些。

1972 年意大利的罗马俱乐部出版了一个研究报告《增长的极限——罗马俱乐部关于人类困境的报告》，轰动世界，80 年代有中译本。

这个报告运用"模型和指数增长"的方法，阐释了经济增长与诸多因素的关系，认为：工业社会的经济增长付出的代价过大，而且已经没有发展的空间了；该报告用系统动力学原理人口激增、粮食短缺、资源枯竭、环境恶化、能源消耗将这五大因素连接成"反馈回路"，建立了一个增长模型，得出的结论是：如果在世界人口数量、工业化进程、环境污染、粮食生产、资源消耗等方面按现在的趋势继续下去，地球上增长的极限将在今后 100 年中发生，就是 2070 年，离现在还有 50 年，那时出现的结果有三种：第一，最可能的结果，是人口数量和工业生产力出现不可控制的衰退。第二，改变这种增长趋势，建立稳定的生态环境和经济条件，以支撑遥远的未来是可能的，使每个人的基本物质需要得到满足，并且都有实现个人潜力的机会。第三，如果全人类决心追求第二种结果，他们为达到这种结果而开始工作得愈快，他们成功的可能性就愈大。

为避免世界"灾难性的崩溃"，该报告给出的建议是经济"零增长"，具体建议是：

第一，人口规模和工厂资本在规模上保持不变；

第二，人口的出生率等于死亡率；

第三，资本的投资率等于折旧率；

第四，所有的投入和产出的速率保持最小；

第五，资本和人口的水平、比例与社会价值一致。我觉得这是悲观的观点。

我查阅世界银行的数据，只给大家这样几组数据，请大家自己判断：GDP：1970 年，全球 GDP 是 3 万亿美元，2018 年 GDP 是 86 万亿，现价增长了 28 倍；食物生产指数：如果 2004—2006 年为 100 的话，那么，食物指数分别是：1970 年，全球食物指数是 40，世界银行只给出 2014 年是 126，外推的话，2019 年应是 140，是 1970 年的 3.5 倍。人口：1970 年是 37 亿，2020 年是 78 亿，是 1970 年的 2.1 倍。再过 50 年，就是罗马俱乐部当时说的 100 年后，到 2070 年，世界银行给出的人口预测数据是：105 亿，是 1970 年的 2.8 倍，是 2020 年的 1.35 倍。GDP 和食物生产指数没有给出预测，但肯定要远远超过人口的增长倍数。我的看法是，技术创新带来的各领域的革命是想象不到的，我是乐观的，起码，罗马俱乐部报告预测的增长极限是没有问题的，不仅经济没有"零增长"，而且是 28 倍。

五、关于全球人口的"负向调节"问题

我提出一个问题向各位委员讨教：

书中第 8 页说道："100 年前，地球人口不足 20 亿，今天是 70 亿。而在 1804 年以前，人类用了 20 万年的时间才使人口总数突破 10 亿，现在我们保持每 12 ~ 14 年增加 10 亿人的速度。100 年前，男性女性美国人的寿命预期是 46 岁和 48 岁，现在是 74 岁和 80 岁。"

书中提出的两个种群调节方式："正向调节"是指在营养层级较高的种群受到自下而上的调节，受到食物可获性的限制；而"负向调节"是指营养级联较低的种群受到捕食者自上而下的调节。

我的问题是：人类在地球的营养级联中处于顶点，上面世界银行的数据显示，人类的增长并没有像罗马俱乐部那样悲观，不可能受到"正向调节"的约束，我相信，在未来 50 年，到 2070 年，人类也不会受到"正向调节"。那么，人类受到"反向调节"的约束吗？人类受到"密度法则"的约束吗？谁来控制人类的增长？处于顶端的人类的"捕食者"只能是天灾人祸，包括流行病，包括新冠肺炎，但人类肯定能战胜疾病，所以，结论是不是人类的规模将无限增长下去？

更为严峻和重要的是，如果是这样的话，黑种人、白种人、黄种人的全球结构在发生急剧的逆转，再过 100 年，欧洲必然被伊斯兰化，美国必然被拉丁化；再过 200 年，欧洲就不是现在的欧洲，美国也不是现在的美国，人口结构逆转将改变世界政治版图，就是说，200 年后的欧洲很可能成为政教合一的欧洲伊斯兰国，美国很可能考迪略化，去民主政治化将是大势所趋。

我们中国将如何改变这个即将要改变的可怕的世界？这个问题向各位领导、各位委员请教并讨论。谢谢。

委员读书笔记

 戚建国

秉文委员的导读让人耳目一新，又大开眼界的感觉。从生态学和经济学的结合上导读《生命的法则》，给人以推动，给人以启迪，给人以联想。我的初步体会：

其一，全景式导读，把全书讲清楚了。尤其是对看不见的手的法则，从三大功能解读入手，到两条关键问题破题。

其二，结合式分析，从生态到经济，把重点讲明白了。尤其是从五个层次分析"内稳态"法则，又结合经济学谈了静态、结构和动态平衡问题。

其三，跳出来思考，从地球承受力和全球人口复向调节两大课题入手，把人类应面对的世纪难题点到位了。尤其是对两大问题的高层次思考，受教了。

叶小文

生物界的规律，有"万物看不见的手的法则"。经济学上同样有"看不见的手的法则"，主要有两条非常关键：一是对待私有制要用平常心！二是发挥市场配置资源的决定性作用。只要能做到这两条，就是对看不见的手的起码尊重！我们的经济生态能迅速修复。

导读 6：必须把生态文明建设作为
我国长期的立国之本

◎杨忠岐*

卡罗尔所著的《生命的法则》一书，对生态和生命作了独到和深刻的诠释，让我们更加明确了地球上所有生命的生物学法则，这是一部了解地球生物和生态的巨著，书中提出的观点、法则值得我们认真阅读和深刻思考，很值得科技界，特别是生物学界、社会学界、法律学界学习、参考。书中提出的"塞伦盖蒂法则"，是对人与自然关系的精确概括和总结，"塞伦盖蒂法则"是从基因、细胞、组织、器官、个体、种群和整个生态系统中发现出的自然进化规律。其中描述的各种看似毫无关联的物种之间存在的广泛而复杂的联系，对于我们认识人与自然的关系具有重要启示意义。《生命的法则》一书中总结人类几十年的环境保护经验，提出的通过制定法律约束人类行为，以保护生态环境、恢复生物多样性值得我们借鉴。

在人与自然的索取、保护和持续维护上，我国古代生态文明思想就已经体现出来。中国古代生态文明思想有以下三个方面：天人合一的生态世界观、厚德载物的生态伦理观、顺应时中的生态实践观。我国古代儒家主张的"天人合一"的生态世界观，其本质是人与自然界的统一。在儒家看来，天地之生与人类之生相互促进，相互协同，共生共荣。道家提出的"道法自然"，即"人法地，地法天，天法道，道法自然。"提出人类要以尊重自然规律为最高准则。而我国佛家也

---

*第十三届全国政协委员，农工党中央常委，中国林业科学研究院森林生态环境与保护研究所教授。

认为，万物是佛性的统一，众生平等，万物皆有生存的权利。儒家在生态实践上遵循的基本行为方式是顺应时中，强调人类的实践活动必须与自然环境、季节气候、土壤资源的有序性和承载力相一致、相协调、相平衡。儒家认为，只有顺应时中的生产实践，才是既发展人类又发展生态的行为。否则，人类的生产实践活动不仅不能成功，还将导致自然生态的破坏，其结果必然是深沉的灾难。道家讲爱护动植物，不是盲目的爱护，而是要依照"道"的原则——人类要依靠动植物作为生活资料的来源，要开发利用自然资源，这是天经地义的，但是必须按照自然之"道"行事，合理地开发和利用。我国古代生态文明思想蕴含着人与自然的和谐共生、尊重自然的固有价值和敬畏生命的实践取向等生态文明思想。中国古代生态文明思想为当代生态文明建设提供了丰厚的精神养料和重要的启蒙价值。我们必须树立绿色、低碳、环保、节能的生态观念，推动生态文明建设，强化生态意识。广泛开展生态意识、生态法律法规和政策知识教育宣传普及，引导人们树立正确的生态文明意识，从点滴做起，从自我做起，在日常生产生活中养成保水、护绿、节能、减废的行为习惯，使重环保、节资源、建生态成为全社会共同的价值取向。

以习近平同志为核心的党中央，继承和发扬中华文化优秀精髓和传统，从新的历史起点出发，站在战略和全局的高度，提出了生态文明建设的重大战略决策，把生态文明建设作为我国现在和今后长期的基本国策之一，给予高度重视，对生态文明建设和生态环境保护提出一系列新思想新论断新要求，为努力建设美丽中国，实现中华民族永续发展，走向社会主义生态文明新时代，指明了前进方向和实现路径。2012年11月，党中央在十八大正式做出了"大力推进生态文明建设"的战略决策。十八大报告不仅在第一、第二、第三部分分别论述了生态文明建设的重大成就、重要地位、重要目标，而且在第八部分用整整一个部分的大篇幅，深刻论述了生态文明建设的各方面内容，从而完整描绘了今后相当长一个时期我国生态文明建设的宏伟蓝图。

　　2015 年 5 月 5 日，《中共中央国务院关于加快推进生态文明建设的意见》发布。在 2017 年的十九大上，习近平同志进一步阐述了生态文明建设的重大意义。他指出，人与自然是生命共同体，人类必须尊重自然、顺应自然、保护自然。建设生态文明，关系人民福祉，关乎民族未来。他强调，生态环境保护是功在当代、利在千秋的事业。要清醒认识保护生态环境、治理环境污染的紧迫性和艰巨性，清醒认识加强生态文明建设的重要性和必要性，以对人民群众、对子孙后代高度负责的态度和责任，真正下决心把环境污染治理好、把生态环境建设好。这些重要论断，深刻阐释了推进生态文明建设的重大意义，表明了我们党加强生态文明建设的坚定意志和坚强决心。生态文明建设是经济持续健康发展的关键保障。生态文明建设是民意所在民心所向。生态文明建设是党提高执政能力的重要体现。

　　森林是陆地生态系统的主体，林业是生态文明建设的核心。生态文明建设必须加大植树造林和森林保护，使其发挥出最大的生态效益。我国前些年以牺牲生态环境为代价换取经济的高速增长，造成了一系列后遗症，党中央提出的生态文明建设十分及时，非常必要。目前迫切要解决的突出的环境问题是打赢蓝天保卫战，加快水污染防治，实施流域环境和近岸海域综合治理，强化土壤污染管控和修复，加强农业面源污染防治，开展农村人居环境整治行动，加强固体废弃物和垃圾处置等问题。作为从事林业和生态保护工作的科技人员，我感到使命光荣，责任重大，一定要尽全力做好本职工作，为国家生态文明建设贡献力量。

　　另外，我对书中这一段描述印象十分深刻："一个例子，就是在稻田里常见的小飞虫，叫稻飞虱。水稻是世界上很多地区的主要粮食作物，如果遭受虫害，我们首先就会使用杀虫剂，但这是不对的。这样就会造成稻飞虱实际数量的增加。为什么？因为它们逐渐对杀虫剂产生了耐药性，而我们所做的仅仅是杀死了它们的天敌，比如蜘蛛。我们应该利用天敌来控制稻飞虱的数量。"我作为从事生物防治的专家对此深有体会。在搞好生态文明建设、发展林业，大力植树造林、搞好天然林保护中，一定要大力提倡生物防治，即用森林生态系统中有益的生态因子——天敌来控制和管理害虫，大力推广应用无污染、无公害防治技术，做到在保护环境的前提下，控制和消灭森林病虫害。

最后，我以《生命的法则》中的这一段话结束我的读书感想："……越来越多的证据表明，全球生态系统已经处于亚健康状态，或者至少也进入了疲劳期。生态学家们统计过给全球生态带来变化的人类活动，从种植农作物与经济作物、饲养家禽、砍伐树木、捕鱼，到修建居所与提供能源的基础设施、燃料消耗等等。之后再拿这些的总量与地球的生产总量进行比较，所得的结果令人震撼。50 年前，地球上的人口总量为 30 亿，人类活动每年消耗的地球年生产总量的 70%，这个数字到 1980 年达到 100%，现在已上升到 150%。也就是说，人类需 1.5 个地球才能维持现有的一切。很遗憾，地球只有一个。"

委员读书笔记

张连起

中央首次提出"六保"，保就业首先要保中小企业；要保中小企业，首先得启动消费。促消费长期在于提高中等收入群体规模，短期就是给困难群体直接补贴，给中等收入群体发消费券。鼓励地方政府在不撒"胡椒面"的前提下，创造性促消费，不然，"六保"缺少切入点和抓手。

为何主要经济体当前都采用这种方法，就是担心民生困顿，经济"熄火"。

戚建国

从读书谈战胜自我

读了《生命的法则》《人类的终极问题》和其他相关的书，使我加深了对人的认识，引发了一些思考。对于人的认识，古往今来是一个永恒的主题。人类社会发展史表明，文明进步既要靠科学技术的力量，也要靠思想道德的力量。科技只有不断创新，才能创造未来；人类只有战胜自我，才能不断新生。战胜自我，既是一场思想革命，也是一场科技革命，还是一场社会革命。所谓战胜自我，不是讲一般意义的改造思想，是指努力使人类认识自己的能力来一次划时代的革命，既要战胜自然意义上的自我，也要战胜精神意义上的自我。战胜自我包括三个层面：一为战胜个体的自我，二为战胜团队的自我，三为战胜人类的自我。围绕战胜自我，谈点学习体会，与各位学友交流。

其一，从哲学层面战胜自我，通过揭示人的本质去认识自我。哲学家关于"什么是人的本质"的认识，是照亮战胜自我的思想火炬；

关于"什么是人的智慧"的思辨，是战胜自我的动力源泉。苏格拉底总是自称一无所知，一生都在为认识自我而不懈努力。以儒、道为主干的中国传统文化，是一种伦理本位的文化，提倡尚德、尚善，强调约束自己、服务他人、敬畏天地、家国情怀。孔子希望大家都学周礼，学礼之后懂规矩，自然天下就太平了。老子希望大家能够无私，不敢为天下先，才能成其先，这样天下就太平了。墨子希望大家要有敬畏之心，举头三尺有神明，做事安稳本分，少干非分之事，这样天下就太平了。冯友兰在中国哲学的精神一章中认为："由于哲学的主题是'内圣外王'之道，所以学哲学不单是要获得这种知识，而且是要养成这种人格。"冯友兰提出"人生四重境界"：自然境界——随波逐流，顺着本能做事；功利境界——追求名利，为自己做事；道德境界——超越自我，为社会做事；天地境界——自然而然，为天地做事。读书学习的过程，是一个感悟人生，修身养性，战胜自我，培育为社会、为天地做事思想境界的过程。人贵有自知之明，改造思想，寻求光明，创造新生，这就是哲学意义上的战胜自我。

其二，从生态学层面上战胜自我，通过揭示人与自然的关系去认识自我，这也是政协这次倡导开展读书活动的目的所在。在读《生命的法则》和《人类的终极问题》之后，使我们进一步认识了我是谁？我从哪里来？我向何方去？这些人的基本问题。在生态学层面战胜自我的过程，是一个认识生命、认识生态、认识自然的过程，是一个树立绿色发展方式和生活方式的过程。马克思认为："动物只是按照它所属的那个种的尺度和需要来构造，而人却懂得按照任何一个种的尺度进行生产，并且懂得处处都把固有的尺度运用于对象。""按照任何一个种的尺度来进行生产"，指的是人在生产实践中应遵循客观规律。正如习近平总书记指出："自然是生命之母，人与自然是生命共同体，人类必须敬畏自然、尊重自然、顺应自然、保护自然。"生态环境问题归根结底是发展方式和生活方式问题。推动形成绿色发展方式和生活方式，是发展观的一场深刻革命。在全社会牢固树立生态文明理念，培养生态道德和行为习惯，这就是从生物学意义战胜自我。

其三，从认知科学层面战胜自我，通过揭示人的智力本质去认识自我。《人类的终极问题》第三章，围绕"人类的创造力是从哪里来的"论述了创造力的问题，指出创造力是人类区别于动物的最关键的特质。在此基础上，运用人工智能技术研究人类智能问题，人工智能说到底就是让机器系统具有人的智能，这是一个具有时代意义的大课题。目前在感知智能领域取得重大突破，比如语音识别、图像识别、语义理解等，部分智能已超过人类智能。难点在于认知智能，让机器系统像人脑一样去思维，这是一个世界级难题。尽管在深度学习领域取得重大突破，"阿尔法狗"战胜了围棋领域顶级高手，但仍然是在弱人工智能阶段的探索，还缺少人类智能的"悟性"，面对不确定性，还不能完全做到随机应变。强人工智能阶段的目标，就是了解人的认知功能，探索人的"体悟"特征，推动人类的认知革命，努力用智能之光照亮人类战胜自我。习近平总书记指出："人工智能是新一轮科技革命和产业革命的重要驱动力量，加快发展新一代人工智能是事关我国能否抓住新一轮科技革命和产业变革机遇的战略问题。"抢占新一代人工智能技术发展的战略制高点，是一个原创性的世纪工程，需要一批有志向的科技工作者，抱定科研初心，牢记报国使命，培育甘愿"长期坐冷板凳"的志向情怀，潜心从事"十年磨一剑"的基础研究。这需要彻底摆脱功利主义的影响，必须只认事业，不认名利，若终日被虚名所困，不可能干成这项事业；这需要彻底摆脱浮躁风气的影响，必须静下心来，耐住寂寞，若终日受市俗所扰，不可能久久为功成就大业；这需要彻底摆脱形式主义影响，必须不做虚功，专务实业，终日被无用之功所累，不可能在背书抄书中点亮科技火炬；这需要彻底摆脱"官本位"的影响，必须追求真理，不求官位，终日被"官帽"所惑，不可能在科学殿堂拥有一席之地。抱定平生追求科学精神，擦亮"实事求是"的思想底色，这就是从生命科学意义上战胜自我。

面对世界百年未有之大变局，面对世界战略重心大调整，面对新一轮科技大革命，面对与时俱进的社会大变革，面对形形色色的病毒大来袭，我们唯一的选择：努力在学习与实践中，不断战胜自我，不断创造新生。

辑二

读书分享

合作与信任：全球抗疫中的文化力量

◎叶小文*

2021 年 9 月 21 日，国家主席习近平以视频方式出席第七十六届联合国大会一般性辩论并发表题为《坚定信心 共克时艰 共建更加美好的世界》的重要讲话，向世界呼吁，我们必须战胜疫情，赢得这场事关人类前途命运的重大斗争。要弘扬科学精神、秉持科学态度、遵循科学规律，统筹常态化精准防控和应急处置，统筹疫情防控和经济社会发展。要加强国际联防联控，最大限度降低疫情跨境传播风险。

战胜新冠肺炎病毒要靠科学的力量。病毒在不断变异，钻人类生理的空子，争夺生存和繁衍的空间。但魔高一尺道高一丈，人类总会有办法对付它。科学的力量，是斩断病毒魔爪的利剑。

战胜新冠肺炎病毒还要靠文化的力量。人类在病毒面前，只要无区别地互相合作和信任，就会产生无比强大的力量，这是可以与病毒抗衡的更强大的力量。

合作和信任，看起来只是精神的力量，但正如拿破仑所说，"世上有两种力量：利剑和思想；从长而论，利剑总是败在思想手下"。如果在全球抗疫中，只搞对抗不要合作，只会猜忌毫无信任，以这样互相掣肘的手臂，怎么举得起科学的利剑？

作为世界最发达的国家，美国应不缺科学的力量。但不知何故，这个国家新冠肺炎患者竟已超过 4200 万，成了世界第一病毒泛滥大国。但美国的一些政客在忙什么呢？不是集中全力用科学的力量治病祛病，而是忙着制造另一种病毒——"政治病毒"。他们这样做是不是要"以

＊第十三届全国政协委员，文化文史和学习委员会副主任。

毒攻毒"呢？实在让人费解。美国用了整整三个月时间，忙着炒作病毒起源问题，进行政治化操作，掀起一波又一波舆论战。8月27日，终于煞有介事地公布了"溯源报告"，尽管表面看起来似乎没有任何关于溯源的证据，但仍然坚持"自然起源"和"实验室泄漏"两种可能性并存的论调不改，还要继续通过大搞"政治溯源"，来为自身抗疫不力寻找借口。美国总统亲自部署，摆出一副动用权威情报专家，大张旗鼓搞"调查"的样子，虽然把科学问题政治化实属荒唐，注定是竹篮打水一场空，还是要不断高喊"查"下去！不妨问一问：美国4200万人感染了新冠病毒，美国政府负什么责任，查不查？再顺着"实验室泄漏"的泄漏论查下去，美国在世界各地那么多病毒实验室，特别是一度因泄漏关闭的实验室，查不查？

这种热衷于制造"政治病毒"的疯狂，正如美国电影《黑客帝国》中的感叹："人类不是哺乳动物。因为地球上的每一种哺乳动物都会本能地发展和自然地平衡与周围环境的关系，但是人类并不这样。人类每到一处就拼命扩张，直到耗尽自然资源。人类生存的唯一出路就是扩张到新的地点。地球上只有一种生物与人类相似，那就是病毒。"这里说的"人类"，乃是已经成为"政治病毒"的"非人类"。

今天，病毒还在全球折磨人类。人类不是病毒，不应该、也绝不能成为病毒！人类与病毒的最大区别，就是病毒可以无区别地侵犯人类，人类却能够无区别地互相合作和信任，能够用文化的力量战胜病毒。

《人类简史》的作者尤瓦尔·赫拉利最近在《金融时报》发表的《冠状病毒之后的世界》一文中说得好，我们面临"在民族主义孤立与全球团结之间作选择。流行病本身和由此产生的经济危机都是全球性问题，只有全球合作才能有效解决这些问题。首先，为了战胜病毒，我们需要在全球范围内共享信息。这是人类相对于病毒的最大优势。中国可以向美国传授许多有关冠状病毒及其应对方法的宝贵经验……，我们需要一种全球合作与信任的精神"。

历史和现实反复告诫我们，一个分裂的世界无法应对人类共同挑战，一个对立的世界将给人类带来灾难。中国将继续支持和参与全球科学溯源，坚决反对任何形式的政治操弄，真正为预防下一次大流行提供必要的经验借鉴。世界上的事应由各国人民商量着办，不能谁的拳头大谁就说了算。疫情仍在全球肆虐，威胁着人类的健康和生命。各国应当秉持人类卫生健康共同体理念，超越政治歧见，毫无保留地开展国际抗疫合作。人类最终要以科学加文化的力量，彻底战胜新冠病毒。

由《逼近的瘟疫》一书所想到的

◎张雁灵*

  《逼近的瘟疫》一书作者为美国知名记者、"普利策奖"获得者劳里·加勒特。该书主要从西方的角度来写。书中记述了"二战"以后，随着全球化的发展，病毒如何加速传播的历程，同时，在全球化背景下，病毒给发展中国家和欠发达国家的公共卫生带来了极大挑战，严重威胁了民众的生命健康。读完此书，我除了获得知识的汲取，更想结合个人的专业和工作经历，从中国的角度分享一点观感和体悟。主要有三点。

一、病毒与人类的历史

1. 人类与病毒是命运共同体

  本书"作者自序"中说道：历史学家威廉·麦克尼尔（著有《瘟疫与人》一书）概述了过去几千年间人类遭受微生物攻击的原因。他认为人类历史上的每一场灾难性流行病都是人类进步造成的啼笑皆非的后果。麦克尼尔警告说："人类改进命运的同时，也就加大了自己面对疾病的软弱性。""应当牢记，我们越是取得胜利，越是把传染病赶到人类经验的边缘，就越是为灾难性的传染病扫清了道路。我们永远难以逃脱生态系统的局限。不管我们高兴与否，我们都处在食物链之中，吃也被吃。"这样的话语表明，疫病是人类历史的基本参数和决定因素之一。

---

  *总后卫生部原部长，小汤山医院院长。

中国老百姓有句俗话：病是吃出来的。病毒走出一个生态系统后，在人类群体中的传播是不讲国界、肤色、民族、政治，也不讲民主；但它很讲自由，它自由地传播和扩散，且呈波浪式或爆炸式传播。

我想说，人类与病毒是命运共同体。科学家早已研究证实，地球上有了人类就有了病毒和微生物。有人说，病毒是地球上最早的居民。那么，怎么与病毒共存于地球？这里可以借用"相生相克"四个字：相生，即是共处促进；相克，则为相互制约。

2. 大疫与现代化

恩格斯说："没有哪一次极大的历史灾难不是以历史的进步为补偿。"在中国，1902年天津的霍乱，1910年冬东北的鼠疫等，它给民众带来了灾难，但也促进了中国公共卫生的发展和公共卫生意识的建立。我还看到一个材料认为："从16世纪开始，鼠疫在欧洲富裕的地区中不但推动了医院制度的发展，也促进了医学伦理的建立。"还有人专门研究，欧洲发达国家在近现代城镇化进程中的几次流行病大劫难，对如何重塑今天的城市和世界现代化进程起到了怎样的推动作用。如，1854年的伦敦大霍乱事件，促使英国人下决心建设出了堪称完美的城市下水道系统和泰晤士河岸堤道工程。这使伦敦成了真正意义上的现代城市。

3. 传染病与战争

我是军人，很早就研究过此问题。本书第六章中，讲到一名年轻力壮的列兵感染"猪流感"后死亡的事例。这令我想起病毒与战争的关系。我总结的一句话就是，它们是孪生兄弟，常结伴而行。一方面，疾病对战争产生重大影响，兵溃于病，因为疾病改变战争进程进而改变历史的案例不胜枚举，如大家都熟悉的"一战"为什么只打了四年就草草结束？很重要的一个原因，就是1918年3月爆发了大流感。这也是冠状病毒引起的，易感人群为青壮年，正是士兵的年龄。居住拥挤，人口稠密，为病毒传播提供了条件，有三分之一的军人被感染，死亡率5%。有历史记录：士兵们感冒发烧、咳嗽、皮肤起红点，很快转成恶性肺炎，以致后来全世界5000万人以上死亡。这种状况下，战争还怎么打？当年3月发生大流感，11月同盟国宣布投降，战争正式结束。一方面战争也会引发瘟疫和其他传染病，血流成河，尸横遍野，最容易瘟疫流行。近些年中东、阿富汗战争都有案例。瘟神肆虐军旅，争相向死神邀功！我做过统计，从公元前3200年到现在是5200多年，地球上一共发生过战争14500多次，死亡总人数大概在30亿以上，近代战争可以比较准确统计其比例，因病（主要是传染病）死亡的比例占68%以上。更为恐怖的是，战争疯子把病毒细菌制造成武器，即生物武器，这比核武器更为可怕。所以我在小汤山医院当院长时明确要求，务必把SARS病人血液标本严格管理好。

二、小汤山和火神山医院在抗疫中的作用有哪些？

瘟疫大流行多数无法预料，但到来时必须面对。就像西班牙大流感在世界各国流行一共18个月，1920年2月突然神秘地消失了，至今也没准确找到病毒毒株。2003年春天我国就面临一场病毒遭遇战，当时有一句话叫"北京告急！"什么告急？病人太多，定点医院告急！医护人员告急！病床告急！缺少传染病床2000多张，发烧病人在门诊等，在家里等……怎么办？国家决定紧急建立一所大型专科医院，以解燃眉之急，小汤山医院就是这样诞生的。1300多军队医务人员紧急抽调组成医院，我被任命到医院做院长兼党委书记。小汤山医院不负众望，完成了使命。小汤山医院是我国一个成功的范例，被国内外总结为6个字："模式""奇迹"和"精神"！

1.小汤山医院为世界抗击大疫创造了一种中国医院的模式，即集中优势力量、集中收治病人和应用野战医院方式大规模救治传染病人。小汤山医院创造了一个奇迹：七天建成一座世界上最大规模的传染病医院（世界卫生组织检查后认定的，完全符合传染病医院标准，这是综合国力的体现）；收治全国四分之一 SARS 病人，治愈率全国最高，死亡率最低（死亡率平均 8%～10%，小汤山 1.8%）；院内医务人员零感染（这是技术和管理能力的表现）。形成了一种小汤山精神：万众一心、众志成城的民族精神。我这次在武汉对他们讲，建立小汤山这样的医院，既是解决收治病人的难题，也是给人民带来信心和希望。今天武汉的方舱医院也是它的延伸。国内各省和国外也都与我们联系请求帮助，他们也要建立小汤山医院。但也要看到这是不得已而为之，没有办法的办法。

2.武汉的火神山、雷神山医院是小汤山医院的拷贝和复制，但更为先进。一个集中体现信息化、数字化和智能化的医院，体现这 17 年来医疗等科技方面的发展。两所医院收治了 7000 多病人，而且中、重度病人居多。这也是中国国力的标志，抗击大疫离不开综合实力和科技能力。

三、启示和思考

在这本书里，作者记录了科学家们如何努力去了解和控制"二战"以来微生物研究引起的生物战的威胁。由此我想到，从科学的角度让大众认识传染病。什么样的宣传和科普都没有这次疫情教育深入人心。

从科学技术角度，我们有很多启示和思考，我在第二部分已结合一些工作经历做了说明，但是医生工作除了科学的特性之外，还具有医学人文的特性。所以，讨论启示和思考不能离开医学人文。

1.这次大疫给全世界人民上了一堂认识生命的教育课。这堂课沉重而又普及！我在 2003 年写过一篇论文：公共卫生危机对国家安全战略的重大影响。公卫事件不仅是卫生行业的事，更是政府和全社会的事；公共卫生安全是国家的最大安全；公共安全要从对公众进行公共卫生教育入手，要从培养国民健康良好素养入手；全社会要树立正确的生态系统观；从学生时期就应该开展生命观的教育。只有这样面对大疫才能沉着冷静，减少恐惧，从容应对，降低综合成本。

2. 这次疫情是对我国治理体系和能力的一次大考，也已成世界大考。基本都是公开卷，世界人民都是判卷老师，谁的答案更令人满意？可以说，在世界多种抗疫模式中，中国模式受到了多国肯定。我们有党中央和习近平总书记的坚强领导和正确指挥；有中国特色社会主义的制度优势；有改革开放奠定的综合实力和能力；有万众一心众志成城的全民参与。此刻，我们经受住了大考，也赢得了大考。习近平总书记指出，我们一定要总结经验、吸取教训。我们付出了巨大的成本，包括3000多名死难者，还有我们一些优秀医务人员的生命。一个智慧的民族，是在不断吸取失败教训基础上成长起来的。这次，我们用生命换来的思考，也应是大考的一部分。同时，我们看到其他国家模式或者做法也有很多特点与长处，应虚心学习与借鉴。

3. 如何把学习感悟结合到防控的实践中。通过认真学习贯彻习近平总书记关于完善健全疫情防控体制机制体系等方面的指示精神，结合读书和抗击疫情工作经历，我主要思考的问题有：一是公共卫生安全、预防预警和应急反应对策；二是小汤山医院模式的创新与实践；三是医学人才培养适应发展需求。

最后，我用美国心理学家威廉·詹姆斯的话结束：种下一种行动，收获一种行为；种下一种行为，收获一种习惯；种下一种习惯，收获一种性格；种下一种性格，收获一种命运。我个人虽然老了，命运基本定型，但我们事业的命运还年轻，要靠我们一代又一代人用学习去播种，去传承。

病毒：人类熟悉而又陌生的同行者

◎张大庆[*]

  《病毒来袭》是一本 2011 年企鹅书局（Penguin Books）出版的图书。其原书名《病毒风暴：一场新的大流行病时代即将来临》。

  人类与微生物共同演化具有漫长的历史，但真正发现微生物以及认识到其与传染病的关系则时间很短，至今才 150 多年。对病毒的认识更短，在电子显微镜下见到病毒还不足 90 年，因此作者称病毒为"人类最熟悉的陌生人"。19 世纪下半叶，随着科学的发展和诊疗技术的提升，很多严重威胁人类健康的传染病得到了有效控制，正如书中所提到的"20 世纪 60 年代，科学家们预测传染病短期内就会被消灭。"然而，自 20 世纪 80 年代以来，新发传染病的出现日益频繁，例如艾滋病、严重急性呼吸系统综合征和 H1N1 大流行性流感、SARS 等，都提醒我们，传染病至今依然是最主要的人类杀手。作者在本书中探讨了流行病的起源、对人类文明的影响，以及应当如何应对下一场流行病的侵袭。他提出了一个大胆的观点，即我们可能很快就会进入一个传染病流行开始之前就可以被阻断的时代，这也是作者的努力目标。

  该书的主体分为三部分：

  第一部分：历史的负担。即讨论过去事件对现在有着深刻的影响。从宏观的人类进化史或者生物学演化史的视野，来探究为什么人类特别容易受到流行病的影响。作者描述了人类与微生物的共同进化历程。

  病毒和细菌是我们大多数人常说的"微生物"。两者都能引起疾病，

---

  * 北京大学博雅特聘教授、科学史与科学哲学研究中心主任、医学图书馆馆长。

也都是致命的。许多细菌性疾病可以采用抗生素进行治疗，但至今还没有治疗病毒性疾病的特效药物，主要依靠疫苗来预防。细菌在很大程度上是自由生活的有机体，具备了所有生存和繁殖的机制。而病毒是被蛋白质包裹着的 DNA 或 RNA，无法自行繁殖。要通过进入人体的细胞，利用细胞复制而制造更多的病毒。若要杀死细胞内寄居的病毒，也必然会影响到细胞本身，这也是病毒性疾病治疗困难的一个原因。例如现在的药物研发主要目标是阻止病毒进入细胞。

人类染病后出现的症状：喷嚏、腹泻、生疮等，从人体来讲是自我防范的表现，但对病毒来讲，则是传播的重要途径。对于病毒来讲，既能自身扩散又不对寄居的人体造成致命性损伤，是一个长远的眼光，如有些疱疹病毒就是这样，这类病毒通常与人类长期相处。也有病毒进入人体后大量复制，导致病人可能几天内死亡，如致命的埃博拉病毒采取了这种策略，这类大多为新发传染病的病毒。人类与微生物的较量并不是被动的，人体免疫系统可杀死入侵的病原体，人们通过熟食避免了许多微生物的侵袭。

第二部分：文明的代价。探讨了病毒出现的现代驱动因素，如城市化、新医疗技术、森林砍伐和畜牧业生产。

在人类历史上，大多数病毒要延续自己，必须采取长远的策略，因为人类生活在小的部落社会，交流不频繁。但是，正如作者所指出的，"交通革命加速病毒传播"，随着交通的发展，道路、船只、铁路，最后是飞机，这一切都改变了。世界变得如此紧密相连，以至于你今天很容易被昨天在世界另一端感染病毒的人传染。所以，我们现在所面临的是病毒进化迅速，一种可能性即在人群中蔓延，留下严重的健康问题，甚至导致死亡。"医疗技术"成为人类与病毒交流的"直通车"：比如注射、输血带来乙肝、丙肝、HIV。

作者指出，自然界存在着大量能够感染人类的新型病原体。这些新的传染病往往来自我们与动物之间的互动改变，我们与动物共享我们的星球，由于高强度的商业养殖、环境干扰，或动物贩运等一系列独立事件，使得少数人畜共患疾病达到大流行的比例。因此，流行病并不完全是随机事件，认识到这一点对人类预防是有利的。

第三部分：科学的回应。从描绘严峻的形势转向探讨"流行病预防"。作者同时也强调人们不要太过惊慌。我们处在一个连通的世界中，正因如此，新病毒能够以如此快的速度传播；也正因如此，我们才能够与之做有效斗争。比如，患者可以携带一种新病毒在几小时内洲际旅行，但旅行信息可以在不到一秒的时间内就到达目的地。在分子生物学和地理信息系统等专业领域技术进步的今天，科学家能够更好地预防流行病。公共卫生官员知道，沟通和改变人类行为是抵御这些病毒的最佳防御手段。2001 年，英国暴发了有高度传染性的口蹄疫，但由于大量宰杀易感染的牲畜，疫情得以控制。2003 年的 SARS 曾被宣传为全球威胁，但不久就得到了有效控制。有些传染病，如前一段时间出现的禽流感和猪流感，在造成可能的浩劫之前就得到了控制，避免大灾难的产生。我们应该很好地总结新冠肺炎的流行及防控的经验教训，为今后能够避免大灾难提供资鉴。

作者也强调了民间社会和公共部门为减轻流行病风险所取得的进展。他还描述了全球病毒预测（Global Viral Forecasting）的独特努力，这是作者沃尔夫自己创办的一个组织，其活动包括监测人类捕猎者和他们猎杀动物时感染病原体的情况。他雄心勃勃地开发了一种新的公共卫生基础设施，通过临床报告、治疗处方与网络舆情整合起来预警疫情，能够在新型病原体大规模袭击人类和动物之前检测它们。当然这一复杂问题，需要全社会的共同努力，随着科学、技术和全球意识的不断提高，病毒风暴的预警系统有着更好的前景。

本书作者沃尔夫毕业于斯坦福大学，后去哈佛读博士，在约翰·霍普金斯做博士后。他的志向不是纯粹的实验室研究，而是关注重大的现实问题做跨学科的探索。他注重知识创新，突破学科边界，研究工作涉及病毒学、流行病学、大数据、大众传播等。《病毒来袭》是一本科普书，但作者写作非常严谨，参考大量专业性、前沿研究文献。

我国对于创新型人才培养有诸多讨论，该书作者这种以解决重大问题为中心的工作，是一个很好的例子。该书作者引用了他导师的一句话值得我们思考：如果你愿意放弃对名望的追求，你就能够成就任何事情。

流行病及其流行

◎米 荣*

　　我是一名新生儿科的临床医生，近期，在出诊中经常会面对家长们焦急地询问关于这次疫情和对婴幼儿的影响问题。这使我意识到，对病毒和流行病的观察及思考应该是每一名医务工作者的必修课。借这次读书会，在汪洋主席关于"人类与病毒对立统一观"的指导下，通过阅读《逼近的瘟疫》和《病毒来袭》，谈谈对流行病的一些认识。

一、流行病的传播性

　　书中的一个重要观点是"我们将一种正在传播的微生物定为流行病，与其致命性无关，与其传播性有关"。

　　世界卫生组织针对动物疫源性流行病制定了 6 级疫情定义，一级为动物之间传播的病毒，二级为确认动物源病毒可感染人类，从三级到六级以发生人传人的程度为指标，依次升级，六级为全球区域内至少 3 个国家发生疫情。

　　举例来说，狂犬病毒一般只发生于动物到人的传播，如未做及时疫苗注射，会导致狂犬病发病，死亡率几乎 100%。但狂犬病毒只是 2 级病毒。因为狂犬病人发病后很快会被隔离，不发生人传人。埃博拉病毒可以从动物到人，同时也会发生人传人，一旦发生，死亡率 60% 以上。但由于通过血液或体液传播，起病急，病情重，易于识别，因此传播力低，定为 3 级病毒。而 2009 年的 H1N1 病毒是 6 级病毒，相关疫情被 WHO 宣布为大流行，其原因就在于传播性强，影响范围广泛。

---

　　*第十三届全国政协委员，首都儿科研究所附属儿童医院新生儿内科副主任。

历经 1 年 4 个月，导致 1.85 万人死亡，出现疫情国家和地区达 214 个。陈冯富珍常委说，新冠肺炎病毒是我所经历过最狡猾的病毒，在致死率和传播率之间取得平衡。

二、历史上的流行病

"大流行一般指流感的流行程度，现指一种新的疾病在世界范围内的传播。"历史上曾出现的瘟疫，如天花、鼠疫、疟疾、流感等，是全球性流行病，流行范围广，而且死亡人数多，有些流行病病原经历了几个世纪。

1918—1920 年的大流感，其感染人数达 5 亿，死亡人数 5000 万左右。当时无诊断方法，很久以后才确定病原为 H1N1。由此可见，历史上的流行病造成大范围传播和严重后果的一个重要原因是病原难以第一时间明确。而反观此次疫情，病原在第一时间就被准确定位，为后续有针对性地救治患者提供了重要依据，这也是我们可以保持信心而不必过分担忧历史上的大流行会重来的一个理由。

三、本次新冠肺炎（COVID-19）大流行

WHO 于 2020 年 1 月 30 日宣布新冠肺炎疫情为"国际关注的突发公共卫生事件"，2020 年 3 月 11 日 WHO 总干事谭德赛说："新冠肺炎疫情从特征上可称为大流行。"这一天，114 个国家和地区的确诊病例超过 11.8 万例。

有人认为，"疫情发生在 21 世纪 20 年代海陆空交通发达便利的今天，全部人无抵抗力，老龄化叠加慢性基础病，新媒体对于真假信息的传播引起恐慌，不难总结这个疫情是前所未有的"。在这样的观点挑战面前，中国党和政府，以对人民生命健康高度负责的态度，秉承人类命运共同体理念，展现了大国担当，科学应对，全面动员，迅速遏制了疫情。WHO 评价说"我们以前从未见过冠状病毒引发的大流行，我们以前也从未见过得到控制的大流行"。

　　我认为，面对充满微生物的星球，无尽的未知还有待于探索。面对已知可能侵袭人类的烈性传染病病毒，应做好监测及疫苗的准备。敬畏自然，守住人与病毒的边界。要以人类命运共同体理念同舟共济，守望相助，共克时艰。

用好大数据技术助力国家治理体系和治理能力现代化建设

◎郭媛媛[*]

一个月来，读《病毒来袭》《逼近的瘟疫》两本书有多方面收获。尤其对其中一句话过目难忘："谁将是最终的赢家？是流行病将横扫人类，毁掉数百万生命，还是科技将策马前去，拯救人类？"

3月16日，习近平总书记在《求是》杂志上发表《为打赢疫情防控阻击战提供强大科技支撑》的重要文章中强调："人类同疾病较量最有力的武器就是科学技术，人类战胜大灾大疫离不开科学发展和技术创新。"学习习近平总书记重要指示精神，我以"用好大数据技术，助力国家治理体系和治理能力现代化建设"为题，谈一点体会和认识。

我在读书会导读的《病毒来袭》第十章《大数据时代的流行病预测》，谈的是如何基于现代信息传播技术，结合大数据应用，提前做好流行病预测方面的内容。对于现在来说，距离此书2014年在中国出版，已经过去6年；而距"大数据元年"的2010年过去了10年。10年间，我国的科技水平有了大幅提升，网络技术的快速进步和应用发展，使中国成为全球大数据应用方面的大户、强户，尤其云服务、大数据和人工智能技术等创新科技方面，已经领先全球。

而在这次防控新冠肺炎疫情中，除了最美逆行者——医护人员等以外，最抢眼的就是大数据应用了。以先进的数字基础设施，智能手机的超高普及率，以及我国政府在大数据资源方面的调动能力，在做

---

*第十三届全国政协委员，首都经济贸易大学文化与传播学院教授副院长。

好防控与支持复工过程中，大数据应用落到了实处。

抗"疫"一线：疫情评估、疫情分布图、趋势监测、排查筛查、流调统计、接诊救治等环节都有大数据的身影。信息传播中，央视新闻、丁香医生等权威媒体发布实时疫情信息数据，权威媒体、社交媒体、自媒体建立重症患者就医、医疗设备器材不足等需求双方的直接链接。健康码在基层社区疫情防控中普遍使用，只要绑定手机，接入运营商信息，加上个人提供的身份信息，就能显示一个人过去一个月的轨迹，并作为政府、企业、零售服务机构都认同的通行码；很多便民大数据应用相继开发，如线上查找周围小区有无确诊病例，在线查找自己乘坐的交通工具上是否存在感染者，等等。

大数据在这次防疫、抗疫工作中，无所不在、作用巨大。中共十九届四中全会提出要加快推进国家治理体系和治理能力现代化建设。建好"数字基建"，用好大数据等新技术、新方法，也是其中的重要组成部分。为此，一方面要鼓励如便民大数据平台战"疫"后的进一步创新和使用；另一方面要围绕防控疫情中发现的大数据应用存在的问题，如数据不能共享问题，很多人吐槽的数据多次搜集问题，个人隐私信息被调用造成安全问题等，一一解决。应在进一步规范信息收集、信息应用、信息共享等更具指导性并具法律约束性条款框架内，加强、改进政府各部门、各平台企业以及不同应用主体之间的协同、合作，努力实现大数据技术在中国社会治理体系中高质、高效的运用。

从读书到疫后经济恢复

◎张连起 [*]

先分享三句话：第一，我们越是取得胜利，越是把传染病赶到人类经验的边缘，就越是为灾难性的传染病扫清了道路。我们永远难以逃脱生态系统的局限。不管我们高兴与否，我们都处在食物链之中，吃也被吃。——《病毒来袭》

第二，传染病在一定程度上决定了世界的格局、国家的形态以及文化的样貌。中华民族的融合也是一个与病菌逐步适应、共存的过程。——《瘟疫与人》

第三，没有哪一次巨大的历史的灾难不是以历史的进步为补偿的。——恩格斯

读书的"政协气质"。通过读《病毒来袭》《瘟疫与人》两本书，结合疫情防控实际情况，谈谈我的思考。我认为，这场战"疫"是对国家治理体系和治理能力的压力测试和大考，考验了国家治理效能。结果表明，有短板，更有长板；有不足，更有优势。从疫情防控看中外制度体系，本质上只有良治与劣治之分。我们坦然面对自身存在的问题与不足，更加自信面对自己选择的道路。我们逐步明晰下一步要做什么：补短板、堵漏洞、强弱项。中华民族伟大复兴不会因此而迟滞，相反会进一步强身健体，尤其是提高精神免疫力。

疫情防控是"变量"，经济社会发展是"常量"。读书中思考疫后经济恢复——要尽快减少变量、扩大常量。

我们确信疫情对中国经济的影响是暂时性、可控的，但也应充分

---

* 第十三届全国政协常委，中国税务学会副会长。

估计和应对短期负面影响。如果疫情防控拖成持久战，疫后经济恢复就越困难，对制造业的产业链和供应链冲击就越大。病来如山倒，病去如抽丝。随着境外输入的不确定性增加，中、低风险地区要有输入一例、监测一例、控制一例的容忍度，不失时机进入正常生产生活模式，不仅要重视复工复产，更要重视达产复销。尽快释放全国两会召开的信号。努力把疫情造成的损失抢回来、补回来，如期完成脱贫攻坚目标任务。

识别良机和痛点，倒逼关键行业转型。一些新业态、新模式在这次疫情中得以拓展。智能制造、在线办公、远程医疗、在线教育等行业获得长足发展。这也从另一个角度表明，中国经济的巨大潜力和强大动能亟待疫后充分释放。要抓住机会布局，推动新业态发展。

针对疫情对部分制造业、服务业、民营经济、中小企业冲击较大的情况，要对已出台政策实施绩效评价，动态调整。财政金融资源是有限的，纾困政策要管用而不在多。要扩大包括与国家应急管理体系、国家储备体系相关的有效投资，形成对经济的有效拉动。该减的税减下来，该压的支出压到底，把好钢用到刀刃上。要把疫后经济恢复的困难想得更充分一些，可考虑降息、特别国债，及提高资源类、金融类、烟草类国有企业资本收益上交比例等政策工具，有关部委可引入企业界、专业界等专家组成专家组，确保出台政策精准有效。

我国应对疫情最突出的关键词：联防联控，群防群治，社区网格化，风险分区分级精准防控，大数据，对口支援，干部下沉。这既是制度优势，也是有效手段。其中社区防控和大数据为应对下一次公共卫生事件提供了第一手实践资料。

以风险导向为原则，梳理、查找、补齐这次疫情暴露出的公共卫生应急管理体系、国家医疗物资储备体系的短板、缺陷或者实质性漏洞。按高中低风险类别，分区分级精准防控应形成立法成果。国家应急医疗物资储备仓库可考虑按东西南北中五大区配置。

让治理体系的"末梢"更有质感。补强基层社区治理能力和基层医疗体系是"以百姓之心为心"的"感而遂通"。

坚守"六个不让"防线，不让个别风险演化为综合风险；

不让地区风险演化为全国风险；

不让局部风险演化为系统风险；

不让自然风险演化为社会风险；

不让境外风险演化为境内风险；

不让舆情风险演化为政治风险。

——鸟欲高飞先振翅，委员资政先读书。

政协委员应该成为读书的模范

◎朱永新 *

　　习近平总书记曾指出，读书可以让人保持思想活力、让人得到智慧启发，让人滋养浩然正气；领导干部的读书学习水平在很大程度上决定着工作水平和领导水平。"只有读书学习，才能增强工作的科学性、预见性、主动性，使决策体现时代性、把握规律性、富于创造性。"对于政协委员来说也是如此，尤其是在新形势下，参政议政的领域不断拓展，政协委员需要学习的内容越来越多。通过读书学习来提高能力、凝聚共识，是做好新形势下履职工作的迫切需要。

　　政协一直有读书学习的优良传统。早在 1954 年，毛泽东同志就提出把学习作为政协的五大任务之一。政协章程也明确规定学习是政协委员的一项基本任务。汪洋主席也十分重视政协委员读书。他提出，"政协委员应该是最喜欢读书的群体，最有条件读书的群体，最能够把书读好的群体。"他还指出，读书能促进我们思考，提高资政建言的质量；读书能够促进队伍建设，提高政协整体战斗力；读书能够让我们更加全面、更加客观、更加用历史的辩证的眼光看待当前的问题。在"防控疫情主题读书群"线下交流会上，汪洋主席深刻地阐述了政协委员读书与提高国家治理能力的关系，认为应该让政协委员通过阅读搞好自我教育，然后去影响、引导社会，从而推动国家治理能力提高。可见，政协委员通过读书学习进行自我教育，既有历史的必然性，也有现实的必要性。

　　习近平总书记、汪洋主席都是爱读书的典范，是我们学习的榜样。

---

* 第十三届全国政协常委兼副秘书长，民进中央副主席。

从"一物不知，深以为耻，便求知若渴"，到步行 30 里路去借书；从带一箱子书下乡，到田间地头"啃字典"；从政务繁忙时坚持"经常能做到的是读书"，到暖心劝诫领导干部"少一点无谓的应酬，多用一些时间静心读书"……一路走来，习近平总书记读书不辍，把读书学习当成一种生活态度、一种工作责任、一种精神追求。汪洋主席曾要求党政干部通过读书提高个人修养，"干部要少一些浮躁喧嚣，多一些笔墨书香；少一些吃喝玩乐，多一些知识文化；少一些投机钻营，多一些真才实学"。他还曾多次向领导干部和公众推荐书目，《世界是平的》《新论语》《第三次工业革命》《幸福的方法》等，都在他的书单里。

作为政协委员，我们不仅应该热爱读书，更应该成为全民阅读的模范。广大政协委员多是各行业的领导和精英，一举一动广受关注，如果委员们热爱读书，必能在全社会产出广泛的带动作用，对于推动全民阅读、建设书香社会有着重要的作用。

政协委员应该读什么书？习近平总书记曾指出：经济、政治、历史、文化、社会、科技、军事、外交等方面的知识，领导干部要结合工作需要来学习，不断提高自己的知识化、专业化水平。要坚持干什么学什么、缺什么补什么，有针对性地学习掌握做好领导工作、履行岗位职责所必备的各种知识。各种文史知识，中国优秀传统文化，领导干部也要学习，以学益智，以学修身。汪洋主席也曾指出：读书活动不限于政协理论方面，内容是宽泛的，包括文化、科技、教育各个方面。习近平总书记和汪洋主席对于"读什么书"问题的回答，也指明了政协委员在面对参政议政领域不断拓宽的挑战时的努力方向。

我个人建议，政协委员读书，可以从六个方面着手，即读专题、读经典、读传记、读管理、读文学、读中国。

读专题。作为政协委员，根据咨政建言的需要，我们经常要就某一领域的问题进行专题阅读、深入研究。只有把相关领域弄懂、吃透，有了比较扎实的基本功，才能在履行职能时建务实之言、谋可行之策。

读经典。读书就像交朋友，要交就交最值得交的好朋友，要读就读最值得读的好书。时间是最公正的法官，那些经过时间大浪淘沙积淀下来的经典，是最值得交往的朋友。经典是文化的源头，饱含人生的哲理，能帮助我们树立正确的人生观和价值观。

读传记。每个人的生命都是一个不断书写的故事，自己既是这个故事中的唯一主角，也是最重要的编剧。能否把自己的生命故事写成一部伟大的传奇，在很大程度上取决于我们自己。那些伟大的人物传记，就是一个个已经被成功书写的生命传奇，是一部部厚重的大书，正可以作为我们书写传奇树立的原型和榜样。与伟大的人物对话，与崇高的精神交流，会使自己不断地汲取到奋进的力量。

读管理。管理是科学也是艺术。一些优秀的管理图书，会让我们更加深刻地理解人性，理解工作，掌握工作方法和技巧。如《从优秀到卓越》让我们知道，优秀经常是卓越的敌人；《如何改变世界》让我们知道，只要用心去行动，普通人的努力也可以改变世界。这些书首先教我们"管"自己，会让自己的生活与工作更有效率，同时教我们"理"他人，协助同事做好相关工作。

读文学。优秀的文学作品往往通过移情的作用，通过作品中人物的悲欢离合的命运，让人们的心灵受到震撼与启迪。它们是活的哲学，通过浓缩和提炼，深刻地揭示出人生的意义和价值，可以让我们更好地认识世界、认识自我，在潜移默化中净化心灵、陶冶情操、提升境界，可谓无用之大用。此外，阅读好的文学作品，对于提高我们的表达能力与写作能力，也是大有裨益的。

读中国。我们从事的是中国特色的社会主义事业，中国特殊的国情决定了必须走自己的道路。在借鉴西方发达国家和一切先进文明经验的同时，一定要立足这片热土，否则就容易犯南橘北枳的错误。无论是费孝通的《乡土中国》，还是熊培云的《重新发现社会》，无论是基辛格的《论中国》，还是傅高义的《邓小平时代》，都可以帮助我们从不同的角度认识中国，理解中国，让我们的工作更合国情、接地气。政协委员在提意见建议时尤其不能脱离国情,切忌"言必称欧美",生搬硬套国外做法。

当然,不同专业的政协委员,还有自己的专业学术书要读。但不论读什么,都需要坚持。只要坚持下去,我们的精神必然会因为持续不断的阅读变得丰富,我们的人生必然会因为精心选择的阅读变得厚重,我们的世界必然会通过知行合一的阅读变得精彩。我们的生命,最终也会因为阅读而成为一部厚重的传奇大书。

读书的时间哪里来?我在和许多委员交流时发现,不少人感慨"没时间读书"。我一直认为,重要的事情总是有时间的。说没时间读书,多是因为没把读书看作是重要的事情。习近平总书记曾说:经常听有的同志说自己想学习,但"工作太忙,没有时间学习"。听上去好像有些道理,但这绝不是放松学习的理由。能不能多一点学习、多一点思考,少一点无谓的应酬、少一点形式主义的东西。总书记的话,恰好回答了我们如何认识读书重要性和如何管理时间的问题。

我们要学会管理时间。时间的开关握在我们自己手中,拧紧时间的水龙头,把零碎边角时间用于阅读中,不让时间"跑冒滴漏",是想阅读的同志必须重视的问题,也是每个成年读者的必由之路。古人所谓的"三上"(马上、枕上、厕上)读书法,看似有些不雅,其实就是很重要的经验之谈。阅读贵在坚持,贵在养成习惯。当阅读成为我们的生活方式,成为生命中不可缺少的部分时,我们就会发现,不必刻意为阅读寻找时间,而是时时都有阅读时间。

汪洋主席曾指出:"政协应当成为一个读书的模范群体。即不仅是读书了,而且是读了好书,更重要的是能够把书读好了。这应当是专门协商机构成员的基本功。"政协委员是各行各业的代表性人士,理应成为读书的模范,理应不断增强读书学习的主动性、自觉性、针对性、实效性,不断提升咨政建言的本领,同时利用自身的影响力带动社会形成全民阅读的良好氛围,争取为实现中华民族伟大复兴的中国梦贡献更多智慧和力量。

开展读书活动力求做到"三个贴近"

◎戚建国

　　贴近时代主题，把时代作为一本大书来读，在学习中点亮思想灯塔。这次读书活动，首先是主题抓得准，直面当今中国乃至世界的重大课题；其次是阅读书目选得好，《病毒来袭》和《逼近的瘟疫》两本书与抗疫斗争实践贴得近；再者是读书方法活，采取了引领导读、讨论交流、概括归纳等方法，切实使大家能够读起来、学进去、跳出来。在讨论时，围绕坚持人类命运共同体理念，对如何统筹国内国外两个战场展开热烈讨论，提出既要战胜疫情病毒，也要击败"政治病毒"，在抗疫中推进国际一体化进程。

　　贴近时代主题，应紧跟时代发展进步读书。精心选择走在时代前沿的书，通过学习进一步开阔视野、了解世界；紧跟党和国家工作大局读书，精心选择治国理政的经典，通过学习进一步把握方略、掌握方法；紧跟党的理论创新读书，精心选择体现理论创新成果的书，通过学习进一步掌握要义、融会贯通。

　　贴近人民心声，把人民作为一本大书来读，在学习中读懂人民心声。抗击疫情既是一个大战场，也是一个大课堂，中国人民走出了一条具有中国特色的抗疫之路。可以坚信，中国人民的伟大抗疫实践，将会揭开世界抗疫史的新篇章，防治疫情的理论和方法，将会由中国人民来改写。要读懂人民群众的心声，必须走出书斋，纸上得来终觉浅，绝知此事要躬行；必须走近病毒，揭开病毒真面目靠的是科研人员和医务人员；必须走进一线，亲力亲为者最有发言权；必须走向民众，

---

　　*第十三届全国政协常委，提案委员会副主任。

人民群众具有无穷智慧和强大力量。

贴近人民心声，应坚持拜好老师，拜人民为师，向群众学习。武汉抗疫会战是一本厚重的书，是用生命写成的书，要用尊崇之心去认真读好这本书；坚持读懂中国，读书要植根中国大地，紧密联系国情、社情、民情实际；坚持当好公仆，真正把人民群众利益放在第一位，客观反映情况，认真反思工作，积极提出建议。

贴近实践特色，把政协历程作为一本大书来读，在学习中认知政协，增强本领。开展读书活动，应体现好政协特色。政协的最大特色是专门协商机构，政协人的读书特色，就是运用协商的方式读书。应发挥好政协智慧。政协集聚了各行各业的人才，充分发挥专业人才优势，集中委员智慧共同把书读好。应运用好政协文化。政协文化是支撑政协读书活动行稳致远的思想文脉。政协文化的特色是"和合"文化。应倡导"贵和尚中"，用和谐理念引领读书；应倡导"兼容并蓄"，用包容理念引领读书；应倡导"求同存异"，用大同理念引领读书。

病毒没有国界，当前防控疫情正从一国防控为主向国际共同应对拓展。在国际抗疫大趋势下，又一次出现了逆全球化现象，这是逆历史潮流而动，逆人民安危而动，也是逆科学真理而动。历史将告诉人们，战胜病毒这个共同敌人，人类需要守望相助共克时艰。

对政协读书活动的几点认识和建议

◎常荣军[*]

重视学习是人民政协的优良传统，是政协事业继往开来、不断发展的一条重要经验。在汪洋主席的倡导和躬身垂范之下，政协读书活动的效应初现端倪。从群里的导读、发言及产生的实际效果看，这样的读书活动既有中国古代传统书院的因子，又有别于传统书院和现代书院的模式，彰显出鲜明的政协特色和时代特征，洋溢着浓郁的协商文化和民主精神，蕴含着深厚的家国情怀和为民情怀，可谓生逢其时、匠心独运、寄意深远。关于读书活动的功能和作用，我汇报五点认识和体会：

一、示范引领的重要举措。在全国政协层面开展读书活动，是践行习近平总书记关于建设学习型政党、学习型社会、学习大国和终身学习、学习革命要求的重要举措，是对"倡导全民阅读，建设书香中国"的示范和引领。

二、双向发力的重要抓手。读书活动不仅在于委员增长知识、拓展见识、厚养学识，也有利于在自我教育的基础上、在相互交流的过程中凝聚共识、深化共识、扩大共识。经典著作，今古贤文，重要文献，本身就是一种超越时空的"共识"。读书活动是推动"落实下去、凝聚起来"见成效的新抓手。

三、团结联谊的重要平台。海纳百川、兼容并蓄是政协组织的特点，也是读书活动的特点。从时间上看，八小时内外都可行；从空间上看，不受地域限制；从方式上看，线上线下相结合；从对象上看，

---

*第十三届全国政协委员，教科卫体委员会副主任。

政协委员和机关干部均可参加；从身份上看，人人都是老师，人人都是学生，教学相长、学学相长，各美其美、美美与共；从内容上看，古今中外，文经史哲，纸质图书，电子读物，可以雅俗共赏、各取所需。读书离不开交流。读起来，交流起来，有利于更好地团结起来。

四、提高本领的重要途径。习近平总书记在党的十九大报告中提出"八种本领"，排在第一位的是"学习本领"。政协读书活动不是漫无目的、自娱自乐，讲求实效性和针对性，讲求学有所用、学以致用，解决现实问题。将读书活动与中心工作、调研课题、民生关切紧密结合起来，有利于提高履职能力和水平。

五、固本培元的重要方式。知识在书中，境界在书外。读书活动政治色彩弱，但政治功能强。在读什么、怎么读的过程中，有政治引领、思想引导。在正确的引领和引导下，能读出理想信念和家国情怀，读出责任担当和真知灼见，读出科学的工作方法和思想方法。

提四点建议：

一是"读什么"。与国家图书馆及有关专业图书馆开展合作，拓宽图书选择范围，在线上免费提供电子书。同时，将机关图书室改造、升级、扩充为委员图书馆，鼓励委员捐赠自己的著作、推荐有价值的读物。

二是"谁来读"。以本届委员为主，兼及往届，将往届委员中的知名专家学者吸收进来，以扩大影响、丰富内容，使"一届政协委员，一生政协情缘"具体化。

三是"为何读"。每个季度或根据需要，确定一个主题，有计划地开展。将读书活动与政协书院建设，以及正在完善的参政议政人才库建设相衔接，并安排专人收集、整理重要的思想观点和意见建议，供领导同志和有关部门参阅。在媒体开设专栏，刊登读书过程中产生的智慧成果。对见解独到、论析精辟且与协商议题相关的读书心得，可安排在有关会议发言。

四是"如何读"。制定规范性的规则，以便于参与者遵循；将读书活动融入机关有关工作和机制中，安排专人负责具体运行、日常维护；将读书情况纳入委员"年度作业"，每年与履职情况一并报告，并适时开展线下研讨交流活动。

学思践悟　凝心致力

◎孙毅彪[*]

　　读书，是人类精神生活的基本方式；读好书，善读书，更是人修身益智提升境界的主要途径。习近平总书记多次强调，"读书、修身、立德，不仅是立身之本，更是从政之基"。汪洋主席直接关心推动政协委员的读书活动，多次亲自参与线上线下讨论，并做出重要指示。全国政协其他领导也十分关心支持此项活动。我作为参与读书活动的中共党员委员，深受教育鼓舞，倍感责任重大。新时代我们必须提高政治站位、丰富知识储备、增强思辨能力、提升履职水平、体现忠诚担当，而读书活动能够为达到这一要求提供良好的平台和条件。

一、开卷有益，致知悟道①

　　理想的书籍，是智慧的钥匙。通过阅读《病毒来袭》《生命的法则》和《人类的终极问题》等书籍，我对大自然的规律有了新的认识和思考，"万物有法""稳态与调节""适应与创新"，无论是病毒、塞伦盖蒂草原上的动物还是人类自身，都只是生态环境中的一个成员，都要受到自然法则的制约。人类必须与自然协调统一。这也是《易经》中的"天人合一"和《道德经》中的"人、地、天、道"②的思想

---

　　*第十三届全国政协委员，海关总署原副署长。

　　①"致知"出自《礼记·大学》："致知在格物，物格而后知至。"格，即推究；致，即求得。"致知悟道"，即获得知识，领悟道理。

　　②《道德经》第二十五章："人法地，地法天，天法道，道法自然"，即：人效法于地，地效法于天，天效法于道，而道则纯任自然，体现了中国传统思想对世间万物运行联系性、有序性、法则性的理解。

内核。倘若人类毫无节制地开发自然资源，必将导致生物多样性和生态平衡严重受损，最终带来灾难性的生态安全风险。因此，我们唯有敬畏自然、爱护自然，让"绿水青山就是金山银山"的新发展理念成为我们生命的法则，才能更好地遵循规律、善待环境、和谐发展。

二、好学善思，凝聚共识

《论语》说，"学而不思则罔，思而不学则殆"。政协读书群体多、领域广、条件好。读书活动促使大家踊跃发言、学思结合、凝心致力。比如，读书交流中我对构建人类命运共同体有了更深刻的认识。人类生活在同一个地球生态系统中，彼此的命运和利益紧密相连。虽然我们都无法改变"春夏秋冬、生老病死"之规律，但凭借人类的凝聚力和创造力可以度过至暗时刻。当前新冠肺炎在全球蔓延，没有哪个民族或国家能够独善其身。国际社会面对病毒这一人类共同的敌人，最需要的是坚定信心、齐心协力、加强合作，而不是逆全球共识背道而驰。"进化绝不只是你死我活的生存竞争，互助才是进化的主旋律。"这次中国抗疫取得重大阶段性成果并向 100 多个国家和国际组织提供医疗援助，就是最好的范例。

三、联系实际，学以致用

学习的目的全在于应用。读书活动易使我们联系身边的事，从新的视角对改进工作进行思考。3 月 23 日线下交流会上汪洋主席提出"要把公共卫生安全方面的风险作为民族复兴进程中颠覆性的风险之一来认真对待。"根据这一要求，我在读书活动中阅读了相关法律和书籍，进行了认真思考，提出了进一步健全国家公共卫生预警防控体系的建议。近段时期来，我认真学习领会习近平总书记关于统筹推进疫情防控和经济社会发展工作的重要指示，加深认识到经济社会发展规律其实与自然界法则有同理性，即"稳态""调节""创新"。比如今年是我们脱贫攻坚、全面建成小康社会的关键一年。当前，国际供应链及经贸活动受疫情严重影响，我国一季度进出口总值6.57万亿元人民币，同比下降6.4%。在严峻的形势下，我们就要一手抓疫情防控，一手抓复工复产，稳住外贸基本盘，尤其要关注经济全球化新动向，妥善应对外贸企业遭遇接单难、履约难、国际物流不畅、贸易壁垒增多等问题，深化供给侧结构性改革，增强市场活力，创新贸易模式，优化营商环境，为我国和世界经济稳定发展做出贡献。人的创造力是无穷的，读书活动既给我们带来了强大的精神动力和智慧共鸣，也是人民政协在国家治理体系中发挥作用的一个重要渠道。

四、几点建议

一是"可持续"，即读书活动的参与范围、阅读领域和影响程度应逐步扩大，自愿与组织、线上与线下、多样性和灵活性配套，生命力寓于广泛性、创新性和自觉性之中。二是"显特色"，即凸显政协"跨界别、跨专业、多党派、多人士"的活动特色，通过读书、交流、群评、互鉴，形成更多的政治共识和智慧力量。三是"落得下"，即应紧扣党和国家的中心任务和广大人民群众关切的社会问题，既有理论气质显自信，又能排忧解难接地气，不空泛、有见地、贴心声。四是"用得上"，即学习成果要及时转化为推进各项工作的意见或建议，聚焦"管用"、跟踪"绩效"，既衡量资政建言质量，也检验委员"为国履职、为民尽责"能力提升。

读出委员的政协气质

◎雷鸣强[*]

今年 4 月 23 日世界读书日，全国政协部署开展"委员读书活动"，这对于进一步加强政协委员队伍建设、进而带动社会形成全民阅读的良好氛围有着十分重要的意义。政协委员读书，为何而读？读什么书？怎么读书？我们认为，必须围绕委员的自身建设和参政履职的主题来读书，其主要目的是通过读书学习来涵养委员应有的政协气质、协商能力，进而更好地履职尽责。

政协委员读书，在读书的内容、特色上要突出"协商议政"的视角，注重涵养提高委员民主议政、依法议政、科学议政的素养。政协委员"为国履职、为民尽责"的中心环节是"协商议政"，高水平的协商议政需要委员具有高水平的协商议政素养。首先，读好民主政治之书，涵养提高民主议政的政治素养。我们要通过读书，系统学习了解中国共产党的历史、中国共产党的创新理论、人民政协的历史、人民政协的创新理论、社会主义协商民主的理论和案例，以此涵养提高委员的"坚持党的领导、以人民为中心、维护法律规范的社会主义协商民主"的民主议政的政治素养。其次，读好依法治国之书，涵养提高依法议政的法律素养。我们要通过读书，系统学习了解中国特色社会主义法治的历史与理论，系统学习了解包括宪法在内的党和国家的重要法律法规，学习掌握委员自身从事职业专业领域的重要法律法规，涵养提高委员"知法、懂法、信法、守法、用法"的依法议政的法律素养。再次，读好科学技术之书，涵养提高科学参政的科技素养。我们要通过读书，

---

*第十三届全国政协委员，湖南省社会主义学院院长，民进湖南省委副主委。

系统学习了解自然科学、社会科学、人文科学领域的基本知识、基本原理，学习了解当代最新科学技术的发展创新成果，深入学习掌握自身所从事专业职业领域的科学理论知识、方法技术，涵养提高委员"懂科学、信科学、讲科学、用科学"的科学议政的科技素养。

政协委员读书，在读书的过程、方式上要突出"问题研究"的导向，注重涵养提高委员提出问题、分析问题、解决问题的能力。政协委员"为国履职、为民尽责"的中心环节是"协商议政"，而委员参与"协商议政"的过程本质上是围绕协商主题开展"问题研究"的过程，高水平的协商议政需要委员具有高水平的问题研究能力。首先，读好历史经验之书，涵养提高发现问题的能力。历史是一面多棱镜，我们可以用历史镜鉴来观照现实优劣，发现现实问题之所在。我们要围绕协商议政的课题来读历史之书，阅读相关历史文献，了解相关历史经验，在历史向现实变迁的比较中寻找新定位、提出新问题，从而涵养提高委员提出问题的能力。其次，读好科学理论之书，涵养提高分析问题的能力。理论是对事物本质和发展规律的揭示，科学理论是对事物本质和一般规律的正确反映，掌握了科学理论就能主动把握和掌控事物的发展方向，以不变应万变或以变应变。我们要围绕协商议政的课题来读理论之书，了解相关科学理论，把握本质联系和一般规律，涵养提高委员分析问题的能力。再次，读好智库策论之书，涵养提高解决问题的能力。智库策论是政府和民间研究机构围绕重大现实决策问题进行的长期系统深入的对策研究成果，是政协委员协商议政的巨人肩膀、重要参考。我们要围绕协商议政的课题多读智库策论之书，借鉴他人智慧，综合专家高论，提出自己对策，涵养提高委员解决问题的能力。

书是良师益友，也是源头活水。"胸藏文墨怀若谷，腹有诗书气自华。"新时代的政协委员，有新的使命和担当，需要有新的能力和气质。我们要积极主动参与到"委员读书活动"中来，紧密结合本职工作和参政工作的需要，突出"协商议政"视角，注重"问题研究"

导向，多读书、读好书、会读书，涵养提高委员的政协气质、参政能力，从而更好地为国履职、为民尽责。